O.W. BARTH

Sukumar

upasana

das gute Gefühl

Inspirierende Geschichten und
Weisheiten aus dem Yoga

herausgegeben von Eberhard Bärr

O.W. BARTH

Die erste Herausgabe von »upasana« erschien 2001 bei
Editions Heuwinkel, Carouge/Genève, Schweiz.

Besuchen Sie uns im Internet:
www.ow-barth.de

Originalausgabe August 2020
O.W. Barth

Ein Imprint der Verlagsgruppe
Droemer Knaur GmbH & Co. KG, München

Covergestaltung: Daniela Meyer
Coverabbildung: Abhinandan Balall
Satz: Adobe InDesign im Verlag
Druck und Bindung: CPI books GmbH, Leck
ISBN 978-3-426-29308-9

2 4 5 3 1

Dieses Buch repräsentiert weder eine bestimmte Lehre noch einen Lehrer. Es ist das universelle Wissen von der Überwindung des Leidens.

Für
Dr. H.R. Nagendra
und
Prof. A. Satyanarayana Shastri
Bangalore, Südindien

Inhalt

Vorwort

Ein Mensch, der Antworten für sein spirituelles Leben sucht, findet sich in einem Dschungel verschiedenster Auffassungen wieder. Beschreibungen über das Besondere und Außergewöhnliche erzeugen auf der Suche nach innerem Frieden und Klarheit oft nur noch mehr Verwirrung und Unruhe. Um uns bewusst zu machen, dass die Lösung unserer Probleme sich in einer absoluten Einfachheit versteckt, bedarf es einfacher und direkter Worte, die unserem Geist nicht erlauben, sich in neue komplizierte Gedankenmuster zu verstricken. Echte Lehrer sind selten und besitzen die Fähigkeit, jede Frage und jeden Zweifel hin zu dieser Einfachheit zu bringen. Sie verlieren sich nicht in orthodoxen oder mystifizierenden Erklärungsversuchen und stellen einen praktischen Bezug zum wirklichen Leben her.

Ich hatte das Glück, im Jahr 1991 einem solchen Lehrer zu begegnen, wodurch mein Leben erheblich einfacher und friedlicher wurde. Ich traf ihn in einem bekannten Yogazentrum Südindiens, in dem er Lehrer in einem vierwöchigen Kurs war. Ich werde wohl nie seinen ersten Vortrag vergessen, und vor allem nicht, was in mir dadurch bewegt wurde. Endlich vernahm ich Worte, die einfach waren, Sinn machten und vor allem auch praktisch anwendbar erschienen. Aus vier Wochen wurden zwei Jahre in diesem Zentrum, und auch nachdem wir gemeinsam diesen Platz verließen, wich ich ihm in den folgenden Jahren in meinem Wissensdurst nicht mehr von der Seite. Wir ließen uns an einem ruhigen Platz in den Bergen Südindiens nieder, um uns dort weitgehend unabhängig mit Spiritualität zu beschäftigen. Im Laufe der Zeit entwickelte es sich dann doch so, dass hier in Indien, und später auch in Europa, formelle Seminare abgehalten wurden. Nach einiger Zeit kam mir dann der Gedanke, dass man dieses Wissen, das Sukumar in immer genialerer und einfühlsamerer Weise vortrug, festhalten sollte. Ich begann, Vorträge aufzuzeichnen, um daraus ein Buch zu gestalten. Als ich mit der Erstellung des Buches anfing, bemerkte ich, dass dies eine wunderbare Möglichkeit war, mich immer wieder aufs Neue intensiv mit diesem Wissen zu beschäftigen.

Dieses Buch hat weder irgendeine Botschaft noch einen Aufruf, es entstand einfach aus der Freude, es niederzuschreiben. Das Buch ist aus der gleichen Motivation entstanden, die auch Sukumar zum Lehren veranlasst, einfach aus dem Wunsch, diesem Wissen nahe zu sein. Er bereitet niemals einen Vortrag vor oder überlegt, was er sagen solle, er gibt sich seinem innersten Selbst einfach hin und lässt die Worte fließen. Genau dies bedeutet das Sanskritwort *Upasana,* die Verehrung oder die Hingabe nach innen zum Selbst oder einfach zum »guten Gefühl«. Alle hier niedergeschriebenen Worte entspringen dieser Quelle. Die Geschichten und Analogien, die von ihm erzählt werden, entstammen der indischen *Vedanta-Lehre,* woraus er auch in Vorträgen Texte zitiert. Aber das Wissen, das eine so direkte und tiefe Wirkung auf den Zuhörer hat, das ohne komplizierte Modelle und Fachbegriffe auskommt, entspringt einfach dem Zustand der inneren Hingabe und Ruhe. Ein Buch kann natürlich niemals einen Ersatz für die mündliche Weitergabe dieses Wissens darstellen, nicht zuletzt, da der Austausch zwischen Lehrer und Schüler nicht möglich ist. Denn Frage und Antwort sind es, was dieses Wissen lebendig macht. Um sich dem zumindest anzunähern, besteht jedes Kapitel aus einem einführenden Text, an den sich Fragen und Antworten anschließen.

Sukumar möchte nicht, dass ich hier weiter auf seine Person eingehe, da er die Person, die das Wissen vermittelt, für nicht wichtig erachtet. Ich bin sehr dankbar dafür, dass ich einen

Lehrer fand, dessen erste Absicht darin besteht, sich diesem Selbst hinzugeben, und für den das Lehren nur von zweiter Bedeutung ist.

Eberhard Bärr
Samse, Südindien

Prata Smarana Stotra

(Morgengedicht von Shankara)

Bei der Morgendämmerung rufe ich mir ins Gedächtnis das Wesen des Selbst, wie es mir, aus sich selbst leuchtend, ins Herz scheint.
»Das Vierte« *(Turya)*, das ewiges Sein ist, reines Bewusstsein und Seligkeit – das Ziel der »Höchsten Schwäne« (heimatlos und frei).

Das Wesen, das die Zustände von Traum, Wachen und Tiefschlaf beobachtet – diese erhabenste Substanz *(Brahman)* bin ich. Sie ist unteilbar, ohne Teile. Ich bin nicht aus den fünf vergänglichen Elementen zusammengesetzt. Ich bin weder Leib und Sinne, noch was im Leibe ist (*Antaranga*, die Seele).

Ich bin nicht die Ich-Funktion. Ich bin nicht die Summe der vitalen Atemkräfte. Ich bin nicht intuitives Verstehen *(Buddhi)*. Fern bin ich von Familie, fern von Land, Reichtum und anderen Gütern dieser Art. Ich bin der Zeuge, der Ewige, das innere Selbst, der Selige. Das bin ich.

Shankaracharya ist der bekannteste Vertreter der Advaita-Vedanta-Philosophie (geboren ca. 788 n. Chr. in Kaladi, Südindien; gestorben ca. 820 n. Chr. in Kerdanath, Nordindien).

Einleitung

Es war einmal ein Vogel mit Namen Videha, der sich unendlich im Himmel vergnügte und ohne jeglichen Grund glücklich und zufrieden war. Er hatte zwei Flügel namens *Jnana* und *Vairaghya,* das bedeutet Weisheit und Losgelöstheit. Zuweilen war er ganz im Geschehen, das er durch seine eigene Vorstellungskraft erschuf, und doch blieb er unberührt von all dem. Ganz natürlich glitt er durch den Luftraum, wie ein Adler hoch am Himmel, ohne die Notwendigkeit, auch nur mit den Flügeln zu schlagen. Im Flug legte er drei Eier. Durch die Reibung, die durch die Fallgeschwindigkeit entstand, brachen die Eierschalen auf, und alle drei Küken schlüpften aus.

Dem ersten Vogel war es gar nicht bewusst, dass er fiel. In seiner Unwissenheit machte er eine Bruchlandung und befand sich in einem erbärmlichen Zustand. Mit gebrochenen Flügeln kam er nach einiger Zeit wieder zu Bewusstsein, nur um seine schrecklichen Schmerzen und sein Leid wahrzunehmen. Er wusste nicht, was er tun sollte, um dieses Leid zu überwinden. Als sein Zustand sich etwas verbesserte, empfand er Hunger und begann, nach lebenden Kreaturen auf dem Boden zu suchen, die seinen Hunger stillen könnten. Und so hatte er einen Sinn des Lebens gefunden. In der Gemeinschaft der anderen Vögel, die ihm ähnlich waren und sich gleich verhielten, vergaß er völlig seine ursprüngliche Herkunft und seine Möglichkeit zurückzufliegen.

Der zweite Vogel war sich zwar seiner Situation bewusst, aber trotzdem völlig hilflos. Starr vor Angst machte er ebenfalls eine Bruchlandung. Als auch er sein Bewusstsein wiedererlangte und seine Schmerzen und sein Leiden wahrnahm, fing er an, darüber nachzudenken, wie er dieses Unglück überwinden könnte. Vage erinnerte er sich an seine Mutter, sah nach oben in Erwartung ihrer Hilfe und verspürte einen inneren Drang zurückzufliegen. Mit großem Einsatz und vielen Schmerzen erkundete er die Möglichkeit des Fliegens und erkannte diese in der Bewegung seiner beiden Flügel. Er lernte, höher und höher in die Lüfte zu steigen, und kehrte – vielleicht – in seine friedvolle Heimat zurück.

Der dritte Vogel war weise. Noch während des Fallens wurde er sich der Situation völlig bewusst, und durch seine Intelligenz entdeckte er die Möglichkeit des Fliegens. Er lernte, seine Flügel auszubreiten und zu benutzen, um noch vor dem Aufprall zurück zu seiner Heimat zu fliegen.

Viele Menschen sind unglücklicherweise wie der erste Vogel, völlig verfangen in der materiellen Welt, ständig bemüht, Erfüllung in Genüssen zu finden. Sie benutzen all ihre Intelligenz, nur um sich ihr Verlangen zu erfüllen. Menschen, die zu dieser Kategorie gehören, sind schlau, egoistisch, effizient und benutzen die Welt zu ihrem Vorteil. Andererseits geben sie der Welt die Schuld an ihrem Leiden und Unglück. Spiritualität spielt nur eine geringe Rolle im Leben solcher Menschen. Im besten Fall werden sie blind einige Götter und Göttinnen verehren, von denen sie sich etwas moralischen Trost erhoffen.

Die Menschen der zweiten Kategorie sind intelligent, emotional und sensibel den Geschehnissen der Welt gegenüber. Innerlich reagieren sie stark auf das sogenannte Böse und Schlechte dieser Welt. Mit dieser Einstellung schaffen sie in ihrem Inneren Gewalt, die keinen Ausdruck findet. Aufgrund moralischer Werte, an die sie sich gebunden fühlen, entstehen daher Selbstunterdrückung, Stress und Leid. Solche Menschen sind sensibel genug, ihr eigenes Leid zu erkennen. Sie ahnen einerseits, dass sie in der Welt nicht die Erfüllung finden können, aber andererseits wissen sie nicht, was zu tun ist. Für diese Menschen ist dieses Buch geschrieben.

Sehr selten werden Menschen der dritten Kategorie geboren. Sie verfügen über große Gelassenheit und sind leidenschaftslos. Ohne durch großes Leiden gehen zu müssen, sind sie schon durch einen kleinen Hinweis fähig, die Wahrheit zu erkennen. In diesem Zustand der Beständigkeit werden sie den Rest ihres Lebens ohne Probleme verbringen.

1
Sich gut fühlen

Was bedeutet Glück? .... Das gute Gefühl aufrechterhalten .... Rechtfertigung des Leidens .... Lebensprobleme .... Leben, um sich gut zu fühlen .... Dein Gefühl und die Welt .... Glück aus der Distanz .... Glück ohne Abhängigkeit .... Der Welt Gutes tun

Was bedeutet für uns Glück? Unsere Vorstellung von Glück ist ganz unterschiedlich. Oft ist es die Vorstellung, welche Fähigkeiten wir haben, wie viele materielle Dinge wir besitzen oder welchen sozialen Status wir haben.

Beobachte einmal ganz nüchtern einen Tag und stelle dir selbst die Frage, wie er war. Worauf basiert deine Beurteilung des Tages? Manchmal erledigst du alle Dinge mit großer Leichtigkeit, obwohl du auf Probleme gestoßen bist. Wenn du dich in einer guten Verfassung befindest, fällt es dir leicht, mit allem umzugehen, einfach, weil du ein gutes Gefühl in dir hast. Du denkst positiv, du bist gelassen, und deshalb ist es für dich einfach, mit den Dingen umzugehen. Du kommst nach Hause und sagst: »Heute war ein guter Tag.« Es gibt auch Tage, an denen nicht viel passiert: Du bist vielleicht viel im Haus, hörst Musik, liest ein schönes Buch oder schläfst – du hast Zeit für dich. Es gab keine Probleme, aber am Ende des Tages hast du doch das Gefühl, dass es kein besonders guter Tag war. Es hätte für dich besser sein können. Du hast dich einfach nicht gut gefühlt. Der Geist[1] war vielleicht zu unruhig, und du hattest viele Gedanken.

1 In diesem Buch wird das englische Wort »mind« entweder mit »Geist« oder mit »Verstand« wiedergegeben, je nach Bedeutungsschwerpunkt. Ein für »mind« völlig gleichbedeutendes Wort existiert im Deutschen nicht.

Du hast dir Sorgen gemacht, und das hat dich erschöpft und viel Energie gekostet. Daher kam das Gefühl, dass es kein besonders guter Tag war.

So wie du dich dem Leben gegenüber fühlst und wie erfüllt du lebst, das allein ist wichtig. Um dieses gute Gefühl aufrechtzuerhalten, tust du endlos viele Dinge. Betrachte all die Dinge, die du bereits besitzt, und sieh andererseits, was du alles noch kaufen möchtest. Die Industrie produziert immer mehr, um neue Wünsche in dir zu wecken. Sie erlaubt dir nicht, Zufriedenheit zu finden. Sie sagen dir immer wieder: »Hier gibt es wieder etwas Neues! Du kannst es dir noch schöner machen!« Trotz der Tatsache, dass dich vieles umgibt, was dir das Leben angenehm gestalten kann, fühlst du dich nicht wirklich gut. Diese äußeren Annehmlichkeiten machen dich immer verletzlicher. Schon sehr kleine Dinge, wie die falsche Temperatur oder die harte Matratze können dir Unannehmlichkeiten bereiten, und du fühlst dich nicht mehr wohl. Alles muss perfekt sein. Nur eine Kleinigkeit stimmt nicht, und schon bist du schlechter Laune. Du wirst immer schwächer, immer verletzlicher, deine Fähigkeit, mit den Veränderungen des Lebens zurechtzukommen, stirbt langsam ab.

Du bist allerdings schlau genug, den dadurch entstehenden Leidensdruck zu rechtfertigen. Einen Grund außerhalb von dir zu finden, das ist bequemer. Du leidest, weil dein Partner dich stört, dein Nachbar zu laut ist oder dein Boss dich nervt. Die Welt ist nicht okay für dich. Irgendwo in der Welt passiert immer etwas, was dir nicht gefällt.

Nehmen wir einmal an, du machst eine Liste über alles, was dich stört. Schreibe einen Monat alle Fehler auf, die für dich in dieser Welt bestehen. Stelle dir nun vor, eine Weile ist die Welt so, wie du sie dir als perfekte vorstellst. Für eine Weile würdest du »Ja« sagen, aber am zweiten Tag würdest du auch in dieser perfekten Welt etwas finden, von dem du sagen würdest: »Das könnte besser sein. Hier und da könnte man noch etwas verändern«, und deine Klagen würden wieder von vorn beginnen.

Der Geist wird dann wieder unruhig. Du gehst durch einen Leidensdruck auch ohne äußeren Anlass, weil der Leidensdruck in dir ist. Sehr schnell findest du einen anderen Grund, dein Leid zu rechtfertigen. Es hört nicht auf. Selbst wenn du die Möglichkeit hättest, jede Situation nach deinem Wunsch zu verändern, so würde dich dies dennoch nicht von deinem Leid befreien.

Ein Leben ohne Probleme zu erwarten, ist nicht die Lösung für die Herausforderungen des Lebens. Die Lösung ist, mit diesen Problemen richtig umgehen zu lernen. Wenn du das lernst, wird ein Problem schwächer. An den Tagen, an denen du mit guter Laune aufwachst, sind Probleme schwach und klein. Sie sind nicht gelöst, die Situation hat sich nicht geändert. Dies bedeutet, dass deine persönliche Verfassung die Intensität des Problems bestimmt. Wenn du das verstehst, eröffnen sich dir praktische Möglichkeiten, mit den Problemen umgehen zu können. Bist du guter Laune und fühlst dich wohl, dann hast du die Stärke, mit den Herausforderungen des Lebens umzugehen. Dieses Gesetz ist anwendbar auf den gesamten psychischen Bereich des Leidens.

Es gibt natürlich auch rein praktische Probleme, bei denen jeder weiß, was zu tun ist. Wenn du Schmerz verspürst, wenn du Hunger hast oder durstig bist, wenn dein Haus brennt, dann ist das ein praktisches Problem. Hier liegt die Lösung meist in einer bestimmten Handlung. Aber dieser Problembereich bereitet dir im Allgemeinen keine Sorgen. Der größte Teil des Leidens gehört in den Bereich der Emotionen. Die emotionalen und sentimentalen Probleme kannst du nicht überwinden, indem du handelst. Wenn das gute Gefühl im Leben verloren geht, multipliziert sich das Leid.

Wenn du zur Quelle aller Erfahrungen gehst, erkennst du die einfache Tatsache: Du fühlst dich gut oder du fühlst dich nicht gut in einer bestimmten Situation. Angefangen vom unbewussten Atmen bis hin zur intelligentesten und bewusstesten Handlung wie Meditation geschieht alles nur in der Absicht, vom schlechten Gefühl loszukommen oder ein gutes Gefühl zu intensivieren. Du tust alles nur, um dich gut zu fühlen. Das klingt sehr einfach und ist es auch. Betrachte alle deine Handlungen, und du wirst feststellen, dass du alles in dieser Absicht tust.

Niemand kann dieses einfache gute Gefühl vollkommen erklären. Alles im Leben bekommt seine Bedeutung aufgrund dieses Gefühls. Alles, was du in dieser Welt liebst, angefangen vom Partner über dein Auto bis zu dem Baum im Garten, trägt zu diesem guten inneren Gefühl bei. Also liebst du eigentlich dieses Gefühl in dir. Du tust alles, um dieses gute Gefühl zu behalten. Es ist der bestimmende Faktor deines Lebens. Das kannst du nicht beweisen oder demonstrieren. Es beweist sich aus sich selbst. Es ist rein subjektiv. Du erfährst das Gefühl. Du brauchst nichts von außen, um es wahrzunehmen.

So wie das Gefühl ist, so siehst du die Welt. Mit dem guten Gefühl ist die Welt schön, wenn das gute Gefühl verloren ist, erscheint die Welt schrecklich. Es ist an sich nicht greifbar, aber es bestimmt die Qualität deiner Emotionen, deines Verstandes und deines ganzen Lebens. Es ist der bestimmende Faktor für ein glückliches Leben, und der liegt ganz in dir selbst. Du brauchst nichts, um das zu betrachten. Auch jetzt ist das Gefühl in einem gewissen Ausmaß da. Wie fühlst du dich jetzt? Verbinde dich mit dem Gefühl!

Was genau ist dieses Gefühl?

Du kennst ein Gefühl der Zufriedenheit, und das willst du immer wieder. Du hast es allerdings niemals direkt betrachtet. Anstatt es direkt zu betrachten, mit dem Wissen, dass es in dir ist, hast du dieses Gefühl fälschlicherweise mit Sex, mit einer Tasse Kaffee, mit Alkohol, mit Fußball, mit allen möglichen Genüssen verbunden, von denen du denkst, sie würden dich glücklich machen. Du hast dir angewöhnt, das Glück als etwas anzusehen, was von außen kommt. Die Vorstellung, glücklich zu sein, ist verbunden mit der Diskriminierung der Gegenwart auf Kosten fantastischer Zukunftsvisionen. Dadurch betrachten wir das Glück immer aus der Distanz, schieben es vor uns her, sodass es niemals richtig zu uns kommen kann.

Spiritualität zeigt dir einen Weg, dieses Glücksgefühl zu bekommen ohne äußere Abhängigkeit, ohne Alkohol, ohne Kaffee, ohne Drogen, ohne Sex – ohne das alles. Du kannst es direkt bekommen und dann auch erkennen. Wenn du es einmal in seiner Fülle direkt erkannt hast, dann bist du ein veränderter Mensch.

Wie kann ich mich mit diesem Gefühl verbinden?

Du kommst dahin über Entspannung, Loslassen oder Hingabe. Für intellektuelle Menschen ist es Loslassen, für die emotionalen Menschen ist es Hingabe, für sehr hektische Menschen ist es Entspannung. Es ist das Gleiche. Es ist einfach da, wenn wir entspannen. Was immer du in der Welt wahrnimmst, das ist in dir. Du musst nur lernen, nach innen zu gehen. Du bist schon immer das gewesen, was du suchst. Das erscheint uns unglaublich, und wir können uns nicht vorstellen, dass es so leicht und so direkt sein kann. Denn wo wäre dann der Sinn von all unseren intellektuellen Spielen? Es ist eine absolute Bedrohung für unseren Intellekt. Wir nähren und stärken unseren Intellekt mit komplizierten Fragen und Gedanken. Wir haben die Fähigkeit verloren, die Wahrheit in ihrer Einfachheit zu sehen.

Ist das nicht Egoismus, wenn man nur auf sein eigenes gutes Gefühl schaut?

Es gibt keine Handlung, die du außerhalb dieses Ego-Rahmens tun kannst. Selbst wenn du anderen Menschen hilfst, frage dich, warum du hilfst und was passiert, wenn du anderen nicht hilfst?

Dann bekommst du nämlich Schuldgefühle. Wenn du dich schuldig fühlst, fühlst du dich nicht gut. Weil du dich gut fühlen willst, hilfst du anderen. Immer wieder und auch in solchen Handlungen suchst du das gute Gefühl.

Wenn es durch Ungerechtigkeit Menschen in der Welt schlecht geht, dann helfe ich ihnen doch nicht meinetwegen?

Wenn du dich über die Ungerechtigkeit ärgerst, fühlst du dich nicht gut. Du möchtest von dem unguten Gefühl loskommen, deswegen hilfst du. Es heißt ja nicht, dass du der Welt nicht helfen sollst. Es soll nur klar sein, dass du es für dich selbst tust. Das ist der Einfluss des großen Ego, wenn du denkst, du hilfst der Welt. Sei bescheiden und sage, dass du es für dich tust. Die Welt ist für dich eine Möglichkeit, Gutes für dich selbst zu tun. Das ist Demut und Bescheidenheit. Es ist nicht einfach, bescheiden zu sein. Das Ego hört es so gern, dass du Gutes für die Welt tust. Wenn du so denkst, schmeichelt das dem Ego. Du tust alles für dich selbst. Mit diesem Wissen gehe und tue der Welt Gutes! Sei demütig, dann hast du keine Probleme und findest keine Fehler in der Welt. Du wirst Gutes tun, wo es angebracht ist. Erwarte nicht von der Welt, dass sie so aussieht, wie du das für richtig hältst. Die Notwendigkeit einzusehen, dass Hilfe gebraucht wird, und dann zu handeln, ist Mitgefühl. Wo Hilfe angebracht ist, tue es aus Mitgefühl und mit dem Wissen, es für dich zu tun. Dein Selbst ist verbunden mit jedem anderen Selbst. Deswegen sind wir so sensibel für das Leid anderer. Es ist auch unser Leid. Wenn du eine Möglichkeit hast, etwas zu tun, tu es – für dich. Hilf dir selbst erst einmal und sei friedlich in dir selbst. Wenn du dann der Welt helfen willst, tu es! Das ist eine harmlose Selbstsucht.

Wenn ich in der Natur bin, geht es mir immer gut. Kann ich das gute Gefühl auch erreichen, ohne in der Natur zu sein?

Du hast die Möglichkeit, es noch viel besser zu erleben, als wenn du in der Natur bist. Wenn du es einmal direkt erfahren und erkannt hast, kann das Gefühl mit dir und kannst du mit dem Gefühl unbeschränkt weiterwachsen. Es gibt da kein Ende. Alle Genüsse sind beschränkt, denn ab einem bestimmten Punkt kannst du sie nicht mehr steigern. Du kannst zum Beispiel nicht immer mehr Eiscreme essen, um dich besser und besser zu fühlen. Überall gibt es den Punkt, wo dem Genuss ein Ende gesetzt ist. Auch beim Laufen in der Natur ist das so: Irgendwann hältst du an, und es ist genug für dich. Wenn du aber zu diesem Gefühl direkt ohne Umwege kommst, gibt es keine Grenzen. Du wirst nie genug davon bekommen. Wenn du in diesem Zustand lebst, unabhängig von der äußeren Welt, kann alles nur zu deinem Besten geschehen. Was du tust, wenn du glücklich bist, das ist das Beste, was du überhaupt tun kannst. Aus diesem Gefühl heraus kannst du auch der Welt und den anderen Menschen helfen. Dann ist es für die Menschen genug, wenn du einfach da bist. Genauso wie ein Depressiver in anderen Depressionen auslösen kann, fühlen sich Menschen um dich herum gut, weil du dich gut fühlst. Auch die großen christlichen Lehrer kannten diesen Zustand des Friedens. Jesus und Franz von Assisi reden darüber. Wenn du in dem Zustand bist, bist du zufrieden und ausgeglichen. Es spielt dann keine Rolle, ob du allein oder mit jemand anderem zusammen bist.

Ist das Manipulation, wenn ich das Glück durch Naturerlebnisse, Liebe, Kunst usw. erfahren will?

Ja, das ist Manipulation; es ist eine innere Manipulation. In Wirklichkeit bist du unabhängig von Menschen, Situationen usw. Relativ gesehen ist das Naturerleben positiv und besser als der Genuss von Alkohol oder anderer Stimulationen. Es gibt aber doch vier Monate Winter, in denen du vielleicht nicht in die Natur gehen kannst. Du vermisst dann den Sonnenschein. Da fängt das Problem an, wenn du etwas vermisst. Wenn du die Möglichkeit hast, direkt in dieses Gefühl zu gehen, dann bist du wirklich unabhängig. Wenn du Probleme hast in deiner Beziehung, und du setzt dich in den Wald, dann erscheint dir der ganze Wald traurig. Es hängt von der Einstellung deines Geistes ab, ob du Freude im Wald empfindest oder nicht. Wir versuchen ständig, Glück zu bekommen durch das, was wir tun. Manchmal gelingt es, manchmal nicht. So ist das Leben. Was mir Glück bringt, das liebe ich – was mir kein Glück bringt, das hasse ich. Wir leben zwischen Ablehnung und Verlangen. In der Spiritualität lernst du, glücklich zu sein ohne Grund. Das Glück ist in dir – du lernst, in dieser Freude zu leben. Du lernst, alles mit einem freudigen Gefühl zu tun. Es ist ein großer Unterschied, ob du alles tust, um ein gutes Gefühl zu bekommen, oder ob du alles aus diesem guten Gefühl heraus tust.

Dann ist da auch keine Angst oder Sorge mehr. Selbst wenn du versagst, spielt das keine Rolle. Als wir Kinder waren, haben wir Spiele gespielt, und wir hatten keine Vorstellung vom Gewinnen und Verlieren. Wenn wir verloren hatten, haben wir alle zusammen gelacht, weil wir mit Freude gespielt haben. Das Spiel kam aus der Freude. Die Vorstellung vom Gewinnen und Verlieren wurde uns später anerzogen. Dadurch war Freude nur noch mit dem Gewinnen verbunden. Deshalb kamen Angst und Sorge ins Spiel. So ist es auch im Leben: Das Spielerische in uns ging verloren, und wir wurden ernsthaft. Du kannst nicht mehr unentwegt ernsthaft sein, wenn du ein spiritueller Mensch bist. Das ganze Leben wird spielerisch, wenn du lernst, innerlich glücklich, freudevoll und zufrieden zu sein. Die Ernsthaftigkeit des Lebens entsteht dadurch, dass wir unser Glück von der Welt abhängig machen.

Wir reden immer nur über das gute Gefühl. Was mache ich mit den schlechten Gefühlen?

Es gibt eigentlich keine guten und schlechten Gefühle. Es sind nicht viele Gefühle. Es ist nur ein Gefühl. Wenn sich das vermindert, empfindest du das als schlechtes Gefühl. Dann reduziert es sich in seiner Intensität. Wenn das gute Gefühl nicht da wäre, könntest du das schlechte Gefühl nicht erkennen. In Wirklichkeit vermehrt oder vermindert sich das Gefühl nicht. Die Sonne scheint nicht weniger intensiv, wenn sie hinter Wolken verborgen ist. Wenn du über den Wolken bist, weißt du, dass die Sonne immer scheint.

Ist das Sich-gut-Fühlen göttlich?

Was du göttlich nennst, das bist du. Du bist nicht ein Teil des Göttlichen, sondern in deiner Quelle bist du selbst göttlich. Du realisierst dies, je mehr du dich mit diesem Gefühl verbindest. Du hast nun eine Vorstellung von Gott und hast großen Respekt vor ihm. Diese Vorstellung ist eine moralische Unterstützung für unsere Existenz. Was existiert, ist eine Gottheit, in der alles existiert. Sie hat keinen Anfang, kein Ende, keine Ursache, keinen Grund. Die Gottheit existiert aus sich selbst heraus, ohne die Idee der Getrenntheit. Ich und du, wir alle und alles existieren in dieser Gottheit. Das ist unsere wahre Natur, und das können wir realisieren. Wenn du dich mit dieser Quelle verbindest, weißt du, dass wir alle in dieser Gottheit sind. Du verschmilzt dann mit dem großen ICH, in dem alle Ichs existieren.

upasana

2
Leiden

Klagen über mich oder die Welt .... Das Problem liegt in dir .... Depression .... Emotional oder praktisch sein .... Leid loslassen .... Positive und negative Emotionen .... Selbstmitleid, Akzeptanz, Mitfühlen oder Mitleiden .... Emotion und Gefühl ....Entspannung ....Stimmungsschwankungen .... Mangelndes Vertrauen

Da war ein Mann, der hatte eine sehr seltsame psychische Krankheit. Er hatte die Angst, er sei ein Weizenkorn. Aber nicht nur das: All die anderen Menschen auf der Welt sah er als Hühner, die ständig versuchten, ihn zu fressen. Stell dir dieses Schicksal vor! Er endete in einer psychiatrischen Anstalt, wo er sich auch ständig irgendwo versteckt hielt: hinter der Gardine, unter dem Tisch usw. Das Problem bestand darin, dass er einerseits vor allen Menschen Angst hatte, weil er dachte, sie wollten ihn essen, andererseits aber nicht allein sein konnte. Er hatte Angst vor dem Alleinsein, er hatte Angst vor der Dunkelheit. So ging er durch Qualen. Sein Psychiater wusste, dass es sich um ein psychisches Problem handelte, das in der Außenwelt so nicht existiert. Er hat ihn jeden Tag zu sich gerufen und Ratschläge gegeben: Sieh mal, mein Freund, du bist kein Weizenkorn, du bist wie jeder andere. Sieh in den Spiegel, du hast Augen, du hast ein schönes Gesicht, du kannst reden, du kannst gehen, du kannst viele Dinge tun. Ein Weizenkorn könnte das nicht. Du bist kein Weizenkorn, du bist ein Mensch. Der Patient hörte sich das alles an und sagte: »Ja, Herr Doktor, ich verstehe sehr gut, was Sie sagen, aber warum können Sie nicht verstehen, dass ich immer noch ein Weizenkorn bin?« Irgendwann gaben die Ärzte ihre Bemühungen auf. Sie glaubten nicht mehr an eine

Heilung. Nach einigen Tagen war der Arzt überrascht, als er den Patienten sehr entspannt und ruhig im Flur sah. Da dachte der Doktor, seine Bemühungen hätten nun Erfolg gehabt. Er sah die Veränderung und fragte ihn, was geschehen sei. Der Patient sagte ihm: »Ich bin okay, ich weiß jetzt, dass ich kein Weizenkorn bin. Ich bin ein Mensch. Ich kann sprechen, ich kann gehen, ich kann viele Dinge tun.« Der Arzt war sehr glücklich und sagte ihm, er könne nun nach Hause gehen. Der Patient packte sofort seine Sachen und wollte gehen. Als er die Tür nach draußen erreichte, rannte er zurück zum Arzt und rief: »Hilfe, Hilfe.« Da sagte der Doktor: »Was ist los, bist du wieder ein Weizenkorn?« »Nein«, sagte der Patient, »ich bin kein Weizenkorn, aber die Hühner da draußen, die wissen das nicht, und die jagen mich immer noch.«

Die meisten von uns sind wie der Patient in dieser Geschichte. Es ist das gleiche Problem in uns, das sich nur manchmal anders darstellt. Ich bin nicht okay, ich habe Schuldgefühle und ich klage mich selbst an, ich kritisiere mich selbst und verfange mich in Schuldgefühlen. Ich habe eine schlechte Meinung über mich selbst, ich habe Komplexe, und das wird zur Grundlage vieler Probleme. Es gibt aber andererseits auch viele Menschen, die beschweren sich nicht über sich selbst; sie sagen, sie selbst seien okay, aber die Welt habe viele Fehler. Die Welt sei nicht okay, dieses und jenes stimme nicht. Sie finden überall Fehler und sind voller Beschwerden über den Zustand der Welt. Entweder hast du Klagen über dich selbst, oder du hast Klagen über die Welt. Das Problem hinter beiden Möglichkeiten ist das gleiche. Solange du dich beklagst, kannst du nicht glücklich sein.

Vielleicht hast du nur ein ganz einfaches Problem, einen ständigen Schmerz in einem Gelenk, oder du hast niemals genug Geld, oder du meinst nicht gut genug auszusehen, oder du kommst mit deinem Partner oder mit deinem Nachbarn nicht aus. Du beklagst dich vielleicht über das schlechte Wetter, über Katastrophen in der Welt, über Hungersnöte, über Ausbeutung, darüber, dass du zu alt bist oder dein Haus nicht mehr modern ist. Du reagierst emotional und leidest darunter. Der Grund deines Leidens ist dabei nicht so wichtig, dass du leidest, das ist eine Tatsache. Du hast so viele Probleme, und wenn ein Problem gelöst ist, nimmt das nächste Problem schon dessen Platz ein. Jetzt kommt der Gedanke, etwas zu verändern: Ich kaufe mir ein neues Haus, wechsle die Firma oder suche mir einen neuen Partner. Du denkst, dass du das Problem so lösen kannst. Irgendwann wirst du dann aber herausfinden, dass sich dadurch das Problem nicht löst. Das gleiche Problem taucht immer wieder auf in verschiedenen Lebensbereichen. Das passiert so lange, bis du realisierst: »Das Problem ist eigentlich in mir!« Für ein Problem, das in dir liegt, kann die Lösung nicht von außen kommen.

Du kennst das Gefühl der Depression bis zu einem gewissen Ausmaß. Der Geist wird »hässlich« und zieht plötzlich alle kleinen Probleme aus allen Ecken auf sich, vergrößert sie durch seine Vorstellungskraft und schafft dadurch großes Leid. Die kleinsten Probleme erscheinen im Zustand der Depression riesengroß. Sie vergrößern sich durch die Kraft des negativen Geistes. Du bist hilflos und leidest. Wenn du aus der Depression herauskommst, dann lässt der Geist all diese Probleme fallen, und du fühlst dich wieder besser. Du realisierst, dass die Probleme eigentlich gar nicht so groß sind. Die emotionalen und sentimentalen Probleme deines Lebens sowie die Probleme, die aufgrund deines eigenen Wertesystems bestehen, sind direkt abhängig vom Zustand deines Geistes. Wenn du die innere Kraft hast, mit diesen Problemen umgehen zu können, dann verlieren sie ihre Intensität. Weil du stark bist, verringert sich das Problem, und dadurch wird es leichter, mit Situationen umzugehen. Dies trägt zur Freude und Erfülltheit deines Lebens bei.

Wenn du dir ein Leben ohne Probleme wünschst, dann ist das unrealistisch. Auch wenn deine Wünsche gut und edel sind, dass es jedem in der Welt gut gehen möge und nur noch Frieden herrscht – das ist unmöglich! Ob du in deinen Absichten praktisch oder emotional bist, das macht hier den großen Unterschied. Wenn du emotional wirst, geht deine praktische Handlungsfähigkeit verloren, und du leidest. Wenn du mit den Schwierigkeiten im Leben praktisch umgehst, gibt dir dies die Stärke, die Dinge zu tun, die dir möglich sind. Sich ohne Aufregung den Problemen zu stellen, innerlich gleichmütig zu bleiben, ist das, was den wirklichen Erfolg im Leben ausmacht.

Wenn du dem Leid einen Stellenwert in deinem Leben gibst, dann kann dir niemand helfen. Wenn du aber vom Leiden des Lebens wirklich loskommen möchtest, dann kann dir Spiritualität eine Antwort geben. In Indien gibt es ein Motiv, das einen Mann darstellt, der einen Baum umarmt, der voller Dornen ist. Er hält sich daran fest und ruft: »Hilfe!« Er denkt, der Baum hält sich an ihm fest. Er muss nur realisieren, dass er selbst die Möglichkeit hat, den Baum zu verlassen. Genauso ist es mit deinen Problemen. Du wählst das Leiden und erhältst es aufrecht in der Vorstellung, es sei edel und gerecht. Wenn du die ganze Welt frei vom Leid sehen möchtest, dann musst du bei dir beginnen! Lerne, selbst frei vom Leiden zu sein, und dies wird auch anderen diese Möglichkeit aufzeigen. Wenn du frei vom Leiden bist, hast du die Möglichkeit, wirklich praktisch der Welt zu helfen. Wenn ein Arzt übersensibel und emotional ist, kann er keine Operation erfolgreich durchführen, denn er wird nervös. Die grundlegende Klarheit, um ein lebenswertes Leben zu führen, bekommst du nur, wenn du dich vom Emotionalen[2] zum Praktischen hin bewegst. Du betrachtest viele Dinge oft zu emotional und verlierst dadurch die Klarheit.

Die meisten Probleme werden durch Emotionen unnötig verschlimmert. Du bist bestrebt, die positiven Emotionen wie Mitgefühl, Freundlichkeit und Großzügigkeit in dir zu verstärken. Du kannst aber nicht erwarten, dass in dir nur gute Emotionen wachsen. Positive und negative Emotionen wachsen gleichzeitig. Es gibt keine Möglichkeit, nur die positiven Emotionen zu stärken. Zunächst musst du verstehen, dass man Emotionen überhaupt nicht verstärken soll! Wenn sich die Emotionen ab-

2 Vgl. Kapitel. 12

schwächen, dann verweilen von selbst zunehmend nur langsame und sanfte Emotionen in dir. Es ist praktischer, wenn wir die Angewohnheit überwinden, in allen Situationen emotional zu reagieren.

Wenn eine Straße voller Dornen ist, wäre eine Möglichkeit, sie zu kehren. Die einfachere Lösung ist, sich einfach Schuhe anzuziehen. Das Problem ist noch da, aber es betrifft dich dann nicht mehr. Wenn du Schuhe trägst, dann kannst du auch die Straße kehren – ohne Probleme. Versuche zunächst, dich selbst zu sichern und stark zu machen, dann wirst du nicht verletzt.

Die Tendenz zum Selbstmitleid erlaubt es dir nicht, Hilfe anzunehmen, die vom Leid befreien kann. Du vermehrst das Leid mit noblen Ideen wie zum Beispiel: Ich leide, weil mein Nachbar leidet. Wenn du daran festhältst, dann gerätst du in den Zustand des Selbstmitleids. Wenn das der Weg ist, an den du glaubst, dann kann dir niemand helfen, dem Leid zu entfliehen.

In dieser Schöpfung geschieht nichts, was nicht geschehen soll. Wenn du deine Vorstellungen kultivierst, wie die Schöpfung und das Leben sein sollten, stoppst du den Fluss des Lebens und bleibst hängen. Du wirst clever und kritisch, und so entsteht Leid für dich. Die Natur sorgt für sich selbst. Wir haben nicht genug Vertrauen, uns in diesen Plan miteinzubeziehen. Wir denken, wir seien verantwortlich für die Welt und für uns. Das, was wir tun, ist Inhalt des Gesamtplanes der Natur. Alles ist perfekt, es gibt nichts zu verändern. Wenn du entspannt bist, dann kannst du diesen Standpunkt auch akzeptieren. Es ist sehr wichtig, dies zu wissen, sonst nimmst du jedes Lebensproblem persönlich. Ein Problem an sich hat keine Kraft, die Kraft hat es nur, wenn du sie ihm gibst. Wir sind Experten darin, jedes Problem in der Welt sehr persönlich zu nehmen. Selbst das, was mit der Erde geschieht und mit der Menschheit, sehen wir als unsere persönliche Angelegenheit. Es gibt tausend Gründe zu leiden, und wir denken, wir müssten die Welt vom Leid erlösen. Es kann auch sein, dass Religionen dem Leid einen gewissen Stellenwert verleihen. Das ist eine große Last und moralische

Verantwortung, denn du kannst nicht glücklich sein, bevor die ganze Welt glücklich ist. Jeder denkt, dass er nicht glücklich sein darf, bevor nicht die ganze Welt glücklich ist. Das ist die Hölle. Es ist so, als wenn tausend Menschen im Wasser zu ertrinken drohen, jeder den anderen retten will, aber keiner weiß, wie man schwimmen kann.

Die einfache Antwort ist also nicht nur »entspanne«, sondern »akzeptiere«?

Du kannst nicht akzeptieren, wenn du nicht entspannt bist. Alles positiv sehen, lieben und vergeben kannst du nur in einem inneren Zustand, der schön und angenehm ist. Spiritualität ist ohne Entspannung ein unnützes Wissen. Je entspannter und wacher du bist, umso größer ist die innere Klarheit und Sensibilität, und umso praktischer bist du auch. All die positiven Eigenschaften wachsen in dem Ausmaß, in dem du zu entspannen lernst. Entspannung bedeutet, sich leicht zu fühlen, mit einem gelassenen Geist, der hellwach ist. Das ist die Antwort auf deine Probleme und auch das Ende deiner Suche. Bei allem, was du tust, suchst du eigentlich nur das. Du nennst es Glück, Schönheit, Freude oder Liebe. Es sind verschiedene Namen für den gleichen Inhalt.

Wenn ein geliebter Mensch leidet, kann ich mich doch nicht distanzieren?

Wenn ein geliebter Mensch leidet, dann ist es nur natürlich, dass du ihm hilfst. Aber die Frage ist, warum solltest du leiden, wenn ein anderer leidet? Gibt es ein Gesetz, das sagt, dass du auch leiden musst, wenn ein anderer Mensch leidet? Ist dieses Leid wirklich notwendig, und warum entsteht es in dir? Versuche diese Fragen für dich zu beantworten. Wir akzeptieren allzu leicht unser Leid, als ob es bestimmten Gesetzen unterliegt, wann zu leiden ist. Solche Gesetze gibt es in der Physik, wo die Fallgeschwindigkeit eines Objektes genau bestimmt werden kann. Aber der Bereich der menschlichen Psyche ist in seinem Potenzial vollkommen flexibel und an keine Gesetze gebunden. Du leidest, weil du mit dem anderen Menschen oder mit seiner Situation sentimental und emotional verbunden bist. Die sentimentalen Bindungen erzeugen die Reaktion und das Leid.

Wenn ein Körperteil leidet, dann helfen die anderen Körperteile diesem ganz spontan. Das ist Mitgefühl. Es ist ganz natürlich. Wenn jemand stolpert, dann hilfst du ihm wieder auf die Beine, das ist auch ganz natürlich. Der Leidensdruck entsteht nur aus Unwissenheit. Du hast dann nicht die Freiheit erkannt, solche Situationen praktisch zu handhaben. Wenn du versuchst, ins praktische Leben Sentimentalitäten zu bringen, entstehen Probleme. Versuche, dich von Sentimentalitäten zu befreien. Was verbleibt, wenn du sie wegnimmst, das ist dann einfach nur schön. Wir aber nähren die Sentimentalitäten immer wieder. Jemand, der keine Emotionen hat, der wird in unserer Gesellschaft als unnormal bezeichnet. So werden diese falschen Ideen immer wieder genährt.

Was ist der Unterschied zwischen Emotion und Gefühl?

Zur Emotion gehört immer das Denken. Versuche einmal nicht zu denken, wenn du dich ärgerst. Das geht nicht, denn ohne den Gedanken kann sich der Ärger nicht aufrechterhalten. Eine Emotion ist ein Gefühl, das durch den unruhigen Verstand beeinflusst wird. Das Gefühl wird gestört durch den Verstand. Wir identifizieren uns ständig mit unserer Gedankenwelt, obwohl das Gefühl unser Zentrum ist. Wir verlieren das Zentrum und leben im Kopf. Deshalb sind wir nicht glücklich.

Wenn du Glück erlebst, identifizierst du dich nicht mit diesem Gefühl, sondern mit dem Verstand. Du gibst dem Verstand Priorität und erkennst das Gefühl nicht. Das Gefühl selbst ist neutral, aber wenn das Denken einsetzt, wird es zur Emotion und ist negativ oder positiv. Lerne vom Gefühl her zu leben – anstatt vom Verstand. Das ist der Weg. Wenn du nur mit dem Gefühl verweilst, funktioniert der Verstand aus sich selbst heraus, und das Denken geschieht einfach. Alles geschieht nur zum Besten, solange du mit dem Gefühl verweilst. Wenn du zur Quelle gehst, da ist nur ein Gefühl, da sind nicht viele verschiedene Gefühle. Es gibt Gedanken und Gefühle, aber das grundlegende Gefühl ist nur ein einziges.

Woher weiß ich, ob es dieses grundlegende Gefühl ist?

Entspannung ist dieses Gefühl. Versuche es in seiner reinsten Form zu erkennen und identifiziere dich damit. Dann siehst du, wie schön es ist. Es umfasst alles, was du vom Leben möchtest. Das ist die Quelle des Lebens.

Das Gefühl entsteht in der Entspannung?

Nein, es ist die Entspannung, und zwar in einem ganz tiefen Ausmaß. Lerne tiefer und tiefer mit großer Wachheit in die Entspannung hineinzugehen. Erkenne das Gefühl, wachse mit ihm. Das Erkennen ermöglicht es dir, tiefer da hineinzugehen und dieses Gefühl wirklich schätzen zu lernen. Dadurch wächst es aus eigener Kraft. Das ist die direkteste Form der Meditation. Lerne, einfach mit diesem Gefühl zu verweilen, auch wenn du es nur in einem kleinen Ausmaß fühlen kannst. Das ist der Anfang von Meditation. Du hast die Möglichkeit, dieses Gefühl in dir auszudehnen, indem du es verehrst, lebendig hältst und schätzen lernst. Dann sagst du einfach: wie schön. Wenn du das tust, dann wächst es in dir. Mit diesem Gefühl zu wachsen, das ist auch das Wachstum in der Meditation.

Wird dies auch eine ausgleichende Wirkung auf Stimmungsschwankungen haben?

Es sind Veränderungen, die in unterschiedlichen Zyklen und Intensitäten in jedem geschehen. Diese Instabilität ist eine Schwäche, die das Leben für uns schmerzhaft macht. In der Spiritualität sollten sich die Veränderungen der Laune durch die Entspanntheit langsam abschwächen. Die Aufgeregtheit, in die du aus geringfügigen Gründen hineinspringst, sowie die schlechte Laune, in die du hineinfällst, sind beide problematisch. Solange du immer gut gelaunt sein willst, ist das Tief für dich unumgänglich. Glaube nicht, dass Yoga dir immer zu guter Laune verhilft, das ist ein Irrglaube. Anzustreben ist ein Zustand innerer Ruhe. Jede bewusste Entspannung bringt dir etwas mehr Stabilität, die auch in dir verbleiben wird.

Ist es wirklich möglich, das Leid zu vermeiden?

Wir haben das Vertrauen in uns selbst verloren. Wir wissen nicht, wie viel Potenzial wir besitzen, um durch die Extreme des Lebens zu gehen. Das mangelnde Vertrauen ist der Grund dafür, dass wir dieses Potenzial nicht nutzen. Wir versuchen ständig, das Leben sicherer zu gestalten. Tief in uns wissen wir allerdings genau, dass es keinen absoluten Schutz gibt und jederzeit das Schlimmste geschehen kann. Das Leben an sich ist absolut verletzlich. Dein »Nein« zu ungewollten Abläufen des Lebens wird nichts verändern. Es ist das »Nein«, das das Leid verursacht. Deine Gegenwehr, durch die Veränderungen des Lebens hindurchzugehen, deine Unfähigkeit, mit dem Fluss des Lebens zu fließen, schafft Leid. Jeder Mensch hat potenziell die Fähigkeit, durch alles hindurchzugehen. In vielen schwierigen und schmerzvollen Lebenssituationen kämpfen wir. Aber irgendwann sagst du: Es geht nicht mehr. Dann gibst du auf. In diesem Moment lässt du den Dingen ihren Lauf, und dadurch kann alles nur zum Besten geschehen. Wir lernen ansonsten einfach nicht unsere Lektion. Wenn du zu den Schwierigkeiten »Ja« sagst, bekommst du die Stärke, sie zu bewältigen. Dadurch entwickelst du Vertrauen. Das ist die Methode, wie du Leid überwinden kannst. Du kannst Leid nicht überwinden, indem du davor wegläufst. Wenn du fliehst, wird es dich irgendwo wieder einholen. Die eigentliche Lektion des Lebens ist: Gib auf! Die Wurzel aller Probleme ist die Vorstellung, Kontrolle über das Leben zu haben. Lerne aufzugeben, lerne loszulassen, das ist die große Botschaft der Spiritualität. Je größer deine Gegenwehr ist, umso heftiger ist der Schlag, den du immer wieder bekommst. Das Leben ist wie eine strenge und weise Mutter.

Aber dies ist doch nicht in jeder Situation anwendbar!

Spiritualität gibt dir keine Chance, dein Leid zu rechtfertigen. Es gibt keinen Hinterausgang. Der Intellekt wird durch dieses Wissen besiegt und muss sein falsches Spiel der Rechtfertigungen aufgeben. Intelligenz im üblichen Sinne besagt, über wie viel Wissen du verfügst und welche Fähigkeiten und Fertigkeiten du hast. Spirituelle Intelligenz nennt man Weisheit und ist die Fähigkeit, ohne Leid zu leben. Du kannst nicht Intelligenz für dich in Anspruch nehmen und gleichzeitig leiden. Das ist zunächst einmal eine Herausforderung für einen Menschen, der von sich annimmt, er sei intelligent. Wenn du deine Hilflosigkeit realisierst und den Kampf aufgibst – denn jeder Kampf ist gegen dich selbst gerichtet –, dann wird alles in perfekter Weise geschehen. Das ist die Essenz von allem spirituellem Wissen. Das ist nicht sehr einfach. Der Intellekt kommt mit vielen Zweifeln und Fragen, bis er »Ja« sagen kann.

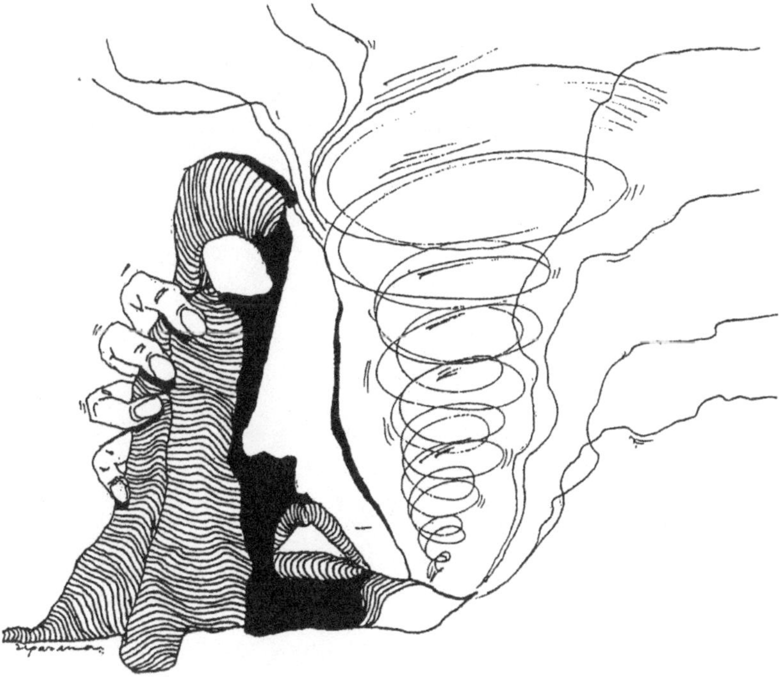

3
Geschwindigkeit

Angst .... Stress .... Zur Ruhe finden .... Steigern der Geschwindigkeit .... Verengung des Verstandes .... Himmel und Hölle .... Krankheit .... Eile .... Verlangsamung .... Wachheit und Ruhe .... Bedeutung von Übungen .... Das Gefühl erkennen .... Meditation

Wir leben in einer Hochgeschwindigkeitskultur. Ständig werden wir angetrieben und ermutigt, schnell und effizient zu sein. Unser ganzes System ist angefüllt mit Geschwindigkeit. Geschwindigkeit bringt Angst mit sich, hat aber auch anscheinend etwas für uns Angenehmes. Wenn wir einmal alle Handlungen einstellen würden, dann würde in uns sehr rasch ein unangenehmes Gefühl entstehen. Die Geschwindigkeit hilft uns also, unser Wohlbefinden aufrechtzuerhalten. Das ist allerdings nur eine scheinbare Hilfe. Wenn wir den Mechanismus unseres Geistes verstehen, wird das klarer.

Gemäß Yoga ist jedes Individuum mit einer bestimmten »inneren Geschwindigkeit« oder einem gewissen Maß an innerer Unruhe geboren. Wir bezeichnen das als Stress. Das Maß dieser Geschwindigkeit bzw. inneren Unruhe ist unterschiedlich. Gemeint ist hier die Geschwindigkeit oder die Unruhe des Geistes. Es handelt sich dabei um angeborene Tendenzen. Geschwindigkeit ist Stress, und dieser innere Stress verursacht menschliches Leiden. Wenn die Geschwindigkeit in dir zunimmt, fühlst du dich nicht leicht. Jeder hat eine natürliche Tendenz, von dieser inneren Geschwindigkeit loszukommen. Jeder hat den Drang in sich, Ruhe zu finden. Jeder möchte zurück zu der Quelle, wo Ruhe, Freude und Entspanntheit sind. Letztendlich sind alle Handlungen darauf ausgerichtet, sich von der Geschwindigkeit zu befreien. Es ist die Triebfeder für all unsere Handlungen. Es ist die Suche nach Freude im Leben. Die Suche ist natürlich, aber unser Weg dahin ist fragwürdig. Wir denken, wenn wir viele Dinge tun, kommen wir irgendwann zurück zu unserer Quelle, und daher jagen wir von einer Aktivität zur anderen.

Wir lieben Aktivitäten mit Geschwindigkeit, da es dadurch für uns einfacher wird, mit den depressiven Tendenzen umzugehen. Denn wenn wir die Geschwindigkeit steigern, dann steigert sich dadurch die Wachheit. Die Wachheit wirkt der Depression entgegen. Wenn aber diese Geschwindigkeit zur Gewohnheit wird, verfallen wir dadurch in das andere Extrem von Stress und Angst. Es wird auf Dauer sehr erschöpfend, die Geschwindigkeit aufrechtzuerhalten. Dadurch wird viel Energie aufgebraucht. Die Geschwindigkeit wird zur Last. Geschwindigkeit und Stress sind nicht verschiedene Dinge. Aus der Sicht des Yoga stehen Stress, Geschwindigkeit und Leiden in einem engen Zusammenhang. Du kannst nur bis zu einer gewissen Grenze die Geschwindigkeit steigern, dann kommt die Angst. Wir verfangen uns in den beiden Extremen. Wir können die Geschwindigkeit nicht mehr steigern und können auch nicht mehr zur Ruhe zurückfinden. Aus diesem Grund gibt es so viel Angst in unserer Gesellschaft, vor allem die Angst, das Leben nicht mehr im Griff zu haben.

Vieles von dem, was uns angeblich glücklich machen soll, haben wir schon ausprobiert. Wir haben auch erfahren, dass wir so das Glück nicht finden können. Wir werden immer wieder enttäuscht. Es ist uns unklar, was wir wirklich möchten. Dadurch entsteht ein Gefühl der Unsicherheit, das wir zu überdecken versuchen, indem wir viele verschiedene Dinge tun.

Durch die Genüsse berührst du immer wieder das Gefühl der Freude in kleinen Dosierungen. Wenn du Alkohol trinkst oder deinen Sexdrang auslebst, verspürst du eine innere Freude. Aber wenn du mal genau betrachtest, wie viel Energie du ständig aufbringen musst, um all die kleinen Freuden des Lebens zu bekommen, dann wirst du feststellen, dass Aufwand und Ergebnis nicht im richtigen Verhältnis stehen. Du gibst viel mehr ab, als du bekommst. Dieser Prozess, der Freude nachzujagen, ist meist sehr kostspielig und erschöpfend für uns.

Moleküle ziehen sich mit zunehmender Geschwindigkeit zusammen, das passiert auch mit dem menschlichen Geist. Geschwindigkeit und Verengung gehören zusammen. Der einzig positive Aspekt der Geschwindigkeit ist der, die Wachheit zu fördern. Daher fühlst du dich angenehm in diesem Geschwindigkeitszustand, denn die Wachheit verhindert, dass du den inneren Druck der Verengung fühlst. Deshalb glaubst du daran, die Geschwindigkeit ständig steigern zu müssen. Du erreichst allerdings irgendwann einen Höhepunkt, ein Kollaps tritt ein, und du gehst in die Depression. Depression ist die Hölle. Das Gegenteil davon erleben wir als Himmel. Himmel und Hölle sind Gegensätze unseres eigenen Geistes. Depression ist ein sehr verengter Geisteszustand. In diesem Zustand haben wir einen geringen Handlungsspielraum. Vieles erscheint uns hoffnungslos, und wir empfinden das Leben als nicht mehr lebenswert.

In der Erfahrung von Traurigkeit, Ärger, Depression oder Angst erlebst du einerseits eine unkontrollierte und qualvolle Geschwindigkeit, andererseits zieht sich etwas auf schmerzhafte Weise in dir zusammen. Dein Geist kann sich so weit verengen, dass nur noch ein einziger Gedanke darin Platz hat. Nachdem sich dieser Zustand wieder aufgelöst hat, bemerkst du, wie dumm du dich verhalten hast. Wenn du aber in diesem Zustand bist, kann ein einziger Gedanke dein ganzes Leben absorbieren. Alle diese negativen Erlebnisse wie Sorgen, Ärger, Hass oder Eifersucht haben mit Geschwindigkeit und Verengung zu tun. Diese Verengung wirkt sich auch auf den Körper aus. Der Geist beeinflusst den Körper, und diese Verengung manifestiert sich in Form verschiedener Krankheiten. Kopfschmerzen, Migräne, Augenprobleme, Asthma, Herzprobleme – es gibt Tausende verschiedener Krankheiten, die so entstehen. Es sind die psychosomatischen Krankheiten, die vom Geist her den Körper beeinflussen. Das Gefühl der Eile erlaubt uns nicht zu entspannen. Wir fühlen uns unwohl, wenn kein Programm mehr da ist, wenn nichts zu tun ist. Wir sind abhängig von dem, was passiert. Wir wissen oft nicht, wie wir friedlich und angenehm anhalten und entspannen können. Deshalb: Lerne zu verlangsamen, lerne zu entspannen, lerne mit deinen Energien umzugehen! Wenn du innerlich entspannt bist, kannst du mehr Dinge tun als im Zustand von Stress.

Das gute Gefühl kannst du nicht vergleichen mit irgendeiner Freude, die du von außen bekommst. Die Sonne ist da, auch wenn der Himmel mit Wolken bedeckt ist. Du kannst sie nur nicht sehen. Genauso ist es in uns. Das Schöne ist in uns, manchmal ist es sichtbar, manchmal nicht. Das bedeutet aber nur, du bist damit in Kontakt oder nicht. Du kannst aber nicht mit diesem Schönen in Kontakt kommen, wenn Geschwindigkeit in dir ist. Mit der Geschwindigkeit im Geist sind die zerstörerischen Kräfte aktiv. Wenn du die Geschwindigkeit reduzierst, dann verlangsamt sich der Geist und wird kreativ und friedlich. Kreativität kommt aus der Tiefe der Langsamkeit. Du kommst mit diesem schönen Gefühl in Kontakt, wenn du ruhig und sanft bist. Das kannst du lernen, und damit hast du das Wichtigste für dein Leben gelernt. Lerne durch Entspannung, bewusst und wach die inneren Kräfte zu besänftigen und zu verlangsamen. Bewusstheit ist notwendig, sonst schläfst du ein. Der Schlaf nimmt dir nicht deine Probleme. Sie lösen sich durch bewusste Entspannung und Verlangsamung auf. Du willst den inneren Sonnenschein zurückbekommen und das Leben in Fülle leben. So kannst du alles erleben und sehen, wie es ist, ohne es verändern zu müssen.

Das zu verstehen, ist der Anfang dieses Wissens. Verstehen ist aber noch nicht das Wissen selbst. Nur wenn das Verstehen in die Erfahrung übergeht, ist es das Wissen. Auch wenn du schon Hunderte von Büchern gelesen und intellektuell verdaut hast, du weißt es nicht wirklich. Es ist so, wie wenn du Hunger hättest und ein Bild anschaust, auf dem ein Apfel abgebildet ist. Wie der Apfel schmeckt, weißt du nur, wenn du ihn isst. Das zu leben, ist nicht nur eine Idee oder eine Vorstellung, es ist das, was wir Spiritualität nennen. Es ist die Quelle des Lebens! Nur da kannst du die Erfüllung finden! Die Fülle des Lebens zu erleben, ist nur auf diesem Weg möglich. Es gibt kein anderes Mittel und keinen Ersatz. Das Leben ist so einfach und direkt, es ist immer in dir, und es wartet auf dich!

Meinst du das Göttliche in uns?

Ja, du kannst es so nennen. Deshalb ist das Wichtigste im Leben, der bewussten und wachen Entspannung Priorität zu geben! Alles andere wie Beruf, Geld usw. ist zweitrangig. Nur dann bist du ein spiritueller Mensch. Du wirst kein spiritueller Mensch, indem du viele Bücher liest und von einem Guru zum anderen rennst. Du wirst kein spiritueller Mensch davon, dass du in Tempel und Kirchen gehst. Vielleicht trägst du dann die Maske eines spirituellen Menschen. Spiritualität ist eine wunderbare und offene Herausforderung des Lebens. Wir müssen es akzeptieren. Es ist nicht möglich, das durch irgendein anderes Mittel zu bekommen.

Wie erreiche ich die Entspannung?

Man kann Entspannung missverstehen. Ein Alkoholiker sucht auch Entspannung. Menschen versuchen, das in verschiedenen Bereichen zu bekommen, und werden dabei getäuscht. Das Leben »entschlüpft« ihrer Hand immer wieder, denn nach einem gewissen Punkt kommt der Leidensdruck. Wenn du zum Beispiel mit Alkohol entspannen willst, wird es irgendwann leidvoll für dich, und du wirst dumpf und unsensibel. Schau dir Fußball oder irgendetwas anderes im Fernsehen an – nach einiger Zeit wirst du erschöpft und müde. Schlaf ist schön, aber wenn du zu viel schläfst, kommt auch ein unangenehmes

Dumpfheitsgefühl. Immer wieder steht da am Ende deiner Suche das Gegenteil von dem, was du eigentlich willst. Sieh die Beschränktheit in all diesen Dingen und werde dir bewusst darüber, dass hier nicht die Antwort liegt. Entspannung beinhaltet Wachheit und Ruhe des Geistes. Du verlangsamst die mentalen Aktivitäten mit großer innerer Wachheit. Diese Entspannung gibt dir eine wirkliche Antwort auf die Probleme deines Lebens. Dein Leben wird besser in allen seinen Dimensionen. Entspannung ist der Prozess, der das gute Gefühl im Leben verstärkt. Die verschiedenen Techniken des Yoga helfen dir, dieses Gefühl in dir wachzurufen. Es ist wie die Beziehung zwischen Wissenschaft und Technik. Die Wissenschaft kann ihre Erfüllung nur mit der Technologie finden. Spiritualität ist wie die Wissenschaft, Yoga ist wie die Technologie. Es ist wertlos, nur Bücher zu lesen und Vorträgen zuzuhören. Die Übung[3] ist genauso wichtig wie das Wissen. Beides ergänzt sich. Mit der Übung wird die Idee in die Tat umgesetzt. Wenn dir die Wichtigkeit der Entspannung klar geworden ist, wird es für dich einfacher, in die Entspannung zu gehen. Jede Übung, die dich entspannt, kann man als Yoga bezeichnen.

Der erste Schritt in die Entspannung besteht darin, das gute Gefühl auch in seinem kleinsten Ausmaß zu erkennen. Lerne mit diesem Gefühl zu verweilen. Wenn die Wachheit verloren geht, kannst du ein paar kurze Atemstöße benutzen, um sie wiederzuerlangen.[4] Wenn die Gedanken dich wegtragen, dann hilft dir langsame und tiefe Atmung, um wieder in das Gefühl hineinzukommen. Tu dein Bestes, dich immer wieder mit diesem Gefühl zu verbinden. Auch wenn du anfänglich nur für einige Sekunden dieses Gefühl hast, lerne es zu schätzen und werde mehr und mehr vertraut damit. Entwickele eine Sehnsucht in dir, dahin immer wieder zurückzugehen. Erfahre, wie schön

3 Die hier angesprochenen Yoga-Übungen können schriftlich nicht adäquat vermittelt werden. Es bedarf hier einer persönlichen Anleitung.

4 Vgl. Fußnote zu »Übungen«.

und wunderbar es ist, entspannt zu sein. Das ist wirkliche Meditation.

Nach der Meditation solltest du dich entspannt, wach und achtsam fühlen. Daran kannst du erkennen, ob deine Meditation in die richtige Richtung geht. Alles wird klarer um dich herum. Wenn dies geschieht, machst du Fortschritte. Wenn du morgens aufwachst, nimm dir Zeit und versuche, dich mit diesem friedlichen Gefühl zu verbinden. Erkenne dieses Prinzip, das von deinem Herzen kommt. Es wird einen guten Einfluss auf den ganzen Tag haben. Lass dies den ersten Gedanken beim Aufwachen und den letzten Gedanken vor dem Einschlafen sein.

Was genau ist Meditation?

Unabhängig von allem zu diesem guten Gefühl zu gelangen, das ist Meditation. Wenn es dir möglich ist, ohne jegliche Hilfen dieses Gefühl zu ergreifen, gehe tiefer hinein. Wenn das nicht möglich ist, nimm etwas wie ein Mantra oder den Atem zu Hilfe. Sollte dir auch das nicht gelingen, dann nimm die Unterstützung durch körperliche Übungen oder andere Aktivitäten. Jedes Objekt der Meditation sollte etwas Entspannendes und Neutrales beinhalten. Es sollte Ruhe auf dich ausströmen. Je mehr du entspannen lernst ohne Aktivitäten, umso mehr kannst du in Aktivitäten wirklich entspannt sein. Das ist Befreiung – mit weniger Abhängigkeit von Dingen und Menschen zu leben.

Der Grad der Entspanntheit, den du in der Meditation berührst, mag am Anfang noch sehr gering sein. Trotzdem fühlst du dich da schon sehr gut. Stell dir vor, du könntest hundertmal entspannter sein. Es würde immer schöner, je weiter du gehst, und umso mehr öffnet sich etwas, worüber du dich nur noch wundern kannst. Von allem Schönen, das du sonst erleben kannst, hast du irgendwann genug, aber hiervon wirst du niemals genug bekommen. Je weiter du gehst, umso schöner wird es. Da gibt es keinen Sättigungspunkt mehr. Stell dir die beste

Erfahrung vor, die du jemals in deinem Leben gehabt hast. Die wirkliche Schönheit des Lebens weit hinter dieser Erfahrung zu erleben, ist nicht mit dem Körper und den Sinnesorganen möglich. Das ist die Beschränktheit unseres Körpers. Spiritualität zeigt dir einen Weg, wie du weitergehen kannst. Es ist das, was du in Liebe, Sexualität und in erregten Zuständen erfährst – aber in einer viel reineren Form. In allen diesen Erfahrungen ist Unruhe und Geschwindigkeit, hier ist vollkommene Ruhe und Frieden. Es ist unmöglich, jemandem, der es nicht erfahren hat, dies richtig zu erklären. Du kannst auch jemandem, der noch nie entspannt hat, nicht erklären, was Entspannung ist.

Entspannung ist der Weg zum Göttlichen. Das Göttliche ist Entspannung in Vollkommenheit. Wenn du Entspannung erkannt hast, hast du das Göttliche erkannt. Je tiefer du in die Entspannung gehst, umso klarer erkennst du das Göttliche.

4
Wachheit und Langsamkeit

Der Geist schläft .... Glückseligkeit .... Erregtheit .... Erhöhung der Wachheit .... Zusammenspiel von Wachheit und Langsamkeit .... Zeit- und Raumaspekt des Geistes .... Halbschlaf .... Trance .... Trennung innerer und äußerer Welt .... Glücklich sein ohne Grund .... Erfahrungen in der Meditation

In jedem Bereich des Lebens hast du eine andere Rolle und die damit verbundenen Probleme. Zu Hause hast du die Probleme einer Mutter, im Büro die Probleme eines Angestellten oder Chefs, in der Öffentlichkeit hast du gesellschaftliche Probleme. Aber in welcher Rolle oder in welchem Aspekt der Persönlichkeit lebst du im Schlaf? Du bist in einem Zustand von Glückseligkeit. Das Schöne am Schlaf[5] ist, dass die verschiedenen Aspekte der Persönlichkeit und deren spezifische Probleme nicht mehr da sind. Der Geist ist nicht in Funktion, und das ist eine große Erleichterung. Nur der Geist schläft, nicht der Körper. Der Körper kann nie schlafen, weil er nie wach ist. Es ist der Geist, der aufwacht und schläft. Wenn er aufwacht, dann funktioniert er im Körper. Wenn er schläft, benutzt er den Körper nicht, das ist alles. Du erfährst Frieden, Ruhe und Glückseligkeit. Du bist im Schlaf ein »Niemand«, du hast keinen Namen und keine Identität. Du lässt alle Identifikationen fallen. Die ganze Persönlichkeit mit all den verschiedenen Rollen, die du sonst mit so viel Anstrengung aufrechterhältst, bricht in sich zusammen. Du bist nichts als ein großes Ausmaß an Glückseligkeit und Frieden. Das ist deine Identifikation im Tiefschlaf. Aber es fehlt die Wachheit und Lebendigkeit in diesem Zustand.

5 Hier ist der traumlose Tiefschlaf gemeint.

Den freudigen Aspekt des Lebens kennst du im Schlaf nicht. Dies erfährst du nur, wenn du aufwachst.

Andererseits ist die Erfahrung der freudigen Erregtheit und die Erfahrung von Genüssen wichtig für uns: die Freude des Essens, die Freude des Sehens, die Freude des Berührens, der Genuss, uns zu bewegen, der Genuss, den uns Sexualität bringt. Überall dort findest du Genuss – und das ist auch der Antrieb, diesen Genuss immer wieder zu suchen. Es ist schön, wenn man erregt ist. Der Verstand ist dann in einem erhöhten Wachzustand. Im Schlaf ist keine Wachheit, aber du hast das schöne Gefühl, ohne Probleme zu sein. In der Erregtheit erfährst du Ausdehnung und Wachheit, und das gibt dir Lebensfreude. Die Geschwindigkeit und Unruhe, die im Wachzustand herrschen, sind an sich nicht angenehm, aber du empfindest mehr Lebendigkeit. Du liebst diese Erregungszustände, die sogenannten Nervenkitzel, denn sie bedeuten eine Steigerung der Wachheit.

Die erregenden Zustände können nicht den Schlaf ersetzen, und die Freude des Schlafes kann nicht durch Erregtheit ersetzt werden. In den beiden Erfahrungen von Schlaf und Erregtheit ist Freude und Glück enthalten. Was schön ist am Schlaf, ist absolut nicht da in der Erregtheit; was an der Erregtheit schön ist, fehlt im Schlaf. Das Leben aber benötigt beides, um die Erfüllung zu finden. Beide Zustände haben jedoch auch unangenehme Seiten. Im Schlaf ist Dumpfheit, Dunkelheit, und es gibt keine Sensibilität, keine Lebendigkeit und keine Intelligenz. Es käme wohl niemand auf die Idee, zur Lösung seiner Probleme das ganze Leben schlafen zu wollen. Wenn wir aber nicht genügend Schlaf bekommen, werden wir irritierbar und sehr verletzlich. Die unangenehme Seite an den Erregungszuständen ist Hektik und Unruhe, die uns ermüden und auszehren. Sie lassen Gewalt und Angst in uns entstehen.

Das Zusammenspiel beider Erfahrungen erlebst du bis zu einem gewissen Ausmaß, wenn du sanfte Musik hörst. Allerdings wird auch da irgendwann ein Sättigungspunkt erreicht. Die vollkommenste Verbindung der beiden angenehmen Seiten von

Schlaf und Erregtheit erleben wir in der Liebe. Wenn du verliebt bist, bist du sehr wach, extrem sensibel, und du erlebst in dir eine angenehme Langsamkeit. Daher ist die Liebe die wichtigste Erfahrung im Leben.

Du liebst an der Entspannung die Langsamkeit und Wachheit. Du siehst immer die zwei Komponenten: einer ist mit dem Zeitaspekt und der andere mit dem Raumaspekt verbunden. Der Geist funktioniert immer nur in Raum und Zeit. Zeit ist hier der Aspekt der Geschwindigkeit, und Raum erlebst du als Ausdehnung in der Wachheit. In der Spiritualität sind diese beiden Aspekte für die Praxis sehr bedeutend. Wenn du in der Meditation nur die Langsamkeit suchst, besteht die Gefahr, dass du in Dumpfheit verfällst. Du fühlst dich sehr angenehm, bist aber nur halb wach. Du gehst in einen Zustand von Halbschlaf, eine Art angenehmer Dumpfheit. Du kommst zurück aus der Meditation und sagst, dass du dich sehr gut gefühlt hast. Das aber will Yoga nicht in dir verstärken. Wenn du diese Gewohnheit entwickelst, machst du keine Fortschritte. Du kannst abhängig werden von dieser Art der Meditation, in der du dich der Welt entziehst.

Das Gleiche geschieht auch im Trancezustand. Es ist ein Zustand zwischen Träumen und Wachsein. Es ist eine der unendlich vielen Dimensionen, die der Geist aus sich selbst heraus erschaffen kann. Es ist ein ähnlicher Zustand wie bei der Hypnose, bei der du ebenfalls nicht richtig wach bist und auch nicht richtig schläfst. Es wird eine Welt erschaffen, die dir real erscheint. Das ist sehr angenehm. Manche Menschen sehen Farben, sie fliegen, sie hören Klänge, es gibt Fantasien, und alles ist wie ein schöner Traum. Wenn du das suchst, dann verliebst du dich in diese Eindrücke, dann trennst du die äußere von der inneren Welt und möchtest in der inneren Welt bleiben. Du wirst abhängig wie ein Trinker, dem es gut geht, wenn er betrunken ist, sonst findet er das Leben schrecklich. Die Trennung von innerer und äußerer Welt wird dich letztlich nicht glücklich machen. Viele Menschen bleiben hier hängen. Du machst Reisen durch Astralwelten und erfährst frühere Leben. Du meditierst deine Fantasien, und das wird zur Gewohnheit. Es ist einfach, diesen Zustand zu erreichen, weil es immer noch im Rahmen des Geistes ist. Dies ist nichts anderes als positives und aktives Träumen.

Spirituelles Wachstum setzt Wachheit und Sensibilität voraus. Es ist sehr einfach, einen tranceartigen Zustand des Halbschlafs zu erreichen. Sensibilität, Wachheit und Ausdehnung zu erlangen, ist dagegen viel schwieriger. Es fehlt an nichts, die freudige Wachheit ist da sowie die Glückseligkeit des Schlafes. Du bist wach, ruhig und entspannt. Du bist absolut sensibel, und doch reagierst du nicht. Du bleibst durch die innere Ruhe unberührt. Du erlebst die beiden Aspekte der Langsamkeit und Wachheit zusammen. Die Langsamkeit gibt dir die Ruhe, und die Wachheit gibt dir die Ausgedehnthcit, die Lebendigkeit und die Freude. Du kannst Kompromisse eingehen hinsichtlich der Langsamkeit, aber nicht hinsichtlich der Wachheit, sonst verfällst du zu leicht der Dumpfheit. Achte also auf diese Wachheit und erhalte sie aufrecht! Wenn der Geist in die Dumpfheit geht, wecke ihn auf durch Stimulation – wenn der Geist zu aktiv ist, beruhige ihn ganz bewusst. Wenn du spürst, dass du ein Gleichgewicht erreicht hast, dann verweile da.

Das ist es, was die spirituellen Meister vermitteln wollen. Sie zeigen dir die Möglichkeit, das Beste in dir selbst zu erfahren. Es ist eine subjektive Erfahrung, eine Möglichkeit, die in jedem Menschen existiert. Du kannst das Glück direkt in dir erleben. Das ist das Ziel all deiner Handlungen. Entspanne mit Bewusstsein! Das ist der spirituelle Weg. Lerne in die innere Welt einzudringen und doch bewusst in der äußeren Welt zu leben, ohne von ihr abhängig zu sein oder sie abzulehnen. Das Ziel der Spiritualität ist, ohne Grund glücklich zu sein! Das bedeutet, das Glück in jeder Situation in dir zu behalten. Es bedeutet, ohne äußere Abhängigkeiten willentlich in diesem Gefühl verweilen zu können. Das ist die Übung der bewussten Entspannung: tiefer und tiefer in die Entspannung einzudringen mit immer größerer Wachheit.

Wenn du das versuchst, stößt du auf Schwierigkeiten, da es Kräfte gibt, die dich aus diesem Zustand immer wieder herausholen wollen. Einerseits ist es die Unruhe, die dich wegträgt in Fantasien und Gedanken. Vielleicht sind es sogar positive Gedanken, dennoch lassen sie dich das Erkennen und Erfahren dieses Gefühls verpassen. Du bist dann nicht mehr mit dem Fluss des Lebens verbunden. Die andere Schwierigkeit besteht darin, dass das Gefühl verschwindet, da du in Dumpfheit verfällst. Du bist dann nicht sensibel genug, das Gefühl richtig wahrzunehmen.

Mit positiven Kräften kann man die negativen Kräfte überwinden. Die erhöhte Wachheit der Schnelligkeit kann man nutzen, um die Dumpfheit zu überwinden. Die Ruhe der Dumpfheit kann man nutzen, um die Unruhe zu überwinden. Lerne die Kräfte, die in dir vorhanden sind, in der richtigen Art und Weise zu gebrauchen. Lerne die Entspannung, die die Kraft hat, unsere Tendenzen auszulöschen, und den tief verwurzelten Stress in uns zu beseitigen.

Wird man durch einen Trancezustand nicht auch kreativ?

Ja, mit Ruhe wird Kreativität gefördert. Dieser Zustand kann auch den Stress reduzieren, aber er wird niemals deine Tendenzen und Reaktionsmuster verändern. Auf dein tägliches Leben wird es keinen Einfluss haben. Es entsteht eine Kluft zwischen Leben und Spiritualität. Wenn du meditierst, bist du in der spirituellen Welt, und wenn du den Alltag lebst, dann bist du draußen. Du tauchst ein in die spirituelle Welt, weil es schön und angenehm ist – und das kann zu einer Abwehr gegen die reale Welt führen. So verkehrt sich Spiritualität in Weltflucht.

Trance kenne ich als Zustand, in dem Kontakt zu einer anderen Ebene der Wirklichkeit aufgenommen werden kann.

Das ist auch die Realität des Traumes. Wenn ich dich jetzt in Hypnose versetze, dann bringe ich dich in eine andere Welt. Da kannst du alles erfahren, was ich dir sage. In der Hypnose ist das alles für dich real. Ich weiß aber, dass das nur eine Vorstellung ist, die dir aufgezwungen wurde. Was ist da anders als im Trancezustand? Trance ist eine andere Projektion des Geistes. Es gibt verschiedene Dimensionen des Geistes wie Tiefschlaf, Traum oder Wachzustand, wobei Trance die Dimension eines wachen Traumzustandes ist. Die Frage ist doch: Was hilft dir, dein Leben zu verbessern. Solange du in Trance bist, fühlst du dich gut. Aber hilft es dir wirklich, mit dem Leben besser zurechtzukommen?

In Trance habe ich Kontakt zum Unterbewussten, wo ich Lösungen für meine Probleme finden kann!

Ja, das ist die lineare Methode, wie man das Leben verbessert und ein Problem nach dem anderen zu lösen versucht. Wenn du die spirituelle Entspannung und Ausdehnung erfährst, dann werden nicht selektiv einzelne Probleme angesprochen, es wird die Basis verändert. Das ist der Unterschied. Spiritualität hat einen ganzheitlichen Ansatz.

Was ist, wenn in der Meditation Bilder kommen, während der Geist ruhig ist?

Bilder haben keine Wichtigkeit. Lediglich die Wachheit ist von Bedeutung. Wenn du vom Schlaf aufwachst, weißt du, dass du wach bist, du brauchst es nicht zu denken. Erst kommt die

Wachheit, dann kommen Gedanken und Bilder. Es ist die Wachheit, die sich selbst kennt. Du kennst dich selbst.

Was soll denn wach sein? Den Geist soll ich beruhigen, gleichzeitig soll der aber wach sein?

Du kennst zweifelsfrei deine Wachheit. Diese Wachheit ist nicht immer die gleiche von morgens bis abends. Es gibt verschiedene Grade der Wachheit. In manchen Momenten steigert sie sich, in anderen dagegen vermindert sie sich. Könntest du auch wacher sein, als du jetzt bist? Manchmal wird deine Wachheit leuchtender und heller. In den Erregungszuständen wirst du hellwach, deswegen fühlst du dich da so gut. Erhöhte Wachheit ist Ausdehnung.

Du fährst ein Auto, plötzlich kommt ein anderes Auto von der Seite. Die Zeitspanne, in der du handeln musst, lässt dir keine Möglichkeit mehr, etwas zu denken. Was machst du dann? Die Augen weiten sich, und es kommt eine große Ausdehnung. Im Bruchteil einer Sekunde kannst du ausweichen. Mit einem denkenden Geist hättest du das unmöglich tun können. Es ist einfach geschehen. Es nimmt sich etwas deiner im Notfall an. Das ist ein Gesetz des Lebens.

Ist die Idee der Einheitserfahrung hilfreich?

Ja, weil die Vorstellung, dass alles eins ist – obwohl es eine Idee ist –, einen guten Einfluss auf das Gefühl hat. Bis zu dem Ausmaß, dass du so tiefer entspannen kannst, ist es auch nützlich. Aber das Gefühl der Einheit ist nicht eine Idee – es ist gerade die Abwesenheit der Idee »Ich und die anderen«. Du kannst es dir nicht vorstellen, du kannst es nur erfahren.

Ich habe in der Meditation dieses Gefühl einmal ganz stark erlebt, obwohl ich damit überhaupt nicht gerechnet hatte. Wenn ich jetzt meditiere, habe ich die Erwartung, dies wieder zu erfahren.

Kennst du den Unterschied zwischen Sehnsucht und Erwartung? Erwartung ist ein großes Hindernis in der Meditation. Sehnsucht ist notwendig. Wenn du diesen Unterschied verstehst, dann löst das dein Problem. Bei vielen Menschen ist diese Erwartung eine große Hürde. Ich kann nicht einmal sagen: Erwarte nichts, denn damit ist eine neue Erwartung geschaffen. Das wäre so, als wenn eine Mutter ihrem Kind sagt: Ärgere dich nicht. Nur das Wissen und das Verstehen können die Erwartungen wegnehmen und die Sehnsucht wachsen lassen. Erkenne den Zustand, in dem du dich jetzt befindest. Das ist es, woran du jetzt festhalten kannst. Suche nicht irgendetwas in der Meditation. Wenn du suchst, wirst du es niemals finden. Meditation ist keine Suche, sondern einfach nur ein Wachstum. Du solltest erkennen, was jetzt schon in dir ist, es ergreifen und damit wachsen.

Du zögerst doch auch bei Genüssen nicht, dich ihnen vollkommen hinzugeben und dich darin zu verlieren. Genau das solltest du auch in der Meditation tun. Lass dich ganz darauf ein und gib dich diesem Gefühl hin. Solange du das Gefühl in dir nicht schätzen kannst, kann es nicht wachsen. Du berührst es, du hast es für eine Weile, aber es kann nicht wachsen.

5
Deine Welt

Verlangen und Ablehnung .... Verkauf des Gefühls .... Vertrauen in den Verstand .... Die Welt als Vorstellung .... Der Traumzustand .... Aufwachen .... Kräfte des Geistes .... Vorstellung von Besitz .... Dankbarkeit

Es ist letztlich nur wichtig, ob du dich mit dem Leben und mit dir selbst wohlfühlst. Wenn du dich schlecht fühlst, äußert sich das in Form von verschiedenen Schwierigkeiten, und du findest Gründe, um dein Leid zu rechtfertigen. Es erscheinen die Lebensprobleme. Der Verstand sucht immer wieder nach Gründen, um das Leid zu rechtfertigen. Wenn du diese Probleme als real betrachtest, gerätst du in einen endlosen Kreislauf. Du kennst aber andererseits einen Zustand innerer Zufriedenheit, und daher liebst du alles in dieser Welt, was dich diesem guten Gefühl näherbringt. Alles, was dein Gefühl stört, magst du nicht. Wenn du etwas siehst, was dir ein gutes Gefühl gibt, dann möchtest du es. Die ganze Welt teilen wir auf in das, was wir mögen und was wir nicht mögen. Was dich aber vor Jahren begeistert hat, magst du heute nicht mehr. Vielleicht hasst du es inzwischen sogar. Es sind nicht die äußeren Dinge, die ein gutes oder schlechtes Gefühl in uns auslösen.

Wir verkaufen unser Gefühl an die materielle Welt und versklaven uns. Wir geben der Welt einen Freibrief, sodass sie unser Gefühl beeinflussen kann. Wenn ein Objekt die Macht hat, mir ein gutes oder schlechtes Gefühl zu vermitteln, dann hat das Objekt diese Macht nur bekommen aufgrund meines eigenen Wertesystems. Jedes Objekt an sich ist neutral. Nur wenn ich dem Objekt eine bestimmte Wertigkeit gebe, dann bekommt es die Macht, mich zu beeinflussen. Die Welt an sich ist vollkommen neutral. Wir sind es gewohnt, die Welt mit Konditionierungen, Ideen und Meinungen zu versehen, machen uns das aber nicht klar. Wenn du sagst, dass du dich wohlfühlst, dann ist das ein Gefühl. Die Qualität deiner Emotionen und deines Verstandes werden bestimmt durch dieses Gefühl. Wenn du dich nicht gut fühlst, kannst du keine angenehmen und friedlichen Gedanken haben. Aber wir geben immer dem Verstand die größere Bedeutung und ignorieren das Gefühl. Es sind hier die Inhalte des Geistes gemeint, mit denen wir unsere jeweilige Sicht der Welt stützen und aufrechterhalten.

Als neugeborenes Kind wusstest du zum Beispiel nicht, was ein Baum ist. Ein Objekt ist ein Objekt, weil dein Verstand das kontinuierlich so bestimmt. Wenn ein Objekt nicht mit deinen Gedanken verbunden ist, was bleibt dann? Die Welt existiert auch für ein Baby, aber nicht in getrennten Objekten. Die ganze Welt existiert als ein Teil seines Selbst! Nimm Namen und Formen der Objekte weg: Was dann übrig bleibt, ist nicht zu benennen. Jeder hat das schon erfahren. Vielleicht hast du schon einmal erlebt, dass du nach einem kurzen und tiefen Mittagsschlaf aufgewacht bist und für einen Augenblick nicht mehr wusstest, wo du bist und wer du bist. Der Verstand hatte noch nicht angefangen zu operieren. Du hattest die Welt außerhalb noch nicht erkannt. Subjektiv existierst du dann, aber die Welt existiert genauso im Subjektiven. Wenn der Verstand wach wird, dann beginnen die Gedanken. Wenn du anfängst zu denken, qualifiziert der Verstand und objektiviert. Die Qualität der Welt, die wir erfahren, ist die Schöpfung unseres eigenen Verstandes.

Im Traumzustand machst du verschiedene Erfahrungen. Du hast einen Körper im Traum, aber es ist ein anderer Körper als der des Wachzustandes. Das ist ein Körper, der im Traum zu vielen Orten geht und viele Menschen trifft. Es stellt sich hier doch die Frage, ob es sich um Realität handelt. Diese Erlebnisse sind genauso real wie diese Welt. Der Körper, mit dem du dich im Traum bewegt hast, war wirklich. Du konntest hören und sehen mit dem Traumkörper, vielleicht konntest du sogar fliegen. Du stellst dir diesen Körper vor. Er kommt aus deinem eigenen Geist. Wenn du aufwachst, weißt du, dass es nur ein Traum war und damit unwirklich. Genauso ist es mit dieser Welt. Diese Welt ist auch nur ein Traum. Die objektive Welt existiert als solche nicht mehr, wenn es den Geist nicht gibt. Ohne den Geist wird die objektive Welt in die subjektive Bewusstheit absorbiert. Da gibt es keine Vorstellung von Getrenntheit – es existiert nur einheitliche Bewusstheit. Der Geist kann sich nicht vorstellen, wie es ohne ihn wäre. Aber es ist erfahrbar.

Nehmen wir einmal an, du würdest den Wachzustand nicht kennen und immer nur zwischen Tiefschlaf und Traum wechseln. Im Traum hast du Tausende von Problemen, die du zu lösen versuchst. Ein enger Freund, der im Wachzustand ist, weiß, dass da keine realen Probleme sind. Die einzige Antwort auf deine Probleme wäre, aufzuwachen. Wenn dein Freund aus Mitgefühl nun in deine Traumwelt käme, und du könntest ihm alle deine Probleme und Schwierigkeiten mitteilen, würde er antworten: »Sieh mal, alle diese Probleme sind nicht wirklich. Alle Probleme werden verschwinden, wenn du aufwachst.« Wenn du nicht weißt, was aufwachen ist, könntest du ihn nicht verstehen. Trotzdem würde dein Freund versuchen, dich aufzuwecken, weil er genau weiß, dass es keine andere Antwort und keine andere Lösung für deine Probleme gibt.

Wenn du aus dem normalen Traum aufwachst, dann bist du vollkommen abgeschnitten von der Traumwelt. Aber wenn du aus diesem Traum des Wachzustandes erwachst, dann bist du nicht abgeschnitten vom Leben. Du bist vollkommen verbunden mit dem Leben, aber gleichzeitig von ihm unberührt. Das ist der große Unterschied und der Grund, warum du eine große Kraft und enorme Fähigkeit bekommst, mit den Problemen umzugehen. Du hast dann die Klarheit, die Situation nicht emotional, sondern praktisch zu betrachten. Die ganze Intelligenz ist darin enthalten.

Viele Menschen haben mysteriöse Vorstellungen von dem,

was *Samadhi*[6] ist. Sie denken, das habe nichts mit dieser Welt zu tun und würde vom Leben wegführen. Das ist ein falsches Verständnis. Es ist ein Zustand absoluter Wachheit. Es ist nicht im Himmel oder sonst wo – es ist hier. Wenn du es einmal erfahren hast, dann weißt du es zweifelsfrei. Dann wird deine spirituelle Übung eine bestimmte Form annehmen, weil du die Richtung kennst. Deine spirituellen Übungen werden dadurch sehr direkt. Bis dahin bist du auf Verstehen angewiesen. Samadhi ist Aufwachen. Es ist ein Aufwachen aus dieser Welt, die wir als Realität bezeichnen. Es ist ein Aufwachen zu einer umfassenden Sicht, die auch die distanzierte Wahrnehmung deines eigenen Geistes einschließt. Du siehst, dass du im Traumzustand lebst.

Warum träume ich dieses Leben?

Du könntest auch fragen, warum es Dunkelheit und Licht gibt. Es existiert einfach. Genauso gibt es den Wachzustand und den Schlaf. Das Phänomen, das den Wachzustand erschafft, ist der Geist. Der Geist braucht den Wachzustand, um funktionieren zu können. Die Welt, in der du lebst, ist die Schöpfung des Geistes. Wie und als wen du dich siehst, durch welche Erfahrungen du gehst, alles wird aufrechterhalten durch den Geist. Wenn er nicht da ist, existiert das alles nicht. Aber du existierst auch ohne ihn, und zwar in deiner ursprünglichen Form. Das zu wissen bedeutet, aufzuwachen.

6 Ein Zustand der Bewusstseinsausdehnung, über den in Kapitel 9 näher gesprochen wird.

Wenn ich ins Bett gehe und im Zustand entspannten Wachseins bin, bitte ich mein Unterbewusstsein, mir Antworten zu geben auf meine Fragen oder Probleme. Ich bekomme fast immer Antworten. Wie ist das zu erklären?

Ja, das passiert, wenn du die Frage hast, bevor du schlafen gehst. Auch als Traum kann die Antwort kommen. Es kann aber auch in Meditation passieren. Gib dem Verstand einen »Input«, kümmere dich nicht mehr drum, dann kommt die Antwort anstrengungslos. Das ist so, wie wenn man zum Beispiel einen Namen vergessen hat. Solange man angestrengt nachdenkt, fällt er einem nicht ein. Wenn man dann das Suchen aufgibt, wird der Geist ruhiger, und irgendwann ist der Name da. Das klingt alles interessant, wie die verschiedenen Kräfte des Geistes funktionieren, aber für die Spiritualität sind all diese Dinge gleich unnütz. Wenn du die Erfüllung des Lebens suchst, dann wirst du diesen Dingen keine Bedeutung geben, nicht einmal den besten Kräften des Geistes. Es ist möglich, einen »magischen« Geist zu bekommen; es ist möglich, die Gedanken anderer Menschen zu lesen; es ist möglich, andere zu beeinflussen, ohne zu reden; es ist möglich, in die Zukunft zu sehen oder Wünsche zu materialisieren: All diese Dinge passieren auch in der Ausdehnung – sie sind aber unwichtig.

Muss man aufhören, nach dem Sinn des Lebens zu fragen?

Das kannst du nicht. Du kannst mit der Suche nicht aufhören. Eine ständige Unzufriedenheit in dir zwingt dich, weiterzusuchen. Es ist nicht möglich, mit dieser Unzufriedenheit glücklich zu leben. Mit dem Verstehen wird es bis zu einem gewissen Ausmaß erträglicher. Es ist aber nicht möglich, aufgrund des Verstehens die Suche aufzugeben. Es geht hier ja nicht um einen Verständnisprozess. So gesehen ist jeder Mensch ein Suchender, und keiner erreicht mit Verstehen das Ende seiner Suche. Ramana Maharshi[7] und andere Heilige haben diesen Zustand durch die Erleuchtung erfahren – durch Aufwachen, nicht durch Verstehen!

Wenn ich aufwache, was sehe ich denn dann?

Du siehst dasselbe, was du jetzt siehst. Aber du siehst es als nicht getrennt von dir. Diese Inhalte sind nicht verbal kommunizierbar. Worte allein können dieses Erleben nicht erfassen. Jedes Wort hat eine Bedeutung, die hinter der vordergründigen Bedeutung liegt. Wenn ich »Liebe« sage, dann hat das Wort eine Bedeutung – du weißt, was Liebe ist. Aber es ist ein bestimmtes Gefühl dahinter, das gleichzeitig mitgeteilt wird. Versuche das zu erfassen in der Spiritualität. Man kann diese Inhalte nicht mit Worten kommunizieren – aber man kann doch darüber in Kommunikation sein. Obwohl das Verstehen der Anfang ist, kommst du durch Verstehen allein nicht weiter. Wenn du verstehst und die Erfahrung machst, dann kannst du es erkennen, aber ohne das Verständnis verpasst du das Erkennen. Es ist eine ganz andere Art von Wissen, die du dir nicht im üblichen Sinne aneignen kannst. Es ist so wie mit dem Wissen um deine Existenz. Du kannst das nicht verstehen, du weißt es einfach.

Kommt dieses Aufwachen auf einen zu, oder kann man das beeinflussen?

Es passiert nur unter ganz bestimmten Bedingungen. Die Voraussetzung ist ein absolut ruhiger Zustand des Geistes. Es ist der Zustand ganz tiefer Entspannung. Wenn die Geschwindigkeit geht, dann kann sich der Geist nicht mehr aufrechterhalten, und er kollabiert. Dann gehst du vom Traum in die Wachheit über.

7 Einer der bekanntesten spirituellen Meister Indiens dieses Jahrhunderts.

Muss ich die Fähigkeiten des Geistes entwickeln?

Die Fähigkeiten, sich zu erinnern und klar zu denken, sind Fähigkeiten des Geistes, die sich ganz natürlich in einem entspannten Zustand entwickeln. Wenn du entspannt bist, bedeutet das auch Klarheit des Geistes. Wenn du einen »schnellen« Geist hast, bestimmen die Gedanken deine Welt und reißen dich hilflos mit. Wenn du einen großen Hund mitnimmst, der stärker ist als du, dann führt der Hund dich »Gassi«. So ist es mit dem schnellen Geist, er lässt dir keine Chance. Wenn der Geist entspannt ist, bekommst du Kontrolle über ihn. Mit einem solchen Geist hast du keine Probleme.

Hat dieses Aufwachen Auswirkungen auf unsere Ängste?

Wenn du aus einem Traum aufwachst, hast du absolut nichts mehr mit der Traumwelt zu tun, du bist davon vollkommen abgeschnitten. Wenn du von dieser Traumwelt[8] in die andere Wachheit kommst, bist du nicht vollkommen von der Welt abgeschnitten. Du bist losgelöst, aber nicht abgeschnitten. Wenn du wieder in den Traumzustand zurückkommst, weißt du, dass das nicht die Realität ist, in der du lebst, und dadurch verschwinden Ängste und Sorgen des Lebens allmählich.

Nimm als Beispiel eine Geisterbahn. Du gehst in einen dunklen Tunnel, um dich zu ängstigen, und bezahlst dafür auch noch Geld. Stell dir vor, du verbindest jemandem, der keine Geisterbahn kennt, die Augen und nimmst ihn mit hinein. Dann nimmst du ihm die Augenbinde ab. Er muss doch denken, das alles sei real, und wird einen Schock erleben. Stell dir die Erleichterung vor, wenn ihm jemand erklärt, dies alles sei nicht real! Wenn nach diesem Verstehen plötzlich wieder ein Skelett herunterfällt, erschrickt er zwar wieder, aber das ist dann eine andere Angst, weil es nicht mehr real für ihn ist. So ist es auch mit dem

8 Hiermit ist unser jetziger Wachzustand gemeint.

Leben: Wenn du aufwachst und wieder zurückgehst in den Traumzustand, dann hast du das Wissen, und die Welt kann dir nicht mehr so viel anhaben.

Ist denn der Tod vom Wachzustand aus gesehen nur ein Traum?

Der Tod existiert nur für den Körper. Du bist jetzt von deiner körperlichen Existenz überzeugt. Wenn du Samadhi erfährst, gehst du durch die Erfahrung des Todes hindurch. Dann wirst du deine wirkliche Existenz realisieren ohne Körper und Geist. In Samadhi stirbst du. Es ist nicht der Tod des Körpers. Die Identifikation mit Körper und Geist verschwindet. Danach weißt du, dass du nicht sterben kannst, weil du nicht der Körper bist.

Gibt es die Welt wirklich, oder gibt es sie nicht?

Was existiert, ist nur ein Prinzip. Die Wahrheit über unsere Existenz kann nicht verstanden werden, sie kann nur erfahren werden, wenn du zurückgehst zu dieser Quelle. Die Welt hat nur eine Realität, weil wir sie ihr verleihen. Die Objekte haben keine qualitative Realität, außer in der eigenen Vorstellung. Das Objekt an sich ist neutral.

Meint »Objekte« in diesem Zusammenhang auch »Menschen«?

Natürlich. Alles ist darin eingeschlossen. Den praktischen Nutzen der Welt kann man nicht verneinen. Wenn du Durst hast, erfüllt das Wasser seinen Zweck. Wenn du Hunger hast, erfüllt die Nahrung ihren Zweck. Du kannst das nicht negieren. Es geht hier um die emotionalen und sentimentalen Verhaftungen – zum Beispiel sage ich, etwas ist »mein«. Versuche einmal zu verstehen, zu welchen Dingen du »mein« sagst. In welcher Hinsicht gehört wirklich etwas dir? Es beruht doch letztendlich alles nur auf deiner Vorstellung.

Was mir gehört, kann ich selbst benutzen, was mir nicht gehört, kann ich nicht benutzen.

Du lebst in einem gemieteten Haus. Wenn du deine Freunde einlädst, dann sagst du: Komm doch morgen in mein Haus. Du sagst nicht: Komm doch morgen in mein gemietetes Haus. Du weißt, dass es nicht dein Haus ist, und trotzdem sagst du »mein« Haus. Eines Tages sagt der Eigentümer des Hauses dir, dass er nach Spanien, in die Sonne, auswandern will. Und er fragt dich, ob du das Haus kaufen willst. Du willst es. Du unterzeichnest den Vertrag und bezahlst. Dann ist das Haus »dein«. Jetzt verbindest du dich sentimental mit dem Haus, und wenn Reparaturen anstehen, kostet dich das weitaus mehr Sorgen als vorher. Dabei ist doch eigentlich die ganze Welt »dein«. Der ganze Raum ist dein, weil du ihn ja auch benutzt, die Luft, den Sonnenschein usw. Also gehört dir die ganze Welt. Entweder es gehört dir alles – oder nichts. Aus praktischer Sicht ist der Gedanke richtig: dein Auto – du kannst es benutzen. In praktischer Hinsicht gibt es das. Lass die Vorstellung fallen. Löse dich von der inneren Gebundenheit, dass dir irgendetwas gehört, dann kann es dich auch nicht mehr berühren, falls etwas schiefgeht. Hänge nicht an Dingen und sage: Das ist »mein«. Je mehr du festhängst, umso größer wird das Leidenspotenzial. Festhalten engt auch Beziehungen ein. Es zieht alles zusammen. Wenn emotionale Schwere in einer Beziehung besteht, dann wird es schwer und erstickend. Wenn das weniger wird, dann wird die Beziehung zwischen Menschen schön. Lebe überall so, als ob du in einem gemieteten Haus wohnst. Lebe wie ein Tourist! Besitze nicht zu viele Dinge! Das ist eine wichtige Botschaft besonders für die Menschen in den Wohlstandsländern. Behalte nur das, was du wirklich benötigst.

Kann ich auch in der Beziehung zu mir selbst leben wie ein Tourist – oder brauche ich eine »Stabilitätszone?«

Stabilität im Sinne von Selbstvertrauen und Vertrauen zu anderen Menschen ist gut. Das ist eine wichtige Qualität. Das ist nicht »Festhalten«. Wenn du an jemandem festhältst, hast du kein Vertrauen, sondern Angst.

Ist Dankbarkeit auch eine Form des Festhaltens?

Nein. Wenn du dankbar bist, dann siehst du, wie viele Dinge du hast, und bist zufrieden. Das ist das Gegenteil von Verlangen und Verhaftung. Wenn du gesund bist und einmal ein medizinisches Wörterbuch aufschlägst und siehst, wie viele Krankheiten diesen Körper ereilen können, vom Haar angefangen bis zu den Zehenspitzen, dann kannst du dich nur dankbar fühlen. Wenn du dankbar bist, dann beschwerst du dich nicht. Viele haben das Gefühl: Das oder jenes fehlt mir noch. Es gibt ein Gefühl der Armut in uns, obwohl der größte Teil aller Dinge, die wir besitzen, überflüssig ist. Diese innere Armut kann nicht von außen aufgefüllt werden, das kann nur durch innere Zufriedenheit geschehen. Wenn du dankbar bist, dann ist Reichtum in dir.

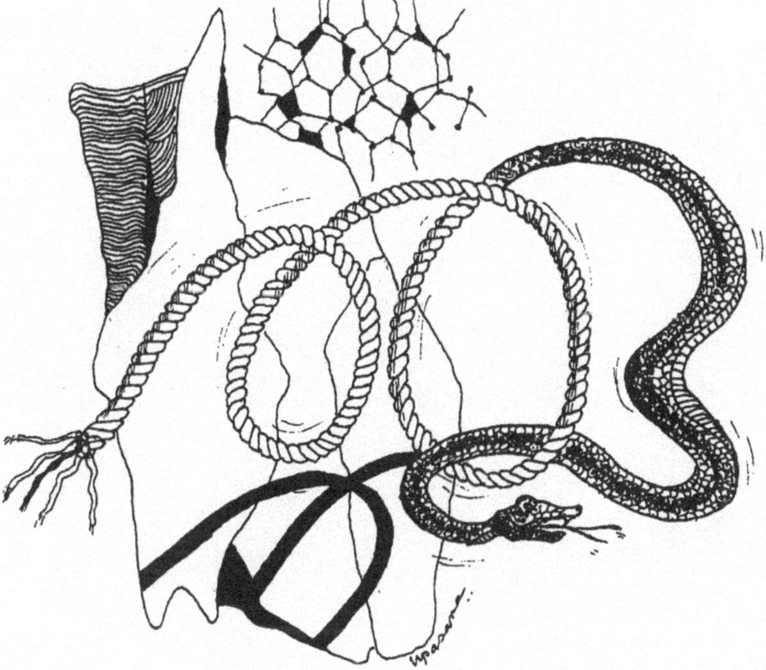

6
Identifikation

Name und Form .... Angst des Verstandes .... Raum .... Zustand ohne Identität .... Realisierung .... Kurzes Glück .... Verstand, Bewusstsein und Seele .... Angst und Liebe .... Spiel der Rolle .... Losgelöstheit .... Probleme der Identifikation

Wir erkennen die physische Welt nur durch Name und Form. Beide gehören immer zusammen. Name und Form werden ergänzt durch den sentimentalen Wert, der bestimmt, welche Freude oder Sorge wir mit einem Objekt verbinden. Name, Form und die Wertigkeit, dic du dem Objekt gibst, bestimmen, wie die Welt für dich existiert. Das bedeutet, dass du die Welt entsprechend deinen eigenen Wertvorstellungen siehst. Name und Form bleiben – sie verändern sich nicht. Die qualitative Wertigkeit ist aber von Mensch zu Mensch unterschiedlich. Was du vielleicht gern magst, das mag ich vielleicht nicht; was du als schön empfindest, ist vielleicht für mich nicht schön, obwohl es das gleiche Objekt ist. Aber auch Name und Form sind nur von unserem eigenen Verstand erschaffen. Die Welt an sich hat keine Namen. Genau wie beim Raum, handelt es sich nur um ein Konzept. Raum ist einheitlich und prinzipiell unteilbar. Aber wir sind clever genug, ihn in Richtungen aufzuteilen: Norden – Süden – Westen – Osten, oben und unten. Diese Teilung ist aber nicht wirklich, es ist nur der Verstand, der in die verschiedenen Richtungen aufteilt. In derselben Art und Weise erkennen wir alle Objekte um uns herum nur als Name und Form. Wenn ich sage »Armbanduhr«, dann kommt dir sofort die Vorstellung einer Armbanduhr, auch wenn deine Augen geschlossen sind. Wenn ich dir etwas zeige, von dem du nicht weißt, was es ist, dann wird dein Verstand neugierig. Der Verstand fühlt sich sicher, wenn er alles im Griff hat und alles erklären kann. Alles, was er nicht weiß, macht ihm mehr oder weniger Angst.

Stell dir einmal vor, an einem schönen Tag wanderst du zum Gipfel eines Berges. Der Himmel ist klar, und du siehst die Ausdehnung des Horizontes. Du verbindest dich mit der Weite des Raumes. Dieser Raum beinhaltet alle Objekte, die Berge, die Wolken, die Vögel, die Menschen, die Bäume. Der Raum gibt allem Platz, und alle Veränderungen ereignen sich in ihm. Wie viele Sterne und wie viele Planeten werden in jedem Augenblick geboren! Wie viele Sterne und Galaxien sterben täglich! Das geht weit über unsere Vorstellungskraft hinaus. Aber trotzdem bleibt der Raum an sich von allem unberührt, er bleibt gleich, egal, was geschieht. Die Objekte können nicht ohne den Raum existieren. Sie erscheinen als separate Einheiten, aber alles ist doch nur ein Teil des Raumes. Wenn du den Raum wahrnimmst, beinhaltet er die Objekte, wenn du aber die Objekte wahrnimmst, dann hast du keinen Blick mehr für den Raum. Die Wahrnehmung beschränkt sich dann auf ein Objekt als eine Einheit. Aber in Wirklichkeit existiert das Objekt nicht an sich, sondern nur als ein Teil des Raumes.

Genauso ist es mit dem Geist, den Gedanken, den Emotionen und allen unseren Fähigkeiten. Das Selbst[9] ist das Substrat, in dem all die Aspekte wie Intelligenz, Bewegung und Veränderung enthalten sind. Weder der Verstand noch der Körper noch der Intellekt an sich sind das Problem. Das Problem ist die Identifikation. Der natürliche Zustand eines Individuums ist der Zustand ohne Identität. Dieser identifikationslose Zustand hat verschiedene Namen in verschiedenen Kulturen. Wir haben einen individuellen Körper, einen individuellen Verstand, wir teilen aber alle das gleiche Feld des Bewusstseins. Das Bewusstsein,

9 »Selbst« wird hier und weiterhin verstanden als: »Das Selbst ist immer gegenwärtig. […] Es ist weder Licht noch Finsternis. Es ist nur, was es ist, und kann nicht definiert werden. Die beste Definition ist ›Ich bin, der ich bin‹. […] Es ist einfach Sein.« (Ramana Maharshi: *Sei, was du bist!* Hrsg.: David Godman, 4. Aufl., S. 20, O. W. Barth Verlag, München1995).

das deinen Körper funktionieren lässt, und das Bewusstsein, das meinen Körper funktionieren lässt, ist das gleiche. Es gibt keine individuellen Bereiche des Bewusstseins.

Die Identifikation multipliziert sich. Mit der Rolle als Partner, mit der Rolle als Angestellter oder Chef identifiziere ich mich. In verschiedenen Situationen identifiziere ich mich mit verschiedenen Aspekten meiner Persönlichkeit. Jedes Problem, das du im Leben hast, ist mit einer dieser Identifikationen verbunden. Alle Probleme, alles Leid kommt nur durch die Identifikation und durch die Realität, die wir ihr geben. Wenn du die Identifikation fallen lassen kannst, wann immer du möchtest, und wenn du sie nehmen kannst, wenn du es willst, dann wäre das vollkommene Ungebundenheit. Das ist Befreiung. Ohne Identifikation hast du keine Probleme. All diese Identifikationen haben wir nur in uns aufgebaut. Wenn sie real wären, dann wären wir damit bereits geboren. Du bist Mutter geworden, du bist ein Doktor geworden usw. Alles ist nur später angenommen worden und damit nicht real. Wenn du das verstehst, ist damit das Problem noch nicht gelöst, aber mit dem Verstehen fängt die Lösung an. Das Problem löst sich nur, wenn du dich selbst ohne jegliche Identifikation erkennst. Es ist nicht etwas, was ganz neu gefunden werden muss, es ist etwas, was immer da ist. All die Identifikationen sind nur eine Täuschung. Du musst nur einmal realisieren, dass das, was du ständig suchst, in dir schon immer da ist.

Eine Geschichte des heiligen Ramakrishna[10] aus Indien soll dies verdeutlichen. Ein Hirte geht mit seinen Schafen auf die Weide. Eines Tages sieht er ein Löwenjunges, das hilflos zittert. Es ist seiner Mutter davongelaufen und ist hungrig und sucht Wärme. Der Hirte hat Mitleid mit dem kleinen Löwen, nimmt ihn mit nach Hause und lässt ihn mit den Schafen zusammen aufwachsen. Der kleine Löwe wird größer und identifiziert sich mit den Schafen. So vergehen zwei Jahre. Als der Schäfer eines

10 Ein sehr bekannter indischer Heiliger, geb. 1836 in Karmapukur/Bengalen, gest. 1886 in Kalkutta.

Tages wieder mit den Schafen und dem Löwen auf der Weide ist, kommt ein hungriger Löwe aus dem Wald. Er stürzt sich auf die Herde und sieht plötzlich, dass ein Löwe dazwischen ist. Das ist ein großer Schock für ihn, er vergisst seinen Hunger und will den kleinen Löwen fangen. Dieser läuft um sein Leben. Der große Löwe ruft ihm zu: »Es ist beschämend, dass du mit den Schafen lebst. Was ist ein Schaf, und was ist ein Löwe?« Der kleine Löwe antwortet: »Ich verstehe das nicht, was du da sagst, lass mich gehen, töte mich nicht.« Der große Löwe packt den kleinen und zeigt ihm im Wasser ihre Spiegelbilder und sagt: »Sieh, wie du aussiehst und wie ich aussehe. Das ist deines und das ist mein Spiegelbild.« Da bekommt der kleine Löwe Angst und fragt: »Sehe ich wirklich so aus?« Er sieht sein Spiegelbild, und plötzlich spürt er etwas in seinem Körper. Er erfährt einen riesigen Energieschub und spürt, dass er ein Löwe ist, und brüllt wie ein Löwe. Er hat die Löwenhaftigkeit wiedergefunden. Er war immer ein Löwe, aber er hatte gedacht, dass er ein Schaf sei.

Dieser Prozess der Realisierung hat den Namen Samadhi oder Erleuchtung. Das geschieht, wenn die Identifikation sich auflöst. Auch in der Erfahrung des Glücks und der Zufriedenheit verflüchtigt sich die Identifikation für kurze Momente. Du denkst dann, der äußere Grund ist der Auslöser dafür, und du verbindest das Gefühl von Glück mit den äußeren Umständen: mit Kaffee, Alkohol, Drogen usw. Du erkennst es nicht, solange du einen äußeren Grund als Ursache annimmst. Das ist das Problem. Nur wenn es in einem gedankenfreien Zustand geschieht, hast du die Möglichkeit, es zu erkennen. Beruhige also den Geist mehr und mehr! Nach einem bestimmten Ausmaß an Ruhe verlierst du die Identifikation und verschmilzt mit diesem Zustand. Es ist ein Zustand, in dem nur noch Verwunderung und Freude da sind. Du wirst stumm. Du fragst: Was war das? Was ist mir geschehen? Die Beruhigung des Geistes ist der Weg zu dieser Realisation. Du bist in einem wunderbaren Zustand, du weißt nichts, du kannst nichts erklären.[11]

11 Vgl. dazu besonders die Ausführungen in Kapitel 9.

Im Zustand dieser Ausdehnung, wenn du tief entspannt bist und wieder nach außen gehst, wenn der Verstand noch nicht schnell ist und du um dich herum schaust, dann findest du alles wunderschön. Du gehst nicht in Details, einfach alles ist schön: die Berge, die Landschaft, alles. Der Verstand ist noch in einem Ausdehnungszustand. Er hat noch nicht begonnen, die Welt zu qualifizieren. Die Welt ist einfach schön, nicht mehr. Wenn der Verstand dann langsam beginnt zu fokussieren, dann sagst du: Der Berg ist schön, dieses ist schön und jenes ist schön. Sobald du beurteilst, verringert sich die Schönheit. Wenn du aus dem Fokussieren nicht mehr herauskommst, bleibst du in den Gedanken hängen, wie eine kaputte Schallplatte, die immer wieder in der gleichen Rille läuft. Das ist der sorgenvolle Verstand. Wenn das Fokussieren zur Gewohnheit wird, dann wird das Sich-Sorgen-Machen zur Natur des Verstandes. Wenn du nicht fokussierst, kannst du dir auch keine Sorgen machen.

Was ist denn der Unterschied zwischen Verstand, Bewusstsein und Seele?

Verstand ist das denkende Phänomen, das Licht vom Bewusstsein bekommt. Im Tiefschlaf ist der Verstand nicht mit dem Bewusstsein verbunden, deswegen funktioniert er dann nicht.

Verstand ist also abhängig vom Bewusstsein, er hat aus sich selbst heraus keine Energie und damit kein Leben. Verstand leiht sich die Energie vom Bewusstsein. Der Unterschied zwischen dem Raum und einem Zimmer besteht darin, dass ein Zimmer nur ein limitierter Raum ist. Man kann aber Raum nicht limitieren. Die Seele ist nichts anderes als limitiertes Bewusstsein. Sie ist das individualisierte Bewusstsein. Das Feld des Bewusstseins, das wir alle miteinander teilen, ist aber nur eines. Wir haben nur die Vorstellung, dass wir alle Individuen wären. In Samadhi überwindest du die Limitierung deines individuellen Bewusstseins und gehst in das unbegrenzte Bewusstsein über, in dem alles existiert. Du erkennst dich nicht als eine Person, sondern als einheitliches Feld.

Die Bewusstheit wird nur individualisiert durch den Verstand. Ohne den Verstand gibt es kein Individuum. Wenn du den Verstand stoppst, dann geht die Bewusstheit zurück in die Einheit. Du, ohne den Verstand, bist DAS. Ein gedankenloser Zustand, bewusst und wach, ist DAS, und das bist du. Wenn dein Verstand aufhört, dann wirst du das realisieren. Du wirst es nicht verstehen, nur erkennen. Das ist das Wissen, von dem spirituelle Schriften reden. Du musst es nur einmal in deinem Leben erfahren. Dann verändert sich dein Verstehen von der Welt und vom Leben.

Warum hat der Verstand oft Angst vor dem Unbekannten?

Es ist die Angst, ausgelöscht zu werden, die Angst, nicht mehr zu existieren. In uns ist ein starker Überlebensdrang. Diese Angst erhält alles am Leben. Alle Bewegung entsteht nur aus Angst. Der wirkliche Glückszustand des Verstandes ist dann, wenn er nichts weiß. Er hat große Angst davor, in den Zustand zu gehen, in dem er sich vollkommen verliert.

Ich habe eher die Vorstellung, dass es den Urgrund, die Urenergie gibt, die sich aus Freude und Liebe manifestiert.

Wenn der Aspekt der Liebe nicht da wäre, würde alles auseinanderfallen. Wenn nur Liebe da wäre und keine Angst, dann würde alles zurückabsorbiert in die Quelle. Liebe ist das, was immer wieder alles hinzieht zur Quelle. Sie ruft dich immer wieder zurück. Der Bereich von Angst und von Leid dagegen zieht dich immer wieder nach draußen. In der Spiritualität erkennen wir das Prinzip der Liebe in uns, lernen sie zu leben und gehen damit zur Quelle zurück.

Kommen nicht auch ständig neue Identifikationen auf uns zu?

Ja. Du bekommst zum Beispiel das Zertifikat eines Yoga-Lehrers und nimmst nun diese Identifikation an. Viele Menschen haben nämlich ganz bestimmte Erwartungen, wie sich ein Yoga-Lehrer verhalten sollte. Ein Mensch, der nun die Identifikation annimmt, versucht, sich diesen Vorstellungen anzupassen, und beginnt, sich entsprechend zu verhalten. Dadurch formt sich in ihm eine geteilte Persönlichkeit, und er verliert die Fähigkeit, sich leicht mit sich selbst und der Welt zu fühlen.

Also sollen wir unsere Rollen nur spielen?

Ja, so wie ein Schauspieler, der einen Bettler spielt, aber in Wirklichkeit ein dickes Bankkonto besitzt. Er identifiziert sich vollkommen mit dem Bettler, denn er muss seiner Rolle eine Realität verleihen. Er läuft herum wie ein Bettler, aber er leidet nicht, da er weiß, dass er in Wirklichkeit nicht der Bettler ist. Er spielt die Rolle sehr wirkungsvoll und gut. Spiele deine Rollen, aber gib ihnen keine Realität! Dadurch wirst du im Leben wirklich praktisch und effizient. Dieses Wissen gibt dir die Möglichkeit, dich nicht so stark und vor allem nicht so ernsthaft mit allem zu identifizieren. Das ist das Spiel des Lebens, es macht das Leben freudvoll.

Aber im Betrieb muss ich mich mit meiner Rolle identifizieren.

Im Betrieb hast du bestimmte Verantwortlichkeiten, und es können viele Probleme entstehen. Das Problem gehört aber zu deiner Aufgabe, nicht zu dir selbst. Es gehört zu deinem Job. Wenn du dich damit identifizierst, dann siehst du das fälschlicherweise als dein eigenes Problem an und wirst emotional. Du gehst nach Hause, bist frustriert und trägst deine schlechte Laune mit dorthin. Du brauchst dann einen Kanal, das wieder nach außen zu bringen. Bleibe innerlich unberührt davon und spiele die Rolle.

Was vom konventionellen Standpunkt als Intelligenz bezeichnet wird, ist Dummheit vom spirituellen Standpunkt aus. Wenn du alles fallen lassen kannst, dann weißt du den Trick. Lass alle Muster fallen, nur dann kannst du die Rolle wirklich spielen. Wenn du auf einen Baum klettern kannst, aber nicht weißt, wie du wieder herunterkommst, hast du ein Problem. Nur wenn du auch wieder problemlos herunterkommen kannst, ist Klettern eine Freude. Lass die Rollen fallen und benutze sie, wenn du willst. Lass dich nicht von der Rolle benutzen.

Kann ich mich durch Entspannung von äußeren Dingen lösen?

Nur durch tiefe innere Entspannung reduziert sich die Abhängigkeit von der äußeren Welt. Losgelöstheit kann man nicht einfach praktizieren. Du kannst dich nicht von diesem und jenem lösen, das würde nie enden. Solange du den Baum nicht vom Stamm her abschneidest, wird er weiterwachsen. Die Verhaftungen können weder durch Unterdrücken noch durch Ablehnung und Hass aufgelöst werden, denn dies sind wiederum Verhaftungen negativer Natur. Du solltest einen neutralen Zustand erreichen. Dies kann nur auf natürliche Weise geschehen. Man kann das nicht forcieren. Als Kind warst du verhaftet mit deinem Spielzeug. Das war so wichtig für dich, weil du damit sentimental verhaftet warst. Wenn etwas verloren ging oder beschädigt wurde, hat dich das sehr geärgert. Jetzt ist das ganz anders. Dabei hast du nie irgendeine Anstrengung unternommen, um aus diesem kindlichen Verhalten herauszukommen. Du bist dem Spielzeug gegenüber neutral. Die Verhaftung besteht nicht mehr, sie hat sich auf andere Dinge verlagert. Jetzt bist du verhaftet mit komplizierteren Spielen und Spielzeugen. Werde auch diesen Dingen gegenüber neutral. Losgelöstheit kann nur mit innerer Zufriedenheit und mit dem Wissen geschehen. Lerne zu entspannen, und die Losgelöstheit passiert natürlich. Die Entspannung ist es, die deine Verhaftungen löst. Es kann nur geschehen, es kann nicht gemacht werden.

Wir erfahren auch Arten der Losgelöstheit, die nur sehr vorübergehend sind. Zum Beispiel erfährst du sie im Zustand großer Niedergeschlagenheit, wenn du nicht das bekommst, was du willst, und dir alles vollkommen nutzlos erscheint. Oder du erfährst diese Losgelöstheit, wenn jemand stirbt, der dir nahestand. Bei einer Beerdigung wird selbst der weltlichste Mensch philosophisch und denkt darüber nach, dass jeder einmal sterben muss, dass nichts ewig hält und alles vergänglich ist und dass es ja eigentlich gar keinen Sinn macht, an Dingen festzuhalten. Aber diese Arten der Losgelöstheit sind nur von kurzer Dauer und ohne große positive Einwirkung auf unser Leben. Nur die Losgelöstheit, die wirklicher innerer Weisheit und Entspanntheit entspringt, ist von hoher Qualität. Mit ihr bekommen wir die Freiheit, unsere Reaktionsmuster zu verändern. Die höchste Freiheit hast du dann, wenn du eine vollkommen neutrale Einstellung hast. Du bist dann einfach nur ein Zeuge von allem, was geschieht.

Ist es möglich, die Identität zu verändern?

Willst du sie verändern oder fallen lassen? Die grundlegende Identität ist: Ich bin. Die Vorstellung der Objektivität geschieht erst später, wenn da auch ein Subjekt ist. In diesem Zustand: »Ich bin« ohne die Vorstellung der Objektivität bist du uneingeschränkt.

Als der Körper bin ich eine Person, aber die Identität geht tiefer als die physische Präsenz. Diese Einheit des Wesens mit dem Körper nimmt verschiedene Identitäten an. Durch die Beeinflussung anderer Menschen nehmen wir immer mehr Identitäten an. So wie wir die objektive Welt in unendlich viele Dinge getrennt haben, so trennen wir jetzt auch die subjektive Welt in unendlich viele Schichten. Alle diese Identitäten wurden im Laufe unseres Lebens angenommen. Keine von denen ist unsere ursprüngliche Identität. Die wirkliche Identität kann nicht verändert werden.

All diese Identitäten machen das Leben interessanter, schöner und faszinierender. Deshalb nehmen wir sie an. Aber was passiert als praktisches Ergebnis? Mit jeder Identität, die du annimmst, vergisst du, dass sie nicht real ist. Du nimmst das alles als sehr real an und wirst sehr ernsthaft damit. Das Schlimmste geschieht, wenn du nun auch den Problemen vollkommene Realität gibst. Ein Problem ist auch nur eine Schöpfung deiner eigenen Vorstellung. Es ist die Unfähigkeit, in einer Situation zu sein, so wie sie ist. Mit jeder Identifikation hast du eine bestimmte Vorstellung von Perfektion. Perfekter Vater, perfekter Lehrer usw. Wenn die Dinge nicht entsprechend deinen Vorstellungen geschehen, dann ist dies ein Problem für dich, und du kämpfst, um es zu lösen. Du leidest und schadest dir selbst dadurch.

Du hast ständig ein Problem, das für dich Priorität hat, und unterliegst der Illusion, dass die Lösung dieses Problems deinen Leidensdruck beenden würde. Uns ergeht es dann wie dem Mann in einer Geschichte, die man sich in Indien erzählt. Er fuhr jeden Tag mit dem Zug zur Arbeit und saß immer im letzten Abteil. Die Plätze in diesem Abteil können nicht reserviert werden, und daher ist dieser Wagen meist hoffnungslos überfüllt. Dies ist der Grund dafür, dass die Toilette dort besonders stark stinkt. Der Mann ekelte sich davor und beschwerte sich beim Bahnhofsvorsteher darüber. Der kannte das Problem und bat den Mann um einen Lösungsvorschlag. Dieser sagte: »Nimm doch einfach den letzten Wagen nicht mit!« Das ist das Dilemma, in dem wir uns verfangen, wenn wir versuchen, die Probleme einzeln zu lösen. Kaum hast du ein Problem erfolgreich gelöst, beginnt das nächste bereits zu »stinken«.

Die verschiedenen Identifikationen werden uns zur Last. Einerseits haben wir den Drang, sie fallen zu lassen, andererseits haben wir Angst, die Identität zu verlieren. Das ist das Rätsel. Solange es nicht gelöst ist, werden die Probleme unseres Lebens nicht beendet sein. Die Probleme verändern nur ihre Form – das ist alles.

Bevor wir uns mit Körper und Geist identifizieren, ist da einfach nur »Ich bin«. Dieses Ich in seiner reinsten Form ist vollkommen und kennt keine Probleme. Wir erleben dies manchmal nach dem Aufwachen. Wir liegen im Bett, die Augen sind geöffnet, wir sind wach, aber der Geist funktioniert noch nicht. Und dann kommt die Frage: Wo bin ich? In dem Moment, in dem die Selbstidentifikation einsetzt, wir uns aber noch nicht mit dem Körper identifizieren, bekommen wir Angst. Das ist die Angst vor dem Tod. Die Vorstellung, ohne jegliche Identität zu sein, ist so etwas wie der Tod für uns. Aber es ist nur der Tod dieser Identitäten.

Auf fundamentaler Ebene bleibt das Selbst unberührt, aber es scheint, als würde es durch Leid hindurchgehen. Vom absoluten Standpunkt her gesehen, gibt es so etwas wie Leid überhaupt nicht. Auch Leid ist ein Teil der Illusion. Aber solange wir im Feld der Illusion sind, ist das Leid da. Das eine absolute Selbst ohne jegliche Identität unterliegt keinerlei Veränderungen und leidet nicht.

7
Gedankenwelt

Wahrnehmung und Ausdruck .... Tätigkeits- und Wahrnehmungsorgane .... Eindrücke .... Freiheit des Nichtdenkens .... Unwillentliche Gedanken .... Den Geist beschäftigen .... Verschiedene Arten der Ruhe .... Klarheit .... Motivation

Verstand und Gedankenwelt sind Synonyme. Hier geschieht der Prozess der Wahrnehmung der äußeren Welt. Die Fähigkeiten des Verstandes sind Wahrnehmung und Ausdruck. Die Instrumente des Ausdrucks sind die fünf Tätigkeitsorgane, die Instrumente der Wahrnehmung sind die fünf Sinnesorgane.

Gehen wir einmal davon aus, dass ein Innen und ein Außen existiert. Die Identifikation mit der äußeren Welt ist das, was man Leben nennt. Wir identifizieren uns mit der äußeren Welt, und das mündet in angenehme und unangenehme Erfahrungen. Wir reagieren darauf mit Verlangen und Ablehnung und machen dadurch das Leben kompliziert. Diese externe Identifikation geschieht mit dem Ausdruck und mit der Wahrnehmung. Wahrnehmen ist das Aufnehmen von Informationen von außen, wodurch wir Eindrücke sammeln. Das, was du wahrnimmst, geht durch viele Prozesse hindurch, und das Endprodukt dieser Prozesse sind Eindrücke, die sich wiederum ausdrücken wollen. Jeder reagiert in einer bestimmten Art und Weise gemäß diesen Eindrücken.

Die fünf Organe, mit denen du dich ausdrückst, sind: Stimme, Hände, Beine, Ausscheidungs- und Fortpflanzungsorgane. Die Organe, mit denen du wahrnimmst, sind: Augen, Nase, Ohren, Mund und die Haut. Du kennst die äußeren Dinge durch Form, Geruch, Klang, Geschmack oder Berührung. Etwas ist dir angenehm oder unangenehm. Das Angenehme vermittelt dir Wohlbefinden, das Unangenehme bringt dir Leid. Also bleibst du in diesem Spiel hängen. Das Angenehme suchst du, und das Unangenehme vermeidest du.

Du nimmst Informationen über die Sinnesorgane auf. Der Verstand an sich hat nicht die Möglichkeit, die Informationen umzusetzen. Er ist neutral und hat keine Intelligenz. Es ist aber eine »Fakultät« dahinter, die erkennt, unterscheidet und qualifiziert. Du erkennst dadurch, ob etwas groß oder klein, schön oder hässlich ist. Diese Fakultät nennt man den Intellekt. Wenn man ein Objekt sieht, entsteht ein Eindruck im Verstand, der Intellekt dahinter erkennt dann Farbe, Form usw., unterscheidet und geht ins Detail. Der Intellekt teilt die Informationen in kleine Teile. Er hat die Fähigkeit, zu erkennen und das Erkannte zu verbinden. Auch die Erfahrung, ob du dich gut oder schlecht fühlst, erkennt der Intellekt. Diese Informationen und die damit verbundenen Gefühle werden zusammen als Erinnerung gespeichert. In deinem Erinnerungsvermögen sind jetzt Millionen von Informationen gespeichert. Der Verstand ist so etwas wie der Speicher bei einem Computer. Wenn du nun einer neuen Situation begegnest, und ein neuer Eindruck dringt in deinen Verstand, dann vergleicht der Intellekt die neue Information mit ähnlichen, gespeicherten Informationen und mit den damit verbundenen Gefühlen. Der Intellekt bezieht sich darauf und reagiert entsprechend nach außen wie in einem »Flash«. Wenn es eine angenehme Erinnerung ist, dann sagst du »Ja«, bei einer unangenehmen Erinnerung sagst du »Nein«. Je stärker deine Reaktionen sind, desto mehr stärkst du deine Tendenzen,[12] auf die äußere Welt zu reagieren.

Denken an sich macht das Leben schöner und angenehmer. Solange wir positiv denken, solange die Gedanken schön sind, ist das Leben schön. Aber wenn das Denken negativ wird, dann wird auch das Leben unangenehm. Die Qualität des Lebens wird letztendlich bestimmt durch die Qualität deiner Gedan-

12 Tendenzen bedeutet hier das Sanskritwort *Samskara,* das die Intensität bestimmt, mit der du reagierst und wie du reagierst.

ken. Wenn die schön sind, findet das Leben seine Erfüllung in einem angenehmen und unbeschwerten Zustand. Wenn wir Kontrolle über den Verstand hätten, bestände die Möglichkeit, immer in diesem Zustand zu verweilen. Wir hätten dann die Freiheit, zu denken oder nicht zu denken. Diese Freiheit existiert in uns, aber wir haben die Möglichkeit verloren, sie zu realisieren. Wir haben diese Freiheit verloren, da wir davon überzeugt sind, dass Denken wichtig sei, und dadurch die Gewohnheit entwickelt, den Verstand ständig zu beschäftigen. Die Möglichkeit des Loslassens, die uns wirkliche Freiheit geben könnte, wurde vollkommen vernachlässigt und geriet in Vergessenheit. Wäre uns dies schon früh im Leben bewusst geworden, so wäre uns schwerwiegendes Leid erspart geblieben. Dieser wichtige Aspekt des Lebens wird vollkommen ignoriert – wenn auch nicht bewusst. Diese Freiheit, nicht zu denken und loszulassen, können nur sehr wenige Menschen wirklich schätzen, da diese Fähigkeit das vollkommene Gegenteil der gesellschaftlichen Wertvorstellungen bedeutet. Die Menschen haben Angst davor.

Diese Fähigkeit ist in latenter Form vorhanden, genau wie die Fähigkeit zu schwimmen in uns latent vorhanden ist. Wenn anderes Wissen dem Broterwerb dient, so verhilft dieses Wissen zu einer besseren Lebensqualität. Beides sollte Hand in Hand gehen, dann ist alles wunderbar. Wenn ein Mensch dieses Wissen annehmen kann, dann lebt er hier wie im Himmel. Aber ohne das Wissen und diese Fähigkeit kannst du hier kein himmlisches Leben führen, auch nicht in dem Himmel, den du hier materiell aufgebaut hast.[13] Wir leben dann in der Hölle, trotz all der materiellen Annehmlichkeiten. Wenn du den Himmel in dir hättest, müsstest du nicht so viel tun, um dir den Himmel außen aufzubauen. Der Verstand ist ein Geschenk, wenn du weißt, wie du damit umgehst. Mit Unwissenheit kommt der Verstand dir manchmal wie ein Fluch vor.

Es gibt willentliche und unwillentliche Gedanken. Meistens

13 Damit ist unser westlicher Lebensstandard gemeint.

benutzt du den Verstand willentlich. Du bist der Meister, hast Kontrolle über die Gedanken, weil du sie erschaffen kannst. Der andere Bereich des Denkens kommt unwillentlich. Du hast keine Wahl, die Gedanken tauchen ohne jegliche Kontrolle auf. Das ist der Problembereich des Verstandes und somit auch des Lebens. Die unwillentlichen Gedanken bezeichnet man auch als die »Unreinheiten« des Verstandes.

Wir haben in unserer Kindheit nur gelernt, den Verstand zu benutzen, keiner brachte uns bei, wie man loslassen kann. Dann fing der Verstand an zu arbeiten wie ein »Geist«. Du erschaffst einen Geist, der eigentlich dein Diener sein sollte. Alles, was du ihm sagst, führt er aus. Aber eine große Gefahr ist damit verbunden: Wenn du ihn nicht beschäftigt hältst, dann beschäftigt er dich.

Ein Junge kannte einen großen Zauberer, der einen Geist erschaffen konnte, und wollte diese Fähigkeit auch erlernen. Er fragte den Zauberer, der ihm erklärte, dass dies nicht so einfach sei. Er müsse ihm dafür erst einmal sechs Jahre dienen. Der Zauberer-Schüler dachte, warum soll ich sechs Jahre dienen? Als der Zauberer weg war, stahl der Junge das Buch des Wissens, in dem stand, wie man einen solchen Flaschengeist erschaffen kann. Es funktionierte! Später realisierte er, dass er ihn zwar erschaffen hatte, dass er aber nicht wusste, wie er den Geist wieder zurück in die Flasche befördern konnte. Das war ein großer Fehler. Deshalb musste er leiden.

So geht es uns auch. Wir wissen nicht, wie wir den Geist wieder zurück in die Flasche bringen, und deswegen beschäftigt er uns jetzt. Es war einfach, den Geist zu rufen, es war auch einfach, ihn für lange Zeit zu beschäftigen. Wie oft haben wir ihn benutzt. Aber jetzt beginnt er uns zu ärgern, er lässt uns nicht mehr in Frieden. Wir stehen jetzt unter dem Zwang, den Geist zu beschäftigen. Wenn wir das nicht tun, dann beschäftigt der Geist uns. Ist das nicht verrückt! Diese Verrücktheit und das Leid gehören zusammen. Es braucht einige Zeit für den Menschen, bis er sich bewusst wird, dass er gefangen ist. Zunächst musst du dir dieser Falle bewusst werden. Dieses Bewusstwerden ist dann schon wie eine kleine Erleuchtung. Sonst hast du überhaupt keine Chance. Du kannst diese Tatsache selbst nachprüfen, wenn du einmal alle Aktivitäten einstellst. Dann erscheint er sehr mächtig und sagt: Komm, gib mir zu tun!

Wenn du innerlich langsam bist und die Wachheit sich erhöht, wird der Verstand klarer, und du fühlst dich angenehmer. Wenn Geschwindigkeit in dir aufkommt, nimmt damit auch das Auftauchen von unwillentlichen Gedanken zu und vermindert die Möglichkeit der Kontrolle über die willentlichen Gedanken. Eine angenehme innere Ruhe ist die Qualität des Verstandes, die in uns die Gelassenheit und Klarheit bewirkt. Diese Qualität gibt uns Stärke, mit allen schwierigen Situationen des Lebens umgehen zu können.

Wenn du eine lange Strecke fahren musst auf einer Straße mit vielen Löchern und Steinen, ist es wichtig, dass dein Fahrzeug mit sehr guten Stoßdämpfern ausgerüstet ist. Mit schlechten Stoßdämpfern wird die Reise länger und ermüdender. Es besteht sogar die Gefahr, dass dein Fahrzeug zusammenbricht. Das Fahrzeug für deine Reise des Lebens ist der Verstand. Die Stoßdämpfer sind deine innere Ruhe. Es ist die Fähigkeit und Stärke, mit den Schwierigkeiten des Lebens gelassen umgehen zu können. Das ist es, was wir anstreben sollten. Es ist die einzige Möglichkeit, die Erfüllung des Lebens zu finden.

**Wo ist der Zauberer, der lehren kann,
wie der Geist zurück in die Flasche verbannt wird?
Ich würde ihm gern sechs Jahre dienen.**

Der lebt nicht irgendwo nebenan. Er ist in deinem eigenen Haus! Dort ist er ganz still in den geheimen Gemächern. Wenn du zu ihm gehst, wird er dir das Geheimnis erklären. Solange du nicht in das geheime Gemach gehst, kriegst du auch nicht die Formel, wie du den Geist wieder verbannen kannst. Um dahin zu gelangen, musst du aber erst mal für kurze Zeit von diesem Geist loskommen, sonst gelangst du nicht dahin. Gib ihm Beruhigungsmittel. Entspannung ist das Beruhigungsmittel, mit dem du den Geist bezwingst.

Was meinst du genau mit »innerer Ruhe«?

Das Wort Ruhe hat für Menschen sehr unterschiedliche Bedeutung. Ein Alkoholiker verbindet mit dem Wort Ruhe das Gefühl, betrunken zu sein. Ein Drogenabhängiger wird das Wort Ruhe immer in Verbindung mit seinen Rauschzuständen sehen. All dies sind verschiedene Zustände der Ruhe, die aber unterschiedlich in ihrer Qualität sind.

Die Ruhe, über die in der Spiritualität gesprochen wird, hat ganz bestimmte Merkmale. Wachheit und Achtsamkeit sind die Qualitäten dieser Ruhe. Die Ruhe eines Trinkers beinhaltet keine Achtsamkeit, es ist eine dumpfe Ruhe ohne Sensibilität. Ein Drogenabhängiger erfährt in der Ruhe seines Rausches durchaus Sensibilität, aber es entsteht kein Gefühl wirklichen Friedens. Es gibt auch die Ruhe, die du aufgrund verschiedener Therapien und Heilmethoden passiv erfahren kannst. Diese Ruhe hat einen weitaus höheren Wert als die des Trinkers oder des Drogenabhängigen, falls hierbei keinerlei biologische oder chemische Beeinflussung vorgenommen wird. Diese Art der Ruhe entsteht weitaus natürlicher, aber dennoch wird sie nicht sehr lange anhalten, da sie auf passive Weise entstand.

Von sehr viel höherem Wert ist die Ruhe, die wir aus den verschiedenen spirituellen Praktiken bis hin zur Meditation erzielen. Diese Ruhe verweilt mit uns schon sehr viel länger, hat aber auch keine andauernde Wirkung. Mit jeder Technik, die wir anwenden, erreichen wir irgendwann einen Sättigungspunkt, an dem wir stagnieren. Wir stellen dann fest, dass wir nicht über ein bestimmtes Ausmaß an Ruhe hinauskommen können. Das ist die Beschränktheit jeder spirituellen Übung.

Die Ruhe, die du durch spirituelles Wissen erreichst, wie zum Beispiel durch das Lesen, Anhören, Analysieren oder Erforschen entsprechender Texte, ist von weitaus höherem Stellenwert, da diese die beschränkenden Aspekte in dir auflöst. Hier erreichst du den Bereich hinter den Barrieren, über die dich keine Technik hinwegbringen kann. Das Wissen zerbricht diese Barrieren, die nur aus falschen Vorstellungen bestehen. Wenn solche Barrieren zerbrochen werden, ist es sehr viel einfacher, mit jeder angewandten Technik über die Stagnationspunkte hinauszugelangen. Daher ist es so wichtig, das spirituelle Wissen durch eine Technik zu ergänzen. Die rein technische Ausführung spiritueller Übungen kann dich jedoch nur bis zu einem verhältnismäßig kleinen Ausmaß der Ruhe führen, verglichen mit der Ruhe, die du aus Erkenntnis beziehst.

Die Abwesenheit dieser Ruhe erschafft alle Unannehmlichkeiten des Geistes wie Sorgen, Klagen, Ärger, Unzufriedenheit, Hass, Eile, Ungeduld und Intoleranz. Wenn sich diese Ruhe weiter vermindert, drückt sich das in vielerlei Ängsten aus, oder es kann sich bis zu Depressionen und dem Gefühl vollkommener Hoffnungslosigkeit steigern. Also sollten wir diese Ruhe unter allen Umständen und mit allen Mitteln, die uns zur Verfügung stehen, anstreben, da dies die Antwort auf alles Leid ist. Ruhe und innere Klarheit gehören immer zusammen. Diese Ruhe des Verstandes hat außerdem einen positiven und direkten Einfluss auf unseren physischen Organismus.

Eine wirkliche Veränderung im Leben geschieht dann, wenn wir diese Ruhe in uns stabilisieren können. Die regelmäßige Übung in Verbindung mit der Verinnerlichung dieses Wissens hilft uns, diese Stabilität zu festigen. Aber auch hier gibt es noch Beschränktheiten. Auch die Übung und das Verständnis dieses Wissens können dich nicht weiter als bis zu einem bestimmten Ausmaß an Ruhe und Wachheit führen, da du die Quelle immer noch nicht erkannt hast. Was wir als Ruhe des Verstandes erfahren, ist nur eine Reflexion, denn der Geist an sich ist nur ein Feld von Reflexion, da er keine eigene Existenz hat. Wenn er versucht, seine eigene Existenz zu ergründen, löst er sich auf, wie eine Salzpuppe, die in den Ozean springt, um die Tiefe des Meeres zu erforschen.

Aber über den Bereich des Geistes hinaus gibt es in uns ein einfaches, nicht qualifiziertes gutes Gefühl. Die größtmögliche Ruhe erfährst du, wenn dieses Gefühl den Verstand vollkommen absorbiert. Dann erhält sich diese Ruhe für sehr lange Zeit auf ganz natürliche Weise. Wenn einem Menschen diese Quelle des reinen unqualifizierten Gefühls durch tiefe innere Sehnsucht und Hingabe zugänglich wird, werden alle anderen Übungen zweitrangig. Diese Übungen dienen dann nur noch als Instrumente, sich mit der Quelle zu verbinden.

Wie kann das Gefühl den Verstand absorbieren?

Das Gefühl ist wie eine Leiter, die dir hilft, tiefer in die Ruhe hineinzugehen. Es ist wie der Seiltrick in Indien. Ein Magier kommt und wirft einen Strick hoch, und dieser bleibt gerade im Raum stehen. Er klettert dann an dem Seil nach oben und verschwindet. Genauso verschwindet auch das Gefühl irgendwann. Das Gefühl hat seine eigene sanfte, heilende und beruhigende Wirkung im Rahmen des Verstandes. Je stärker der Verstand sich mit dem guten Gefühl verbindet, je tiefer er da hineingeht, desto mehr wird das gute Gefühl vom Geist absorbiert. Er behält das Gefühl in sich, und dann beginnt der Verstand mit diesem Gefühl zu funktionieren. Dadurch ändert sich die Qualität des Lebens.

Zielen alle Übungen nur auf die Ruhe des Geistes ab?

Alle Übungen haben das Ziel, die Unreinheiten des Verstandes zu beseitigen, damit sich die Ruhe verstärkt und das Wissen mit größerer Klarheit verinnerlicht werden kann. Spirituelle Texte erschließen sich uns Menschen unterschiedlich. Es ist abhängig von der Konditionierung des Verstandes. Ein gereinigter Verstand kann diese Texte schätzen und verinnerlichen. Mit einem »farbenfrohen« Verstand wird auch das Wissen »farbenfroh«. Wenn du vorgefasste Meinungen hast, wirst du das Wissen nur so weit verinnerlichen können, wie es in deinen Rahmen hineinpasst. Die Reinigung des Verstandes und die Entspanntheit sind daher so wichtig. Es geht darum, die Natur des Selbst zu erforschen. Es soll ein erforschender Geist entwickelt werden. Der Verstand muss neugierig sein, die Quelle des Daseins zu erforschen. Es geht um ein tiefes inneres Suchen nach der Wahrheit. Solange ein Mensch nicht diese Suche in sich verspürt, wird er nicht den spirituellen Weg beschreiten.

Geschieht diese Suche immer nur aus Leidensdruck heraus?

Die meisten Menschen kommen aus einem intensiven Leiden mit Spiritualität in Kontakt. Sie wollen eine Lösung finden, wenn sie im Leben keinen anderen Weg mehr sehen. Aber es gibt auch Menschen, die aus Neugierde kommen, um zu sehen, was es wohl mit der Spiritualität auf sich haben könnte. Manche Menschen haben einfach nur ein großes Vertrauen in eine höhere Kraft. Sie haben einen sehr einfachen und unschuldigen Geist, und durch ihr starkes Vertrauen ist es einfacher für sie, innere Ruhe zu finden. Die Motivation, mit Spiritualität in Kontakt zu kommen, ist sehr unterschiedlich. Die Unterstützung auf deiner Suche sind die Aussagen spiritueller Schriften und der großen spirituellen Meister.

8
Persönlichkeit

Die Schöpfung .... Tendenzen der Unruhe .... Wer bin ich? .... Tiefschlaf .... Existenz ohne Geist .... Intelligenz und Intellekt .... Individualisierte Bewusstheit .... Angenehmer Verlust .... Auflösung der Persönlichkeit .... Angst, sich zu verlieren .... Das begrenzte Feld

In einem Feld uneingeschränkter und unendlicher Möglichkeiten existieren alle Energien in ihrer latenten Form und mit ihrem vollen Potenzial. Es ist ein Bereich, in dem nichts geschieht, aber von dem aus alles seinen Anfang nimmt. Auf ungeklärte Weise beginnen die ersten Bewegungen – ein begrenztes Feld entsteht. Die Bewegungen innerhalb dieses Feldes werden schneller, Verengung entsteht und verdichtet sich zur Masse. Das ist die Schöpfung.

Kein Wissenschaftler kann eine Erklärung dafür geben, warum die Schöpfung geschah. Sie können wohl den Mechanismus erklären, wie sie entstanden ist, aber sie können keine Erklärung für das »Warum« geben. Wenn ein Kind ganz unschuldig fragt, warum der Himmel da ist, wissen wir keine wirkliche Antwort darauf. Um aus dieser Verlegenheit herauszukommen, antworten wir: »Weil Gott den Himmel erschaffen hat.« Gott ist der Name für etwas Unbekanntes, für etwas, das über die Beschränktheit der menschlichen Intelligenz hinausgeht.

Der gleiche Prozess geschieht im Bewusstsein. Auch da begannen irgendwann erste Bewegungen, und ein begrenztes Feld entstand. Aber dies ist ein subjektives Phänomen. Dieses Feld nimmt die Selbstidentifikation an und trennt sich dadurch von dem Rest dieses Feldes. Es beschränkt sich selbst, und es beginnt das Gefühl: Ich bin. Das ist die Identifikation. Dieses »Ich bin« ist das Bewusstsein, das sich auf ein Feld beschränkt hat und sich mit den Bewegungen in seinem eigenen Feld identifiziert. Das ist der Geist. Durch die Kraft seiner eigenen Intelligenz, was die Natur des Bewusstseins ist, hat er die Fähigkeit, Objekten durch die Kraft der Vorstellung Name und Form zu geben – so wie der Mond das Licht der Sonne reflektiert und die Objekte beleuchtet. Wenn die Vorstellungen die Objekte überlagern, dann nehmen diese konkrete Formen und Namen an. Der Geist identifiziert sich als der Handelnde vollkommen mit den Bewegungen und mit den Aktivitäten und wird sich selbst zur Last. Die Bewegungen werden zur Last. Um von dieser Last wiederum loszukommen, hält er aber dennoch all diese Aktivitäten aufrecht – darin besteht unsere Hilflosigkeit.

Wie intelligent unsere Handlungen auch immer sein mögen, wir tun alles aufgrund dieser Hilflosigkeit, die uns zum Handeln zwingt. Ohne jegliche Aktivität können wir uns nicht wohlfühlen.

In einem neugeborenen Kind sind diese Tendenzen der Unruhe schon zu erkennen. Es identifiziert sich noch nicht mit dem Körper. Wenn es aus dem Schlaf erwacht, beginnt es zu schreien. Es bekommt Milch, aber nach einiger Zeit schreit es wieder. Du nimmst ein Objekt und bewegst es über dem Kind. Dann lernt das Kind zu fokussieren und auf das Objekt zu schauen. Das Fokussieren ist schon ein Prozess, in dem Energien abgegeben werden, und das Kind hört auf zu schreien. Irgendwann reagiert das Kind nicht mehr auf dieses kleine Spielzeug, und du kannst es dann damit nicht mehr beruhigen. Es beginnt wieder zu schreien, und damit beginnt das gleiche Spiel wieder. Wir denken, das Kind macht all diese Bewegungen freudig, aber sie geschehen aus einem hilflosen Zwang heraus. Wir sind nicht besser als ein Kind. Alle Aktivitäten geschehen aus dieser Hilflosigkeit heraus. Wir aber rechtfertigen all unsere Handlungen und nehmen sie sehr ernst.

Dass diese Ernsthaftigkeit aus dem Leben genommen wird, ist der größte Vorteil, den Spiritualität uns zu bieten hat. Irgendwie fallen wir aber immer wieder in diese schlechte Gewohnheit zurück und werden ernst. Je mehr wir uns mit unserer Persönlichkeit identifizieren, umso ernster werden wir. Stellen wir uns doch einmal die Frage: Wer bin ich? Was ist Persönlichkeit wirklich? Wir wissen alle, dass wir existieren. Niemand zweifelt daran. Was aber ist eine Person?

Es ist eine Angewohnheit des Geistes, Dinge objektiv zu sehen. Versuchen wir einmal subjektiv – also von unserer eigenen Erfahrung her – zu sehen, wer wir sind. Im traumlosen Tiefschlaf existieren wir weiter, auch ohne Persönlichkeit. Wir kennen unseren Schlaf aus eigener Erfahrung. Die meiste Zeit funktioniert das Unterbewusstsein auch im Schlaf, aber es gibt Phasen, in denen es nicht funktioniert. Der Tiefschlaf, in dem kein Unterbewusstsein vorhanden ist, bestimmt die Qualität des Schlafes. Wenn unsere Persönlichkeit aber real wäre, dann sollte sie immer da sein, auch im Tiefschlaf.

Ein Baby hat von der eigenen Erfahrung her gesehen keine Persönlichkeit. Es hat aber eine Existenz und ist sich dieser auch bewusst. In unserem ursprünglichsten und natürlichsten Zustand haben wir keine Persönlichkeit und keine Individualität. Persönlichkeit existiert in Wirklichkeit nicht. Sie hält sich zusammen durch den Geist aufgrund verschiedener Ideen und Vorstellungen. Ohne den Geist gäbe es keine Persönlichkeit, aber wir existieren auch ohne ihn. Die Existenz hinter dem Geist und hinter der Persönlichkeit ist reine Intelligenz. Man kann sie auch reines Bewusstsein nennen. Intelligenz ist die Eigenschaft des Bewusstseins, so wie das Licht eine Eigenschaft des Feuers ist und nicht von ihm getrennt werden kann. Wie sich Licht in einem Objekt reflektiert, so wird Intelligenz, die sich im Geist reflektiert, zum Intellekt. Vom Praktischen her bezeichnen wir den Intellekt auch als Intelligenz. Er ist aber nur die Reflexion von dieser Intelligenz. Der Intellekt vermischt sich mit den Gedanken und erscheint als verschiedene Aspekte der Intelligenz.

Wenn wir unterschiedliche Farben sehen, handelt es sich dabei immer nur um eine Reflexion von Licht. Ein Regenbogen hat eigentlich nur eine Farbe, uns erscheinen aber sieben Farben. Genauso multipliziert sich die eine Intelligenz in verschiedene Aspekte. Grundsätzlich gibt es nur eine Intelligenz. Wenn die Intelligenz sich mit Ideen und Vorstellungen identifiziert, dann formt sich daraus die Persönlichkeit. Das Bewusstsein verliert seine Grenzenlosigkeit und Unbeschränktheit, konditioniert und beschränkt sich selbst. Es nimmt eine Identifikation an, die eigentlich nicht existiert, und diese multipliziert sich wieder. Dadurch werden Individualität und Persönlichkeit immer komplizierter und komplexer.

Jede Erfahrung von Glück und Freude, die von außen her kommt, hat immer einen Moment, in dem die Persönlichkeit sich kurz verflüchtigt. Die Persönlichkeit kollabiert, um die reine Form der Existenz zu berühren. In einem ganz kurzen Moment kollabiert der Geist, und du sagst: Das war ein wunderschöner Augenblick. Die Persönlichkeit löst sich vorübergehend auf. Wenn das nicht geschehen würde, könnten wir kein Glück im Leben erfahren. Wenn wir entspannen, löst sich auch die Persönlichkeit bis zu einem gewissen Grad auf. Wenn wir tief entspannt sind, haben wir keine Vorstellung davon, wer wir sind. Das Bewusstseinsprinzip erhält sich aufrecht, aber die Persönlichkeit löst sich auf. Die Freude und Schönheit des Lebens erreichen wir in den Momenten, in denen sich die Persönlichkeit auflöst. Wenn wir diesen Zustand nicht gelegentlich berühren würden, besonders im Tiefschlaf, dann würde unser Geist nicht normal operieren können. Er muss ab und zu in seine wirkliche und ursprüngliche Form absinken können. Er bekommt von da den erfrischenden Nektar, wieder normal funktionieren zu können. Wenn wir diese tiefe Ruhe nicht oft genug erreichen, werden wir gestresst und verlieren die Klarheit des Geistes. In sehr großem Stress werden unsere Verhaltensmuster nicht mehr normal sein, weil es dann keine Kontrolle mehr gibt. Wir sind dann vollkommen unberechenbar.

Kann Unberechenbarkeit nicht ein Merkmal meiner Persönlichkeit sein?

Wenn du mehr und mehr entspannt bist, wirst du berechenbarer. Nach einem gewissen Punkt der Entspanntheit wirst du wieder vollkommen unberechenbar. Du bist dann aber unberechenbar in einem positiven Sinn.

Dass sich meine Persönlichkeit verändert, kann ich mir vorstellen, aber nicht, dass sie sich auflöst.

Das kommt daher, weil du alles mit einer objektiven Sichtweise betrachtest und studierst. Anders wird es, wenn du deine eigenen Erfahrungen ansiehst, nicht die, die in Büchern beschrieben sind. Wenn du gefragt wirst, antworte nicht so, wie du es in den Büchern gelesen hast. Stell dir vor, du hättest nie ein Buch über Spiritualität gelesen. Du hast doch deine eigenen Erfahrungen! Gib die Antworten vom Standpunkt deiner eigenen Erfahrung aus. Unser subjektives Wissen und das Wissen, das in Büchern steht, stimmen oft nicht überein.

Ist dieses Gefühl, über das du redest, nicht auch ein Teil meiner Persönlichkeit?

Am Anfang, wenn du dieses Gefühl erkennst, dann ist das Gefühl da, und der Betrachter ist da. Wenn du tiefer hineingehst, verschmilzt der Betrachter mit diesem Gefühl. Das passiert in *Samadhi.* Es ist unmöglich, das zu verstehen. In diesem Zustand existiert der Betrachter nicht mehr, nur das Bewusstseinsprinzip. So wie der Wachzustand sich selbst kennt, kennt sich auch das Bewusstseinsprinzip selbst.

Wenn ich aus dem Samadhi herausfalle, dann falle ich wieder in die Persönlichkeit?

Ja. Deine Persönlichkeit kommt mit großer Freude erleuchtet zurück. Du weißt, dass du nicht so ernsthaft zu sein brauchst, da du nicht diese Persönlichkeit bist. Angstlos kannst du nur werden ohne Persönlichkeit. Sich selbst zu vergessen, das ist die Abwesenheit des Geistes. Es muss aber auch Erkenntnis dabei sein. In Samadhi ist Selbstvergessenheit und Erkenntnis.

Wie kann man das studieren, wenn man es nicht analysieren kann?

Du hast einen Verstand, und den kannst du selbst beobachten. Der Verstand und die Gedanken kommen von irgendwoher. Versuche zu sehen, woher sie kommen. Du brauchst dafür keinen Spiegel. Schließe deine Augen. Wo entspringen die Gedanken? Versuche, die Quelle deiner Persönlichkeit zu finden. Wenn du an deine Persönlichkeit glaubst, wenn du denkst, die Persönlichkeit sei wirklich, dann antworte auf die Frage: Wer bin ich? Du kannst keine absolute Antwort auf diese Frage geben. Die einzige aufrichtige Antwort ist: Ich weiß es nicht.

Selbsterkenntnis ist dann also die schwierigste Art der Erkenntnis?

Es ist die leichteste. Es wird kompliziert durch unsere Angewohnheit, die Dinge immer indirekt zu erkennen. Wir haben uns so daran gewöhnt, alles nur über den Verstand zu erkennen. Es gibt dich doch, du bist wach, du bist doch da. Es ist das, was dir am nächsten ist, deine eigene Existenz.

Wenn ich meinen Verstand nicht einschalte, kann ich doch die Frage »Wer bin ich?« nicht beantworten!

Du kannst es nicht mit einem Namen benennen. Wenn du sagst, ich fühle es, dann beobachtest du dieses Gefühl, und es geht so weit, dass der Beobachter mit dem Gefühl eins wird. Das ist dann das, was man Erleuchtung nennt. Wenn du diesen Moment nur einmal im Leben erlebst, in dem der Beobachter und die Erfahrung zu einer Einheit werden – das ist es. Da gibt es dann keine Persönlichkeit mehr.

Schon ganz kleine Kinder sind doch unterschiedlich. Sind das nicht schon Zeichen einer Persönlichkeit?

Das sind latente Tendenzen aus der Vergangenheit. Für andere hat das Kind eine Persönlichkeit, für sich selbst hat es das noch nicht. Die Identifikation hat noch nicht stattgefunden. Die objektive Persönlichkeit ist keine Persönlichkeit – nur die subjektive Erfahrung baut die Persönlichkeit auf, und über die reden wir hier. All deine Erfahrung und all deine Schmerzen sind subjektiv. Dafür wollen wir doch eine Antwort haben. Unser Verstand versucht, Wissen mit objektiven Beweisen zu verstehen. Das bringt die Probleme. Im spirituellen Wissen geht das nicht. Mit objektiver Sichtweise können wir nichts verstehen, nur mit subjektiver Sicht. So kommt kein wirklicher Verständnisprozess zustande. Versuche das nicht zu verstehen, indem du andere beobachtest. Du kannst es nur verstehen aufgrund deiner subjektiven und eigenen Erfahrung! Nur so weißt du, wie du das spirituelle Wissen wertschätzen kannst.

Ist das Ziel unseres Lebens dann, die Persönlichkeit aufzulösen?

Ziel ist, dich selbst zu kennen ohne die Persönlichkeit.

Warum haben wir Angst davor?

Es fehlt das eigentliche Wissen. Das klingt vielleicht seltsam, aber es ist das, was deine Persönlichkeit will, sie will in die Ruhe und in die Unpersönlichkeit eingehen. Nur dadurch entsteht Freude, die aus der Ruhe kommt. Die Persönlichkeit will sich verlieren. Das ist das einzige und große Verlangen. Die Persönlichkeit möchte von sich selbst loskommen, das ist ihr größter Wunsch. Andererseits hat sie Angst davor. Das ist das Mysterium des Lebens. Dieses Wissen soll dir ermöglichen, ohne Angst bewusst loszulassen. Angst ist nur eine Barriere. Solange du nicht loslässt, kannst du nicht bewusst dieses Prinzip verstehen. Solange du das Prinzip nicht erfahren hast, wirst du die endgültige Antwort auf die Frage des Lebens nicht finden. Das ist unmöglich.

Kann man das Loslassen bei anderen Dingen üben, um es dann für dieses Loslassen anzuwenden?

Dieser Prozess hat nichts mit Anstrengung zu tun. Wenn du einschläfst, lässt du dich ins Bett fallen, du lässt einfach los. Du suchst eine angenehme Position und schläfst ein. Da ist keine Anstrengung. Wenn du dich anstrengst einzuschlafen, kannst du oft gerade nicht einschlafen. Hier handelt es sich genau um den gleichen Prozess. Deshalb musst du Entspannung üben. Aus der Entspannung entsteht das Loslassen.

Viele Menschen haben Schlafprobleme. Kann dahinter die Angst stehen, die Persönlichkeit im Schlaf zu verlieren?

Nein. Keiner hat Angst, sich im Schlaf zu verlieren. Schlaflosigkeit ist eine Folge von großem Stress. Der Verstand wehrt sich, nicht mehr zu funktionieren, und deswegen hat der Mensch Schlafstörungen. Das ist Stress, weniger die Angst.

Möglicherweise hat ein solcher Mensch noch nicht genügend Kontrolle über seinen Verstand.

Ein Kind weiß nicht, wie es seinen Verstand kontrolliert, aber es schläft. Es hat keine mentalen Probleme. Es ist nicht die Frage, wie man den Verstand kontrolliert. Es geht darum, den Verstand zu entspannen. Man kann den Verstand nicht kontrollieren, solange da viel Hektik ist.

Was ist dieses begrenzte Feld, über das du anfänglich redetest?

Es ist eingeschränkte Bewusstheit oder die »Ich-bin-Bewusstheit«. Es ist ein vorgestelltes Feld, das auf Identifikation beruht. Der Bereich deiner Erfahrungen ist deine eigene Beschränktheit. Die Selbstidentität nimmt konkrete Formen an als Existenz in diesem Körper. Auch die Identifikation mit dem Körper besteht nur aus der Vorstellung, so wie alles andere. Dann entwickelt sich diese Illusion ganz raffiniert weiter als: ich und der Rest. Ich teile immer mehr ein und bezeichne den Rest als Natur oder Schöpfung. Es trennt sich aber noch weiter. Alles, was ich nicht bin, das teile ich noch weiter ein in Objekte mit verschiedenen Qualitäten, in gut und schlecht, schön und hässlich usw.

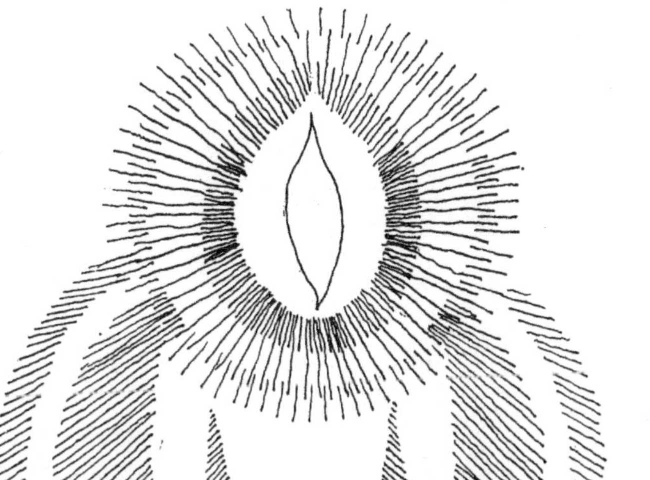

9
Samadhi

Wärme und Kälte .... Verengung und Ausdehnung .... Das Schönste bisher .... Den Siedepunkt erreichen .... Einfachheit .... In Samadhi verweilen .... Überwindung der Angst .... Das Erkennen .... Verhaftung mit dem Gefühl .... Samadhi und Sattva

Stell dir mal vor, deine wahre Natur wäre die des Feuers. Wenn du dich dem Feuer näherst, fühlst du dich besser und besser. Wenn du dich von ihm entfernst, fühlst du mehr Kälte. Je weiter du weggehst, umso kälter wird es für dich, und irgendwann frierst du. Wenn du zurückgehst, dann fühlst du, dass es frisch ist, und wenn du wieder näher an das Feuer gehst, fühlst du Wärme, und weiter fühlst du Hitze, und wenn du noch näher an das Feuer gehst, dann verbrennst du dich. Was auf dem Hin- und Rückweg zum Feuer passiert, ist das Gleiche, aber du hast viele unterschiedliche Erfahrungen durchlaufen. Die Erfahrung von Kälte und die Erfahrung von Hitze, obwohl sie dem gleichen Spektrum angehören, sind doch vollkommen unterschiedlich. Obwohl es die Fortsetzung der gleichen Erfahrung ist, beziehungsweise Aspekte des gleichen Phänomens – wenn es zur konkreten Erfahrung kommt, ist es vollkommen unterschiedlich.

Genauso ist es mit dem inneren Gefühl. Je mehr du in dieses Gefühl hineingehst, umso schöner und angenehmer wird es. Wir haben den »gefrorenen« Zustand des Geistes erfahren – die Depression. Sie bedeutet akutes Leiden. Wir haben auch die »kalten« Zustände des Geistes erfahren. Wir kennen die Erfahrung, wenn wir traurig sind und keine Schönheit mehr in der Welt sehen. Es ist besser als in der Depression zu sein, aber es ist noch kein angenehmes Leben. Wir haben auch den Zustand erfahren, in dem die Temperatur angenehm und das Leben annehmbar war für uns. Und in bestimmten schönen Zuständen des Lebens – aus welchen Gründen sie sich auch immer ereigneten – haben wir auch ein größeres Ausmaß an Wärme erfahren. Wir haben uns da sehr wohlgefühlt, aber konnten da nicht lange verweilen.

Der gegenwärtige Geisteszustand, von dem aus du jetzt agierst, beeinflusst alle deine Handlungen und Gedanken. Du kannst nicht mehr unter einen bestimmten Punkt des Leidens hinabsinken, weil du auch jetzt in einer bestimmten Ausdehnung existierst – das ist schon Samadhi. Es gibt keine Zeit, in der du nicht in Samadhi bist! Es ist nur schwierig, etwas zu erkennen, was immer da ist. Es gibt eine ganz bestimmte Ausdehnung, auf deren Grundlage du ständig handelst. Wenn du depressiv bist, agierst du aus einem ganz »niedrigen Wohlbefinden« heraus. Das ist ein sehr minderwertiger Zustand von Samadhi. Der Geist ist verengt und unruhig, deine Reaktionen heftig, und daher leidest du. Wenn sich dagegen der Geist verlangsamt, reagierst du weniger, der Geist dehnt sich wieder aus, und das Leid wird geringer. Die Momente der Freude, die wir durch die Genüsse erfahren, sind nicht wichtig. Diese Freude kommt und geht wieder. Wichtig ist der Zustand des Geistes, von dem aus wir ständig handeln. Das ist der Zustand, der die Qualität des Lebens bestimmt. Du bist ständig in einer ganz bestimmten Ausdehnung.

Wenn du ein gutes Gefühl hast, dann bist du wach und lebendig. Du fühlst dich angenehm und leicht. Das ist die Grundqualität von Samadhi. Du bist auch jetzt in diesem Zustand. Aber es gibt verschiedene Grade der Verengung und Ausdehnung. Wenn es sich in dir verengt, bist du schlechter Laune oder sogar depressiv. Wenn es sich ausdehnt, und du bist wieder gut gelaunt, wird das Leben leichter und schöner und die Probleme verschwinden. Nicht als seien sie nicht da, aber sie erscheinen leichter, und du kannst mit ihnen umgehen.

Es gibt eine bestimmte Ausdehnung, über die du bis jetzt noch nicht hinausgegangen bist. Stell dir einmal den besten Gemütszustand vor, den du bis jetzt erfahren hast. Das ist dein Maximum, das du bis jetzt kennst. Was du aber im Leben als die beste Laune bisher erfahren hast, das ist nur die Spitze des Eisberges. Du hast nur etwas angekratzt. Es gibt noch viel zu erfahren, und es kann sich noch viel auftun. Du kannst es nicht erreichen durch Tun und Machen. Durch Singen und Tanzen, durch Sex und Drogenkonsum kannst du nur bis zu einem gewissen Ausmaß Freude erleben. Wenn du diese Dinge tust in der Hoffnung, davon mehr zu bekommen, dann werden sie dich wieder zurückwerfen. Mit Körper und Verstand unterliegst du Beschränkungen, die du nicht überwinden kannst. Die Schönheit des Lebens kann nicht durch irgendwelche äußeren Mittel in ihrer Vollkommenheit erfahren werden. Du kannst einen Zustand der Ausdehnung und des schönen Gefühls erfahren, der sehr viel schöner ist als alles, was du bisher erfahren hast. Es ist die Fortsetzung deines schönsten Gefühls, und es ist doch verschieden von ihm. Wenn du aus der Depression wieder in gute Laune kommst, dann bist du ein anderer Mensch. Genauso bist du ein komplett anderer Mensch, wenn du aus dieser Ausdehnung herauskommst. Das ist eigentlich leicht zu verstehen, aber trotzdem kannst du durch das Verstehen nicht dahin gelangen.

Letztendlich ist Samadhi nicht zu beschreiben. Wie könntest du deinem Freund erklären, was Schlaf ist, wenn er noch nie im Leben geschlafen hat? Du würdest ihm sagen, dass dieser Zustand dunkel und ohne Lebendigkeit ist, dass es in ihm keine Persönlichkeit und Kontrolle mehr gibt. Dann würdest du ihm vielleicht noch einen schlafenden Menschen zeigen, der in einer eigenartigen Position leblos auf dem Bett liegt. Vermutlich würde dein Freund eine enorme Angst vor dem Schlaf entwickeln. All die Informationen, die du ihm über den Schlaf gegeben hast, werden ihn nun sogar am Einschlafen hindern. Wenn dein Freund aber einmal einschläft und wieder wach wird, hat er keine Zweifel mehr über den Schlaf. Er braucht dann keine Bestätigung mehr für den Schlaf. Er weiß, was Schlaf ist, und er weiß auch, wie man einschläft. So können zwar alle Erklärungen über Samadhi zur Hürde werden, aber dennoch sind sie notwendig, diesen Zustand zu erkennen.

Du solltest wenigstens einmal in deinem Leben diesen Punkt erreichen. Aber unser Streben danach ist meist nur lauwarm. Es erreicht nicht den Siedepunkt. Wenn du aber diesen Punkt nicht erreichst, wird nichts wirklich Entscheidendes geschehen. Wenn du versuchst, ein Ei in 20 Grad warmem Wasser zu kochen, kannst du ein ganzes Jahr lang warten, vielleicht wird ein Küken herauskommen, aber das Ei wird nicht gekocht. Mindestens einmal müssen 100 Grad erreicht werden. Wenn es zu dem Siedepunkt kommt, dann kocht es weiter, auch wenn du die Wärme reduzierst. So ist es auch hier. Wenn du diesen Zustand in seiner Fülle und Vollkommenheit berührst, dann wird dein Leben anstrengungsloser und zufriedener.

Alle Religionen, alle Schriften, alle Meister, alle Tempel und Kirchen wollen dir nur das zeigen, nur dafür sind sie da. Wenn du einmal damit verbunden bist, wird es dich weitertragen. Das ist der Guru, und das ist nichts anderes als Gott oder das Selbst. Gott, Guru, Selbst, das ist alles eins. Wenn du das weißt, dann weißt du alles über dich und über die Welt. Es ist für jeden möglich! Die Qualifikation, die notwendig ist, ist das Wissen, dass du existierst. Das weiß jeder.

Das klingt irgendwie alles zu einfach!

Das ist die einfachste Wahrheit, die unglücklicherweise sehr kompliziert gemacht worden ist. So kompliziert, dass es fast unmöglich erscheint, dahin zu gelangen. Die Einfachheit dieser Wahrheit ist das Problem. Dem Verstand widerstrebt die Einfachheit. Er muss dann nämlich in diese Einfachheit kommen. Er kann sich nicht mehr aufrechterhalten und verliert seine individuelle Existenz. Eis kann seine Festigkeit nicht aufrechterhalten, wenn nicht eine bestimmte Temperatur vorhanden ist. So ist es mit dem Verstand. Wenn es zu einfach wird, verliert er seine Existenz und geht in die Einheit ein, wo alles perfekt ist und nichts der Veränderung bedarf. Das ist das Leben in vollkommener Fülle. Es ist nicht kompliziert. Es ist so einfach, dass es schon wieder schwierig erscheint. Wir können nicht einfach sein. Du kannst diese Einfachheit durch jede einfache Handlung erreichen. Geh zum See und werfe Steine hinein. Je intelligenter die Handlungen sind, die du tust, umso weiter entfernen sie dich von diesem Ziel.

Wie lange kann jemand in Samadhi bleiben?

Das kann man nicht sagen, es gibt keine Regel. Wie weit du in die Ausdehnung hineingehst, ist unterschiedlich. Samadhi ist der Zustand von einem guten Gefühl und Entspanntheit. Dieser Zustand ist es, der sich fortsetzt, genau wie das Ansteigen der Temperatur. Wenn es über deine bisher beste Erfahrung hinausgeht, dann ist das für dich ein neues Feld. Es gibt Menschen, die so eine große Ausdehnung erfahren haben, dass sie für den Rest ihres Lebens darin verweilen konnten. Es gibt keine Antwort auf diese Frage, der Zustand ist potenziell unbeschränkt und grenzenlos.

Aber du kannst nur da anfangen, wo du jetzt stehst. Du musst zunächst einmal den Zustand des Wohlbefindens erkennen, in dem du dich jetzt befindest. Du solltest das Gefühl zunächst einfach so erkennen, wie es ist. Nur von da aus kannst du Fortschritte machen. Auch wenn das Gefühl nur in einem minimalen Ausmaß da ist, versuche es zu erkennen. Erkenne das Gefühl, das bereits da ist – es ist nichts völlig Neues. Dann hast du einen großen Schritt in der Spiritualität gemacht.

Was sind die Merkmale eines Menschen, der dauerhaft in Samadhi verweilt?

Ein Schüler hat einmal seinen Meister gefragt: »Es ist mir bewusst, dass du die Dinge vollkommen anders siehst als ich. Leben wir beide in der gleichen Welt?« Der Meister sagte: »Ja, wir sind in der gleichen Welt, aber du siehst dich in der Welt und ich sehe die ganze Welt in mir selbst.« Die Trennung zwischen innen und außen verschwindet. Der Meister lebt in dem großen ungeteilten Feld des Bewusstseins, ohne das Bewusstsein der Getrenntheit. Er hat aber auch nicht die Vorstellung der Einheit, jegliche Vorstellung verschwindet. Alle Aufgaben, Verpflichtungen und Verantwortungen fallen weg für einen solchen Menschen. Er hat keine Vorstellungen von »gut« und »schlecht«. Er kennt es, weiß aber, dass beides unbedeutend ist. Er fragt nicht nach dem Guten und sucht nicht, das Schlechte zu vermeiden. Es ist ein Zustand absoluter Freiheit.

Im Bild des Feuers: Was ist das Verbrennen dann für ein Zustand?

Es ist das Ende aller Probleme, wenn deine Individualität sich auflöst, wenn du im endlosen und glückseligen Zustand aufgehst und verschmilzt. Lass deine Vorstellung hier nicht so weit gehen, weil das Ego hier große Gegenwehr zeigt. Vom Praktischen her ist es nicht notwendig, die Frage zu stellen. Geh in den Zustand, und du wirst dann die Antwort finden. Wenn du dich wohlfühlst, würde es dir auch nichts ausmachen, dich noch besser zu fühlen. Es gibt keinen Punkt, an dem du sagen würdest: »Ich will mich jetzt nicht mehr besser fühlen, es ist genug.« Sieh selbst, wie weit du gehen kannst und was dann mit dir passiert. Dann wirst du es wissen.

Gibt es die Angst, zu »verbrennen«?

Das ist natürlich. Wenn du das erste Mal das neue Gefühl der Ausdehnung erfährst, dann ist das ein unbekannter Bereich. Das Ego ängstigt sich, weil es sich auflöst, wenn du in diesen Bereich hineingehst. Es will sich aber aufrechterhalten und zeigt Gegenwehr. Solange du diese Angst hast, wirst du die Ausdehnung nicht erfahren können. Du gehst dann wieder zurück in den verengten Bereich des Leidens, in dem du dich sicher fühlst. Du musst loslassen! Du musst aufgeben! Nur dann kannst du in diesen Bereich eindringen. Wenn du nur einmal diese Angst überwindest, transformiert sie sich in Verlangen nach diesem Zustand.

Wenn Samadhi erlebt wurde, wie kann man es wiedererlangen?

Du hast jetzt die Erinnerung an das Beste, was du jemals erlebt hast, und es ist die Hoffnung deines Lebens, wieder dahin zurückzukommen. Schließe die Augen, erinnere dich an das Gefühl, dann kommt es bis zu einem gewissen Grad wieder. Tu es, und sieh, was passiert. Erinnere dich so intensiv wie möglich an den Zustand, als es dir im Leben am besten ging. Für manche Menschen ist es vielleicht schwierig, sich daran zu erinnern, denn, als es passiert ist, haben sie es nicht richtig erkannt. Deshalb ist das Erkennen sehr wichtig! Solange du das nicht erkannt hast, kannst du es nicht in die Erinnerung zurückrufen. Selbst wenn du es nur einmal erkannt hast, kannst du dich immer wieder damit verbinden. Wenn du diese Erfahrung wieder ins Bewusstsein zurückrufst, wenn du sie mit innerem Verlangen und innerer Liebe wieder erwecken möchtest, das ist dann unmittelbare Meditation.

Du lebst dann also weiter in ständigem Verlangen?

Ja. Es ist aber ein schönes Verlangen, das nicht schmerzhaft ist. Es gab für dich einmal eine Zeit, in der du noch jung warst und nach einem Freund oder einer Freundin Ausschau hieltest. Es war noch eine gewisse Unschuld in dir, aber du hattest bereits dieses innere Verlangen verspürt. Jeder kann sich an diesen Zustand im Leben zurückerinnern. Du wusstest noch gar nicht so richtig, was dich so stark suchen ließ und was du suchtest. Eines Tages hast du dann jemanden gefunden. Du warst verliebt, aber es war vorher doch eine schmerzhafte Suche. Jetzt blühst du auf. Es geht dir gut, und du hast das Gefühl, du könntest fliegen. Du machst deine Arbeit und alle anderen täglichen Verrichtungen ganz normal, aber du machst alles freudvoll, du singst, lachst und tanzt. Ständig bist du in dem Gefühl der Liebe. Es ist immer noch ein Verlangen da, deinen Partner wiederzusehen, aber du trägst dieses gute Gefühl in dir, auch wenn dein Partner nicht bei dir ist. Du weißt, dass er oder sie existiert, und nun ist es ein freudiges Verlangen. Nur bis dahin hat diese Suche Ähnlichkeit mit dem Verlangen nach Samadhi, danach nicht mehr. Eine Partnerschaft ist vielen Veränderungen unterworfen, und dein gutes Gefühl ist davon abhängig. Wenn du dieses Gefühl direkt in dir erfährst, lernst du, damit zu verweilen. Die perfekte Balance passiert einfach. Dieser Zustand trennt dich nicht vom Leben, er verbindet dich mit dem Leben. Der Klang wird zur Musik.

Ist dieses Erkennen das, was man Erleuchtung nennt?

Das Erkennen dieses Samadhi-Zustandes ist Erleuchtung. Du gehst mehrmals im Leben in Samadhi, aber die Erleuchtung ist nicht da, wenn du es nicht erkennst. Wenn du es wirklich realisierst, ist es Erleuchtung, und nur dann weißt du, was es ist. Wenn du wach bist, weißt du doch auch, dass du nicht schläfst.

Genauso erkennst du Samadhi. Wenn du es nicht erkennst, ist es nutzlos. Das erste Erkennen ist Erleuchtung.

Es gibt diese Bücher mit dreidimensionalen Bildern. Nehmen wir an, dein Freund schenkt dir ein solches Buch und erklärt dir nicht, was es damit auf sich hat. Du liest auch die Erklärung im Buch nicht und betrachtest nur die Bilder und wunderst dich natürlich, was das soll. Die Bilder sehen nett aus mit ihren verschiedenen Mustern, aber vollkommen uninteressiert legst du es dann wieder weg. Dann kommt dein Freund und fragt dich, ob du dir das Buch angesehen hast, und vor allem, was du gesehen hast? Du sagst: schöne Bilder. Der Freund sagt dir, dass das Buch dreidimensionale Bilder hat. Da wirst du neugierig. Der Freund sagt: Du musst das Buch näher an deine Augen bringen. Schau auf einen Punkt, nimm das Buch langsam weg, starre einfach darauf, und dann wird irgendwann ein dreidimensionales Pferd erscheinen. Du hast dann ständig das Bild eines Pferdes im Kopf und suchst genau dieses Bild. Du siehst keinen Schwanz, keine Beine, kein Pferd und gibst schließlich auf und legst das Buch weg. Dann schaust du irgendwann ganz beiläufig und gelassen darauf, und da erscheint plötzlich das dreidimensionale Bild eines Pferdes. Du »weißt« jetzt, dass da ein Pferd ist. Wenn du später wieder in das Buch schaust, ist das Pferd wieder weg, aber du weißt sicher, dass da ein Pferd versteckt ist. Das ist zu vergleichen mit der Erleuchtung.

Kann ich diesen Zustand auch speichern, um ihn zu nutzen, damit er mich im Beruf weiterbringt?

Wenn du dem Gefühl Bedeutung gibst, beeinflusst das die Qualität deines Verstandes. Wenn du mehr an den Verstand glaubst, mache weiter und sieh, wie weit du damit gehen kannst. Wenn du Vertrauen in das Gefühl hast, gehe damit weiter. Es ist einfacher, mit dem Gefühl weiterzugehen, der Verstand ist wie ein »herumspringender Affe«.

Aber dann sind wir diesem Gefühl verhaftet!

Ja. Wenn du diesem guten Gefühl verhaftet bist, ist das auch eine Verhaftung. Aber das ist ein unausweichlicher Fakt des Lebens. Das Leben bewegt sich hin zu diesem guten Gefühl. Es will DAS. Wenn du dich besser und besser fühlst, kommst du irgendwann zu einem Zustand vollkommener Zufriedenheit. Aber bis dahin kannst du nur mit diesem guten Gefühl weitergehen, bis du die Illusion des guten Gefühls auch noch transzendierst. Du kannst nicht direkt dahin finden. Das Gefühl ist da, und du kennst es auch. Es ist da eine Trennung zwischen dir und dem Gefühl. Wenn dieses Gefühl mehr und mehr wächst, dann wird derjenige, der das Gefühl beobachtet, kleiner und kleiner. Das Gefühl wird größer, und du wirst kleiner. Irgendwann verliert sich der, der auf das Gefühl achtet. Das Gefühl wird so groß, dass die kleine Persönlichkeit aufgesaugt wird. Dann ist keine Getrenntheit mehr da. Das ist die Erfahrung von Samadhi.

Wir misstrauen unseren Gefühlen und glauben mehr an den Verstand.

Wie du dich fühlst, wenn du denkst, das ist wichtig. Wir halten die Gedanken für wichtiger als das Gefühl. Ein anderer Name für Verstand ist »Instabilität«. Wenn der Verstand stabil wird, löst er sich auf. Es gibt angenehme und unangenehme Klänge. Ein Musiker versteht es, alle Klänge so zu komponieren, dass eine Melodie entsteht. So ergeht es dem Verstand, wenn er in einem guten Gefühl seine Stabilität findet. Das gute Gefühl transformiert den Verstand. Er wird wie der Klang in den Händen des Musikers, harmonisch und sanft.

Wie kommt es denn, dass der Verstand bei uns so die Oberhand gewinnt?

Es scheint ein Gesetz zu sein, dass das Leben dich zuerst desillusionieren muss, damit du weise wirst. Dazu passt folgende Geschichte: Eine Mutter und ihr Kind gehen zu einem Jahrmarkt. Das Kind fühlt sich sehr sicher an der Hand der Mutter. Es freut sich über alles, was es auf dem Jahrmarkt sieht. An einem Stand mit Süßigkeiten sagt es: »Ich will Süßigkeiten haben.« Die Mutter sagt: »Nein, du sollst nicht so viele Süßigkeiten essen, das ist nicht gut für dich.« Später sieht das Kind Spielzeug. Die Mutter sagt: »Wir kaufen jetzt kein Spielzeug – später.« Was passiert mit dem Kind? Seine Aufmerksamkeit geht zu all den interessanten Dingen, es lässt die Hand der Mutter los, geht zu den Ständen und betrachtet alles. Plötzlich spürt es, dass es etwas vermisst. Es hat etwas verloren, aber es weiß nicht, was es verloren hat. Zunächst nimmt es nicht richtig wahr, dass es die Mutter verloren hat. Dann fängt es an zu weinen. Die Besitzer der Stände wollen das weinende Kind trösten und ihm von den schönen Dingen geben. Das Kind sagt: »Nein, ich will das Spielzeug nicht.« Der Inhaber des Süßwarenstandes sagt: »Ich gebe dir Schokolade, aber hör auf zu schreien.« Das Kind kriegt alles angeboten, aber es ist untröstlich. Es sagt: »Ich habe etwas verloren.« Und das Kind schreit und schreit. Bis eine Person kommt und sagt: »Du hast deine Mutter verloren, aber du hast sie nicht wirklich verloren, sie ist ständig hinter dir und passt auf dich auf. Das Kind dreht sich um und sieht die Mutter hinter sich. Es rennt auf sie zu, umarmt sie und fühlt sich wieder sicher. Es geht weiter über den Jahrmarkt, sieht all die schönen Sachen, lässt aber nun die Hand der Mutter nicht mehr los. Es weiß, dass der Jahrmarkt nur freudvoll ist, solange es die Hand der Mutter hält.

Um diese Lektion zu lernen, die Hand der Mutter nicht loszulassen, müssen wir zunächst einmal den Verlust bewusst erleben. Mit dieser Erfahrung passen wir dann auf, dass wir die Hand nicht mehr loslassen. Wir fühlen uns oft glücklich und gut, aber wir erkennen dies nicht direkt in uns, deshalb besteht die Gefahr, dass wir das jederzeit wieder verlieren.

Das Wissen, das du durch die Erfahrung der Ausdehnung bekommst, ist bleibend. Mit dieser Erfahrung vergeht das Gefühl der Unsicherheit. Du kannst allerdings dieses Gefühl nicht erkennen, bevor der Verstand bis zu einem gewissen Ausmaß zur Ruhe gekommen ist. Ruhe und Wachheit des Verstandes sind die Voraussetzungen, dass du es erkennen kannst. Solange der Verstand beschäftigt ist, identifizierst du dich mit ihm, und das nimmt deine ganze Aufmerksamkeit in Anspruch. Das Gefühl, ohne den Verstand zu sehen, das ist Erkenntnis.

Sattva bedeutet in der Terminologie des Yoga einen Zustand wacher Entspanntheit und Ausgeglichenheit. Ist Samadhi ein Zustand des Sattva?

Sattva ist das Gefühl, das weder Unruhe noch Dumpfheit enthält. Du reinigst im Yoga den Verstand, um mit diesem Gefühl des Sattva innerlich zu wachsen. Aber es ist das Ego, das durch die Erfahrung von Sattva geht. Wenn sich das Ego verliert, kehrst du zu deinem ursprünglichen Zustand zurück. Die Individualität löst sich auf, und du kannst nur sagen: Ich weiß nicht. Von da an wirst du wieder herausgeworfen. Wenn du wieder herauskommst, hast du einen großen Anteil von Sattva in dir.

Wenn du einen Eisenball in einen Ofen legst und ihn dann wieder herausnimmst, dann hat der Ball alle Qualitäten des Feuers. Es ist kein Unterschied zwischen einem Feuerball und einem feurigen Eisenball. Dasselbe Schicksal hat das Ego, wenn es aus diesem Zustand wieder herauskommt. Es hat diese Fülle noch in sich. Wenn das Ego aus dem Wissen der Unbegrenztheit wieder herauskommt, dann berührt dich nichts mehr so intensiv. Die Losgelöstheit in dir geschieht danach ganz natürlich, nicht als Ergebnis einer Übung, sondern als natürliche Konsequenz. Das ist wirkliche Losgelöstheit.

Besteht die Gefahr, dass man zu Sattva verhaftet wird und dadurch die Erfahrung verpasst?

Ja, auch die Schönheit des Sattva, in der du ruhig und entspannt bist, kann zu einer Falle für dich werden. Wenn du dich mit Sattva identifizierst, bist du immer noch im Bereich des Verstandes. Es ist dann wie eine goldene Kette, die dich bindet. Menschen haben manchmal die Vorstellung, ein spiritueller Mensch müsse immer freudig sein. Wenn sie daran festhalten, wird das Leben dadurch nur noch schwieriger für sie. Das eigentliche Wissen liegt weit hinter dem Ziel, nur die Freude zu suchen. Auch dieser Ausdruck der Freude, der uns jetzt so wichtig erscheint, wird im Prozess spirituellen Wachstums irgendwann verschwinden. Alles endet irgendwann in vollkommener Ruhe und Frieden, wo es keines Ausdrucks bedarf.

Das Sattva kannst du nur durch tiefe Dankbarkeit und Hingabe in dir auflösen, sonst besteht die Gefahr, dass eine sattvische Arroganz in dir entsteht. Wenn du denkst, dass du in einer besseren Position als andere bist, dann gehört das auch zu den feinen Fallen, die der Verstand dir stellt. Relativ gesehen ist es besser, in Sattva als in Tamas oder in Rajas[14] zu sein. Für die Auflösung des Ego sind Hingabe und Dankbarkeit notwendig. Sie kommen nur aus einem sattvischen Zustand, in dem sich das Wissen verwirklicht. Ein Geist, der dumpf ist durch (Dumpfheit von) Tamas, ist nicht offen für das Wissen. Auch der unruhige und verwirrte Geist in Rajas ist dafür nicht aufnahmefähig. Nur ein sattvischer Geist ist offen und bereit für das Wissen. Daher hat Sattva eine sehr hohe Qualität. Sei aber sehr vorsichtig und bleibe nicht im Sattva hängen. Sattva findet nur dann seine Erfüllung, wenn es sich freudvoll mit seiner Quelle verbindet. Erfüllung ist dann, wenn du dich dem Leben vollkommen hingibst und ohne Erwartungen lebst.

Befreiung ist ein innerer Zustand, in dem du von allem, was

14 *Tamas* ist der Zustand von Lethargie und Dumpfheit, *Rajas* von Überaktivität und Unruhe, *Sattva* von Ausgeglichenheit und Klarheit.

geschieht, unberührt bist. Es bedeutet nicht, immer nur freudig zu leben. In unangenehmen und schmerzhaften Situationen wirst du nicht mehr depressiv oder schlecht gelaunt, und in angenehmen und schönen Situationen gehst du nicht gleich in einen erregten oder enthusiastischen Zustand über. Du bist einfach nur friedvoll und ausgeglichen. Es geht dir gut ohne Grund.

10
Konflikte

Deine Einstellung .... Gewalt .... Tugend ....Ein verwirrter Geist .... Reinigung des Geistes .... Gutes und Schlechtes .... Befreiung .... Sensibilität .... Kritik und Analyse .... Komplexe .... Gewalt in dir .... Verantwortung für die Welt .... Schöpfung und Zerstörung .... Ideale .... Vertrauen und Angstlosigkeit

Es ist nicht wichtig, was du tust, sondern wie du es tust. Wenn du dieses spirituelle Wissen wirklich verinnerlicht hast, kannst du Konflikte in dir auflösen. Es hängt nur von deiner Einstellung zu allem ab.

Dieses Wissen verdeutlicht sich sehr schön in einer Geschichte:

Es gab einen Asketen, dessen Name war Kauschika. Er ging in die Berge und saß für lange Zeit unter einem Baum zur Meditation. Für viele Jahre verharrte er dort ohne Nahrung in strenger Askese. Eines Tages saßen zwei Vögel auf dem Baum, unter dem er meditierte, die sich dem Liebesspiel hingaben. So geschah es, dass ein Vogel seine Exkremente auf den Kopf des Heiligen fallen ließ. Dieser fühlte sich gestört, schaute nach oben und wurde sehr ärgerlich. »Du wagst es, meine Meditation zu stören, verbrenne für das, was du getan hast«, rief er mit lauter Stimme. Da wurden seine Worte tatsächlich wahr. Einer der Vögel fiel herunter und zerfiel in Asche. Da merkte er plötzlich, dass er eine große Kraft besaß. Nach der langen Meditation verspürte er großen Hunger und ging stolz – im Bewusstsein seiner Kraft – den Berg hinunter in die Stadt und fragte an einem Haus nach Nahrung.[15] Er rief von

15 Nach der spirituellen Tradition in Indien leben Menschen, die sich nur der Spiritualität widmen und daher keinen Beruf haben, ausschließlich vom Betteln.

draußen: »Hier ist der heilige Kauschika, er ist hungrig. Gib ihm Nahrung.« Von innen sagte eine Frau: »Ja, ich komme, warte eine Minute.« Er wartete. Keine Antwort, nichts geschah. Fünf Minuten vergingen. Dann rief er wieder: »Was ist los? Wie lange soll ich noch warten?« Sie rief: »Warte, ich komme ja.« Nach weiteren fünf Minuten wurde er sehr ärgerlich, dass man ihn warten ließ, denn er war sehr hungrig. Eine Frau, eine ganz gewöhnliche Hausfrau, hatte so wenig Respekt vor ihm. Dabei hatte er so viel Kraft. Gerade als er dies dachte, sagte die Frau von innen: »Willst du noch ein paar Minuten warten, es macht keinen Sinn, dass du dich ärgerst. Denk nicht, dass ich auch nur ein Vogel bin, den du aus Ärger in Asche verwandeln kannst.« Das schockierte ihn. Woher wusste die Frau das? Er wurde neugierig und wartete. Nach ein paar Minuten kam die Frau lächelnd heraus und sagte: »Es tut mir sehr leid, aber ich musste erst meinen Ehemann versorgen, jetzt kann ich mich um dich kümmern.«[16] »Ja«, sagte Kauschika, »ich vergebe dir, aber woher weißt du, dass ich einen Vogel in Asche verwandelt habe?« Sie sagte: »Ja, das weiß ich alles.« Da fragte er: »Was machst du denn für Übungen?« »Nichts, ich diene einfach meinem Mann, das ist alles. Ich gebe mich ihm vollkommen hin. Aber wenn du etwas über Spiritualität wissen willst, da ist ein Mann, der heißt Dharmavyadha, der wird dich lehren. Du findest ihn, wenn du hier die Straße hochläufst, unter einem Baum.« Da wurde Kauschika neugierig. Wenn sie ihn an einen anderen weitervermittelte, musste dieser wohl noch weiser sein als sie. So ging er die Straße hinauf und sah einen Mann mit langem Bart unter einem Baum. Alle Leute kamen zu ihm und kauften Fleisch. Er war den Menschen gegenüber freundlich und höflich. Er sah den Asketen kommen und sagte: »Willkommen, hat dich die Frau hergeschickt?« Da dachte der Asket: »Das ist ein dreckiger Metzger.[17] Ich bin ein reiner Mensch, der so viel Kraft

16 Es wird hier als die höchste Berufung der Ehefrau angesehen, ihrem Mann zu dienen.

17 In der Tradition Indiens sind fast alle spirituell suchenden Menschen strenge Vegetarier.

hat. Wieso kann er das wissen? Wie gibt es so etwas?« Dharmavyadha ließ den Asketen zwei Stunden warten – er hatte keine Chance, er musste warten. Dann fragte der Asket den Metzger: »Wie weißt du das alles?« Der Metzger bat Kauschika in sein Haus und weihte ihn alsdann in das spirituelle Wissen ein.

Es ist egal, was du tust und welche Kraft du hast, es kommt nur auf deine innere Verfassung an. Du kannst alles tun, solange du keine Konflikte hast. Das ist die zentrale Idee hier. Solange du keine Konflikte hast, dich nicht schuldig fühlst, so lange hast du den Freibrief, alles zu tun. In der spirituellen Tradition Indiens erscheint es zunächst seltsam, dass ein Metzger erleuchtet ist. Erleuchtung kommt nicht dadurch, WAS du tust, sondern dadurch, WIE du es tust. Wenn du das Geheimnis lernst, alles ohne Konflikte zu tun, dann wird das Leben seine Erfüllung finden. Das ganze Leben wird Meditation. Das Konzept von gut und schlecht verschwindet.

Wenn du äußerlich keine Gewalt anwendest, aber dennoch Gewalt in dir hast, dann bist du nicht gewaltlos. Wir sind der äußeren Gewalt gegenüber sehr sensibel. Wir hassen die Menschen, die gewalttätig sind, und das erzeugt Gewalt in uns. In diesem Fall ist Gewaltlosigkeit keine Tugend mehr, denn sie hat einen schlechten Einfluss auf deinen Geist. Eine wirkliche Tugend macht dich innerlich friedlich. Sie hilft dir, ohne Gewalt in dir durch das Leben zu gehen. Konflikte entstehen nur in einem verwirrten Geist. Wenn du in einer solchen Situation bist, dann tue besser nichts. Alles, was du in dem Zustand tust, wird keine guten Früchte tragen. Warte, bis du wieder die Klarheit des Geistes hast. Beobachte die Situation mit einem frischen und klaren Geist und entscheide dann. Wenn du den Zustand der Klarheit nicht erreichen kannst, musst du vielleicht einen weisen Menschen zurate ziehen. Ein anderer Mensch kann deine Situation vielleicht ohne Emotionen sehen und dir weiterhelfen. Wenn du wirklich im Konflikt bist, musst du lernen, ruhig zu bleiben. Wenn der Geist im Zustand der Klarheit ist, kommen wieder angenehme und positive Gedanken. Klarheit und Leichtigkeit sind die Aspekte eines gereinigten Geistes. Derjenige, der ständig nur angenehme und gute Gedanken hat, hat keine Probleme. Negative Gedanken sind die Unreinheiten des Geistes, die aus sich selbst heraus wie eine Lawine wachsen.

Wir sollten die Tugenden in uns stärken und uns von Anfang an immer wieder daran erinnern, dass Gutes so unnütz ist wie Schlechtes, um ein befreites Leben zu führen. Wenn ich nur am Guten festhalte, dann wächst Ablehnung dem Schlechten gegenüber. Dadurch entsteht ein Konflikt. Ablehnung aktiviert das Schlechte in uns. Wenn wir uns gegen etwas stellen, wächst es dadurch. Wie das Verlangen die Nahrung für das Gute ist, so sind Ablehnung und Hass die Nahrung für das Schlechte. Hier verfangen wir uns leicht. Das Gute ist dafür da, um vom Schlechten wegzukommen, aber nicht dafür, sich am Guten festzuhalten. Wenn du dem Gutsein einen sehr hohen Wert zumisst, dann bekommst du Probleme. Die positiven Kräfte sind nützlich, um die negativen Kräfte unseres Geistes auszulöschen. Wenn du versuchst, das Schlechte von dir wegzuschieben, rückt es näher an dich heran. Du störst dich an etwas, dadurch dringt es in deinen Geist ein und bleibt dort hängen. Daher ist Gleichmut dem Schlechten gegenüber notwendig. Ein gereinigter Geist ist ruhig, er schätzt die guten Eigenschaften ohne Ablehnung dem Schlechten gegenüber. Wenn du das Schlechte hasst, dann kommt es zum Konflikt, und du musst kämpfen. Wenn du wirklich intelligent bist, kannst du ohne Kampf durch den Prozess der Reinigung hindurchgehen.

Befreiung ist nicht das, was am Ende unseres spirituellen Weges steht, Befreiung ereignet sich ständig auf dem Weg. Mit einer starken Sensibilität hinsichtlich dessen, was außen in der Welt geschieht, kannst du sehr wohl unterscheiden, was gut und schlecht ist, aber dennoch hast du die Freiheit, nicht zu reagieren: Das ist Befreiung. Das heißt nicht, dass du unsensibel wirst. Sensibilität ist ein wichtiger Aspekt des spirituellen Wachstums. Aber Sensibilität mit einem kritischen Geist macht dein Leben zur Qual. Das Gute und das Schlechte zu überwinden, ist das Ziel der Reinigung. Beides mit Gleichmut und einem neutralen Geist zu betrachten, ist Befreiung. Kultiviere das Gute, aber halte dich nicht am Guten fest. Verstehe sehr genau, warum du das alles tust. Analytisch zu sein, ist gut; wenn du aber kritisch bist, hast du die Tendenz, auf das Gute und das Schlechte zu reagieren. Ohne die innere Reaktion bist du analytisch, und das kannst du kultivieren. Wenn du mit Reaktion analysierst, dann wirst du überkritisch und reagierst mit Ablehnung dem Schlechten gegenüber. Wenn du so kritisierst, dann siehst du die Dinge emotional und lehnst das ab, was schlecht ist. Durch diese Ablehnung hast du dann das Schlechte in dir. Anstatt dich zu reinigen, nimmst du mehr Unreinheiten in dich auf. Analyse ist wichtig, aber du hast die Klarheit nur, wenn du nicht reagierst, denn nur dann kannst du wirklich wählen. Erkenne, was in deinen Gedankenprozessen unnütz und hinderlich ist, nur dann kannst du es fallen lassen. Die intellektuellen Knoten, in denen du dich verfangen hast, öffnen sich dadurch.

Wenn ein ehemaliger Trinker diejenigen zu hassen beginnt, die noch trinken, dann ist das doch paradox. Als er trank, war es schädlich für seine Gesundheit, und er litt darunter, und nun bekommt er durch Ablehnung und Hass vielleicht hohen Blutdruck und ein Magengeschwür. Er spart jetzt zwar Geld, aber der Leidensdruck bleibt. Vielleicht ist es sogar besser, Alkohol zu trinken, als andere Menschen zu hassen. So kann es dir auch mit anderen Tugenden passieren, die du anstrebst. So ist es zum Beispiel mit der Wahrhaftigkeit. Der Unwahrhaftigkeit in anderen Menschen kannst du nicht mit Hass begegnen. Einem ähnlichen Problem begegnen wir in vielen Religionen. Sie lehren, das Gute zu lieben und das Schlechte abzulehnen. Durch diese Ablehnung verbleibt das Leid. Wenn du leidest, spielt das Warum keine Rolle. Hier verfangen sich viele Menschen, da sie sich Schuldgefühle aufzwingen lassen. Erkenne zunächst die Schuldgefühle in dir ohne die Vorstellung, dass du deshalb ein Sünder bist und dich dadurch minderwertig fühlen musst. Es heißt in der Bibel: »Liebe deinen Nächsten wie dich selbst.«[18] Aber wie kann ich dies tun, wenn ich mich nicht zunächst einmal selbst lieben und akzeptieren kann. Wenn du dich selbst verurteilst, dann verurteilst du auch das Göttliche in dir! Wenn du dich selbst herabsetzt, verurteilst du dich, und das ist dann Sünde. Es gibt keinen Grund, dich schuldig zu fühlen.

Sei wahrhaftig, denn wenn du lügst, fühlst du dich schuldig. Du sollst auch nicht stehlen, damit keine Schuldgefühle in dir entstehen. Alle diese moralischen Gebote dienen zunächst dazu, dich vor deinem eigenen Leid zu schützen. Aufgrund von Schuldgefühlen und der Idee der Minderwertigkeit entstehen Komplexe in uns. Hättest du keine Komplexe, dann hättest du auch keine Hemmungen und somit keine Probleme im Umgang mit der Welt. Diese Komplexe entstehen aufgrund von Unwissenheit. Die Unwissenheit kannst du durch das Wissen überwinden. Dadurch wird es dir möglich, dir selbst zu vergeben.

Du sollst gewaltlos leben, sodass du die ganze Welt gewaltlos sehen kannst. Experimentiere mit diesem Wissen und sieh, wie es für dich wirkt. Selbst wenn du dieses Wissen von einem Kind oder von einem Narren beziehen kannst, nimm es und wende es an. Dies verdeutlicht eine alte Geschichte aus der indischen Mythologie. Sie handelt von einem König, der diesen Konflikt in sich austrug. Er litt sehr am Leiden der Welt und wollte das Gute. Eines Tages sah er einen Wasserbüffel. Jemand schlug den Wasserbüffel, der aber blieb gleichmütig stehen, als wenn nichts passieren würde. Da betrachtete der König den Büffel und sah mit Verwunderung, dass dieser durch die Schläge nicht gestört wurde. Er dachte, ich bin doch eigentlich intelligenter als so ein Büffel. Warum stört mich also die Welt so? Er sah und erkannte den Gleichmut des Wasserbüffels und erfuhr dadurch die Erleuchtung. Der Lehrer kann überall sein. Es muss kein Guru sein, der einen langen Bart hat. Du kannst die Wahrheit auch woanders erkennen, wenn du die Bereitschaft dazu hast.

18 Matthäus 19,19.

Was ist mit all den sozialen Konflikten in der Gesellschaft?

Die sozialen Konflikte werden dir aufgezwungen im Rahmen bestimmter Wertvorstellungen. Entscheide aus deiner eigenen Klarheit heraus! Wenn du eine Schlange siehst, die einen Frosch tötet, fühlst du dich vielleicht schuldig, wenn du nicht eingreifst. Wenn du der Schlange den Frosch wegnimmst, bist du vielleicht schuldig, weil sie jetzt nichts zu fressen hat. Was machst du? Wenn du entspannt bist, brauchst du keine Entscheidung zu fällen. Je entspannter du bist, umso mehr geschieht es einfach, dann übernimmt die Natur die Entscheidung. Je mehr du kämpfst, umso schwieriger werden die Situationen und die Konflikte.

Aber es herrscht so viel Gewalt in der Welt.

Die Gewalt ist in dir, nicht in der Welt. Es fängt mit dir an und hört mit dir auf. Wenn Tausende von Menschen in einem Krieg umkommen, dann klagst du die Kriegführenden an. Wenn Tausende in einer Flut oder durch ein Erdbeben umkommen, dann kannst du niemanden anklagen und niemanden hassen. Sieh alles als ein Gesetz der Natur an. In dem Moment, in dem du hier unterscheidest, kommt Gewalt in dir auf. Wenn du hinfällst und dich verletzt, dann versorgst du einfach nur die Wunde. Wenn dich jemand hinwirft, dann ist vielleicht der Schmerz bald vergessen, aber der Hass auf den anderen Menschen bleibt in dir. Also versorge deine Wunde und vergib ihm.

Deshalb sieht man Jesus als einen so großen Menschen an. In dem Moment, in dem er gekreuzigt wurde, als er durch Qualen ging, war er nicht in Wut – er bat um Vergebung: »Vater, vergib ihnen, denn sie wissen nicht, was sie tun.«[19] Das bedeutet »Mitgefühl«. Das Größte im Christentum ist die Ablehnung der

19 Lukas 23,34.

Sünde und die Güte dem Sünder gegenüber.[20] Hasse nicht den Menschen, der sündigt. Es ist schwierig, diese Gedanken anzunehmen, solange du emotional verwickelt bist und Zerstörung als einen ungewollten Aspekt des Lebens betrachtest.

Es ist wichtig, etwas zu essen, um den Körper am Leben zu erhalten – aber die Verdauung und die Ausscheidung sind doch genauso wichtig. Beides gehört zusammen. Die Zerstörung ist ein unausweichliches Gesetz der Natur. Die Natur weiß, wie sie das alles regeln kann, um sich selbst zu erhalten. Die Welt ohne Gewalt zu sehen, ist nur möglich, wenn du von deiner eigenen Gewalt loskommst. Es gab noch keine Zeit auf der Erde, in der es keine Gewalt gab. Die Welt kann nicht existieren ohne die Zerstörung.

Dann ist Krieg also auch ein Naturgesetz?

Wenn du es ganzheitlich siehst, dann ist der Krieg auch ein Phänomen, das durch die Gesetze der Natur bestimmt ist, wie Erdbeben oder Vulkanausbrüche Auswirkungen physikalischer Naturgesetze sind. Komme von deiner eigenen Gewalt los. Wenn du das Schlechte hasst, trägst du zur Gewalt bei. Um das Gute zu schätzen, brauchst du das Schlechte nicht zu hassen. Akzeptiere es. Man muss nicht zu dem einen Ja und zu dem Anderen Nein sagen. Wenn du hinter die Logik gehst, dann kommst du zur Weisheit und lernst, die Dinge so zu schätzen, wie sie sind.

Du hast die Freiheit, etwas zu ändern. Also fängt es mit dir an. Wenn es eine Möglichkeit gibt, Krieg zu verhindern, dann beginnt es immer nur mit dir. Es beginnt mit deinem eigenen positiven Beitrag. Wenn du die Verantwortung auf dich nimmst für alles, was in der Welt passiert, dann wirst du von deinem Leidensdruck nie loskommen. Die Welt und die Natur küm-

20 Jesus und die Sünderin, Johannes 8,11: »Ich verurteile dich nicht, geh hin und sündige nicht mehr.«

mern sich um sich selbst. Das war schon so, bevor du geboren wurdest, und auch wenn du nicht mehr da bist, wird es so sein. Wir haben viele Vorstellungen und hohe Ideale, wie alles unserer Ansicht nach sein sollte. Wir finden sogar Fehler in der Natur und versuchen, diese zu verbessern. Selbst wenn alles zerstört wird, was dann? Es platzt wie eine Blase, es transformiert sich und geht weiter. Ohne Tod kann auch kein Leben sein. Zerstörung und Tod sind Aspekte des Lebens. Der emotionale und sentimentale Blick kann schlecht wahrnehmen, wie einfach es tatsächlich ist. Gewalt ist nichts Objektives, sie ist rein subjektiv. Solange du Gewalt objektiv siehst und sentimental verhaftet bist, findest du keine Lösung. Entweder leidest du und versuchst, Lösungen im falschen Bereich zu finden, oder du wirst weise und trägst nicht weiter zu diesem Kreislauf des Leidens bei. Das ist die Freiheit, die wir haben.

Bis zu dem Ausmaß, in dem es in deiner Macht steht, etwas zu tun, ändere die Welt. Aber wenn es nicht innerhalb deiner Möglichkeiten liegt, lass deine Ambitionen los. Du kämpfst gegen etwas mit hohen Idealen, wofür du keine Verantwortung trägst. Es gibt keine höheren Werte, aufgrund derer die Welt zu verändern wäre. Lerne die Weltverbesserung aufzugeben und dir selbst und anderen zu vergeben, das ist wichtig!

Wenn du das nicht kannst, wählst du das Leiden. Wenn du Frieden willst, dann sorge dich um den Frieden in dir. Wenn du denkst, dass du erst dann friedlich wirst, wenn du die Gewalt äußerlich aufhalten kannst, dann wirst du diesen Frieden niemals in dir finden. Dann kannst du auch keinen wirklichen Beitrag für eine friedliche Koexistenz der Menschheit leisten. Es ist die Unwissenheit in uns, die bewusst den Leidensdruck sucht. Nur von einem neutralen Standpunkt aus kannst du alles mit großer Klarheit sehen. Sei praktisch und nicht sentimental oder emotional. Damit entschärfen sich Konflikte. Solange wir die Emotionen nähren, werden immer wieder neue Konflikte auftauchen.

Mangelt es uns an Vertrauen, die Dinge so klar und realistisch zu sehen?

Ja, genau. Wir haben das Vertrauen in eine höhere Kraft verloren, die sich allem annimmt. Nenne diese Kraft Natur, Gott, oder wie immer du willst. Jeder kann nachvollziehen, dass die Natur da ist und sich ihrer selbst annimmt. Es kann da nichts schiefgehen. Seit Millionen von Jahren ist das so geschehen und wird auch weiter so geschehen. Das Vertrauen darfst du haben. Wenn du Vertrauen in das Göttliche hast, gibst du die Verantwortung ab, aber dann beschwere dich nicht mehr. Wenn du aufgibst, solltest du auch aufhören, dich zu beklagen. Wenn du Vertrauen hast, kannst du nicht überall noch Fehler suchen.

Wenn du kein Vertrauen hast, erscheint dir das Leben wie ein Schlachtfeld. Du bist nervös und ängstlich. Vertrauen ist nicht einfach nur ein Gedanke, sondern es ist die Kraft, die es dir ermöglicht, durch das Leben leicht hindurchzugehen. Woher weißt du zum Beispiel jetzt, dass du Fahrrad fahren kannst? Du hast es vielleicht vor ein paar Tagen das letzte Mal getan. Wieso bist du dir jetzt sicher, dass du es immer noch kannst? Das ist das Vertrauen. Vertrauen in Gott zu haben, ohne Vertrauen in sich selbst, bringt dir keine Erfüllung. Es ist einfach, zu sagen, dass man Vertrauen in Gott hat und er sich um alles kümmert. Das ist bequem. Aber trotzdem beschweren wir uns. Das ist das Doppelspiel, das wir spielen. Selbstvertrauen und Gottvertrauen gehören zusammen. Entweder gibt es Vertrauen oder Beschwerden. Beides zusammen geht nicht.

Wir besitzen sogar die Arroganz zu beurteilen, wie die Dinge in der Natur ablaufen sollten. Dabei geschieht einfach alles nur, und du kannst es ohnehin nicht aufhalten. Indem du beurteilst, was richtig und falsch ist, schaffst du dir Leid, sonst geschieht nichts. Du solltest einfach, bescheiden und demütig sein. Erkenne, dass du weder bedeutend noch verantwortlich für die Schöpfung bist. Deine Probleme und dein persönliches Leiden sind vollkommen unwichtig, wenn du sie in Relation zur Schöpfung siehst. Wenn du deine Vorstellung einmal ausdehnst und deine irdische Existenz hier betrachtest, dann siehst du, wie klein du bist.

Wie kann ich nun meinen inneren Frieden finden?

Solange du eine vorgefasste Meinung hast, wie eine bestimmte Situation aussehen sollte, in der du friedvoll sein kannst, dann konditionierst du dich selbst mit dieser Vorstellung. Damit machst du deinen inneren Frieden abhängig von Bedingungen. Damit steckst du einen Rahmen ab. Du hast praktisch mit dir selbst eine Abmachung getroffen, dass du nicht friedlich sein kannst.

Woher kommt die Gewalt?

Ärger und Hass sind die Wurzeln der Gewalt. Die Gewaltlosigkeit nur auf physischer Ebene zu praktizieren, ist nicht genug. Du solltest dies auch auf der Ebene der Worte und Gedanken praktizieren. Du kannst jemandem noch mehr schaden, wenn du mit Worten gewalttätig bist. Du kannst einen Menschen mit Worten innerlich töten. Verwende deshalb eine sanfte Sprache. Auch im Denken sollte keine Gewalt sein. Wenn du in Gedanken jemandem Schaden zufügst, unterscheidet sich das nicht wesentlich von der ausgeführten Handlung. Wie weit du diesen Prinzipien folgen kannst, liegt an dir. Du solltest in einem Zustand innerer Gewaltlosigkeit enden, in dem keine Angst mehr herrscht. Gewaltlosigkeit ist ein Zustand der Angstlosigkeit. Wenn du absolut keine Gewalt in dir hast, dann wird auch alles um dich herum gewaltloser.

Reagiere ich denn nicht auch instinktiv? Wenn mir jemand mit Gewalt begegnet, ist meine Angst auch ein Selbstschutz.

Es ist aber nicht notwendig. Wenn du keine Angst hättest, würde dich keiner angreifen. Wenn du vollkommen angstfrei wärst, könntest du die Gewalt kraft deines Geistes anhalten.

Es gibt eine interessante Begebenheit des Königs von Mysore. Der König dieser Stadt war hochgelehrt. Er war an allen Aspekten des Wissens interessiert und besonders an allen spirituellen Lehren. Eines seiner Hobbys war die Jagd. Der König ging mit seinem Diener zusammen in den Dschungel zum Jagen. Sie jagten Tieren nach, bis sie müde wurden und vom Pferd abstiegen. Unter einem Baum machten sie Rast im Schatten. Plötzlich stand ein männlicher Elefant vor ihnen. Ein männliches Tier, das nicht in der Gruppe ist, kann sehr gefährlich und aggressiv sein. Der Diener des Königs nahm sofort sein Gewehr, um auf den Elefanten zu schießen, da er jeden Moment einen Angriff befürchtete. Der König aber blieb gelassen und sagte: »Nein. Berühre dein Gewehr nicht, bis ich es dir sage, sonst fällt dein Kopf.« Der Diener glaubte, nun ohnehin sterben zu müssen. Der König blieb gefasst und betrachtete den Elefanten. Dieser kam auf sie zu, und einige Meter vor ihnen hielt er plötzlich an. Es schien, als ob eine Kraft ihn zurückhielt. Er wirbelte mit seinen Vorderfüßen eine große Staubwolke auf und trompetete laut. Nach einigen Minuten beruhigte er sich, stand für einen Moment still da und ging wieder weg. Diese Geschichte ist ein dokumentierter Vorfall. Der König hat den Elefanten vollkommen angstlos betrachtet, während der Diener halb tot vor Angst war. Als er wieder normal atmen konnte, fragte er: »Woher wusstest du, dass der Elefant uns nicht töten wollte?« Der König sagte: »Ich wusste nicht, ob er uns töten wollte, aber ich habe mich plötzlich an ein Mantra[21] erinnert, das ich in der Ju-

21 Ein *Mantra* ist ein spiritueller Rezitationstext oder auch nur ein heiliges Wort oder eine Silbe.

gend bekam. Mein Guru gab mir ein Mantra und sagte, dieses Mantra habe die Kraft, auch einen wilden Elefanten aufzuhalten. Das wollte ich jetzt mal ausprobieren. Ich habe das Mantra, aber wo sonst kann ich einmal einen wilden Elefanten treffen? Es hat funktioniert.« Es war nicht das Mantra, das da funktioniert hat, sondern das Vertrauen des Königs in das Mantra und seine Angstlosigkeit.

Wenn Ärger die Wurzel der Gewalt ist, wie kann ich dann davon loskommen?

Ärger ist eine große Schwäche in uns. Oft ärgern uns schon kleine Dinge, die nicht nach unseren Vorstellungen verlaufen. Der Ärger macht sich immer an einem bestimmten Grund fest. Du rechtfertigst dies, und dadurch verstärkt sich alles nur noch mehr. So wird aus der »Mücke ein Elefant«. Der Ärger, den du rechtfertigst, verstärkt sich in dir, du benötigst weitere Rechtfertigungen, und dadurch entsteht ein leidvoller Kreislauf. Es ist, als ob du dich im Schlamm verfängst und nicht mehr herauskommen kannst.

Es gibt eine Möglichkeit, diesen Kreislauf zu durchbrechen. Statt dich am Grund festzuhalten, betrachte, was in dir geschieht. Ärger braucht ein Objekt, worauf er sich fokussieren kann. Du kannst dich nur über jemanden oder etwas ärgern. Wenn da kein Objekt ist, auf das du dich fokussieren kannst, kann auch kein Ärger da sein. Ärger, der nicht mit einem Grund verbunden ist, kann nicht wachsen. Lerne, diese Verbindung zu lösen, und versuche einfach, mit diesem Ärger in dir zu verweilen. Keine Flucht. Es gibt da nichts zu tun. Der Ärger verbleibt für einige Zeit in dir und löst sich irgendwann auf. Wenn du versuchst, davor wegzurennen, wird es schlimmer. Verweile mit ihm, dann merkst du, dass es nur noch eine Form der Unruhe ist, die sich irgendwann von selbst auflöst. Anfangs ist es sehr schwierig, dies zu praktizieren, aber mit geduldiger und stetiger Übung gelingt es immer besser. Irgendwann funktioniert es dann auch in schwierigen Situationen. Das ist die praktischste Möglichkeit, um diesen Zyklus zu unterbrechen.

11
Genuss

Verhaftung mit Genüssen .... Der Sättigungspunkt .... Frustration .... Mäßigung .... Flexibilität und Durchhaltevermögen .... Konsum .... Umgang mit Energien .... Die andere Art der Freude .... Widerstandsfähigkeit .... Neutralität der Objekte .... Sexualität .... Verlangen und Erfüllung

Gelebte Spiritualität hat die Kraft, den Drang nach Genüssen in spirituelles Verlangen zu transformieren. Aber wir machen viele Kompromisse auf unserem spirituellen Weg und sagen dann, dass der Fortschritt zu langsam sei und dass Yoga und Meditation uns in den letzten Jahren kein Wachstum gebracht hätten. Wir sind immer noch den Objekten verhaftet, die uns Genuss verschaffen. Die Welt ist bedeutsam für uns, weil wir immer noch den Eindruck haben, dass sie uns Genuss vermitteln kann. Dadurch versklaven wir uns der Welt gegenüber und verlieren unsere Freiheit.

Wenn du über die Sinnesorgane mit der äußeren Welt in Kontakt bist, gibt dir dies die Erfahrung von Freude und Genuss. Durch die Zunge erfährst du den Geschmack, mit den Ohren hörst du den Klang, mit den Augen siehst du die Welt, mit der Nase erfährst du die Gerüche, und durch die Haut fühlst du die Berührung. Die Beschränktheit der Genüsse liegt darin, dass sie alle einen Sättigungspunkt haben. Jeder anfängliche Genuss verliert sich mit der Zeit. Eine riesige Industrie bemüht sich mit immer neuen Attraktionen, das Verlangen in dir wachzuhalten. Wenn du zum Beispiel mit dem einfachen Essen nicht mehr zufrieden bist, kannst du exotische und ausgefallenere Speisen zu dir nehmen. So kannst du in allen Bereichen des Vergnügens Steigerungen erfahren. Aber irgendwann erschöpft dich dieser

Prozess der Maßlosigkeit. Je mehr du zu den Extremen gehst, desto mehr verbrauchst du deine Energie durch die Sinnesorgane, und die verlieren dabei die Sensitivität. Sie geben dir irgendwann nicht mehr die Freude, die sie dir vorher gaben, und versagen dir die Vermittlung des Genusses. Sie nutzen sich ab, lassen nach, und daher brauchst du dann stärkere Stimulationen. Du machst dies so lange weiter, bis dir auch die größte Stimulation kein angenehmes Gefühl mehr vermitteln kann. Dann hast du das Gefühl, dass du alt wirst, bist frustriert und hast keine Lebensfreude mehr. Die zwei Gesichter dieser Frustration sind Gewalt und Depression. Die Frustration zerstört entweder dich selbst in der Form der Depression, oder du zerstörst andere, wenn sie sich als Gewalt ausdrückt.

Die Lösung liegt nicht darin, dir Genüsse zu versagen. Das würde das Problem nur verstärken. Wenn in dir Wünsche entstehen, erfülle sie dir, aber versuche, mäßig zu sein. Es ist eine Gewohnheit in uns, jeden Genuss voll auszukosten. Wenn du lernst, die Freude mit wenig zu bekommen, dann ist die Freude intensiver. Sonst verhätschelst du deine Sinnesorgane, wie manchmal Kinder verhätschelt werden. Solche Kinder müssen alles sofort haben, sonst schreien sie. Genauso ist es mit dem vielfältigen Verlangen unserer Sinnesorgane. Entwickle die Fähigkeit, dich zurückhalten zu können, ohne dabei etwas zu unterdrücken. Wir verhätscheln uns ständig im Namen der Bequemlichkeit. Wir verengen damit die Flexibilität, die wir natürlicherweise haben. Wir haben ganz spezifische und oft auch recht komplizierte Vorstellungen, wie etwas sein muss, damit wir uns wohlfühlen! Wir konditionieren uns mehr und mehr und verengen so unser Spektrum. In diese Bequemlichkeit zu versinken, ist leicht – wieder herauszukommen, ist sehr schwierig. Diese Bequemlichkeit bringt dich sehr schnell in eine Abhängigkeit.

Lerne, ein gewisses Maß Schmerz im Leben zu akzeptieren, sodass dein Durchhaltevermögen beim Ertragen von physischen sowie psychischen Schmerzen wächst. Du wirst flexibler, und dadurch wird dein Leben einfacher. Wenn du das lernst, dann können dir die kleinen Probleme des Lebens nicht mehr viel anhaben. Die meisten Menschen sind nicht bereit, Schmerz auf sich zu nehmen. Wenn du dazu nicht bereit bist, wirst du keine Fortschritte machen. Wenn dein Körper steif ist und du ihn flexibel machen willst, dann musst du einige Übungen machen. Dabei verspürst du anfangs körperliche Schmerzen. Aber dies ist eine unausweichliche Phase, durch die du hindurchgehen musst. Der Schmerz kommt und verschwindet auch wieder. Lerne, durch schwierige und schmerzhafte Situationen hindurchzugehen! Überwinde deine Beschränkungen und Schwächen! Die meisten Dinge, die unser Leben langfristig positiv beeinflussen, sind anfangs nicht angenehm; die meisten Dinge, die uns in Abhängigkeit bringen und dadurch schwächen, sind anfangs angenehm, aber am Ende unangenehm.

Im westlichen Kulturkreis ist es völlig normal geworden, immer mehr und unreflektiert zu konsumieren. Lerne, mit weniger zu leben. Nicht weil dir das jemand sagt, sondern einfach nur, weil du die einfachen Prinzipien verstehst, die dir dein Leben langfristig verschönern. Es liegt an dir, wie weit du davon Gebrauch machst. Keiner kommt an deine Tür und überprüft, ob du das tust oder nicht. Du tust es nicht für andere, nur für dich selbst. Bis zu welchem Ausmaß du Mäßigung praktizieren kannst, liegt an dir. Wenn du irgendwo anfängst, dehnt sich das auf alle anderen Lebensbereiche aus. Spiritualität redet nicht nur einfach darüber, mit allem aufzuhören, sie empfiehlt die willentliche Mäßigung in allem, was uns hilft, mit einer einfachen und natürlichen inneren Zufriedenheit wieder in Kontakt zu kommen. Diese Zufriedenheit macht uns von den Genüssen unabhängiger und stärkt dadurch unsere Willenskraft. Das ermöglicht uns, Mäßigung ohne Unterdrückung zu praktizieren. Wenn ein Kind am Daumen lutscht, holt man den Daumen raus und gibt ihm einen Schnuller. Du gibst ihm etwas, was das Kind noch mehr mag. So ist es hier. Du bekommst einen besseren Ersatz, und dadurch wird es für dich einfacher, von diesen Dingen loszukommen. Glücklich zu sein mit einem Minimum, gibt dir eine größere Freiheit. Es braucht viel Intelligenz, um aus dieser Falle herauszukommen. Wie viele Dinge du im Leben kaufen kannst, das ist nicht der Test für deine Intelligenz. Das Wertesystem in Spiritualität ist genau umgekehrt. Du kommst mit wenigen Dingen aus und fühlst dich wohl.

Solange du dem Verlangen der Sinne vollkommen nachgibst, kannst du kein schnelles Wachstum erwarten. Es ist daher wichtig zu lernen, wie man mit seinen Energien umgeht. Bei jedem Genuss, den du erfährst, gibst du Energie ab. Die Erleichterung, die du verspürst, ist das, was wir als Genuss empfinden. Wenn du sie nicht abgibst, staut sich die Energie im Kopfbereich an, und dadurch entsteht ein Druck, den wir als Langeweile empfinden. Du möchtest die Energien abgeben. Wenn die Langeweile stärker wird, kommt Unruhe auf, und du brauchst eine Handlung wie Lesen, Laufen oder Reden, bei der die Energien wieder abgegeben werden. Sobald das passiert, reduziert sich der Druck wieder, und du erfährst Erleichterung. Wenn du immer mehr und intensivere Genüsse erlebst, bekommst du auch eine größere Erleichterung. Das ist der Grund, warum du dich auf die Welt der Genüsse immer mehr einlässt, bis du irgendwann den Sättigungspunkt erreichst, und dann geht es in das Gegenteil über. Du fühlst dich müde und erschöpft. Wenn du diesen Kreislauf in dir verstärkst, werden dadurch immer wieder neue Energien produziert. Die treiben dich immer mehr dazu, Dinge zu tun und den Genüssen nachzujagen. Aber je mehr du diesen Prozess beschleunigst, desto weniger Erleichterung erfährst du. Es führt dich unausweichlich irgendwann in Frustration oder Depression. Im Yoga lernen wir, die Produktion dieser Energien zu verlangsamen. Wir lernen, durch bewusste Entspannung mit den Energien umzugehen. Wenn du entspannt bist, verlangsamt sich dieser ganze Prozess.

Seit unserer Geburt sind wir in Bewegung, denn dadurch geben wir Energien ab. Es ist ein innerer Zwang, bei dem wir keine Wahl haben. Das ist das ursprüngliche Leid, mit dem du geboren bist.[22] Jede Handlung ist ein Ausdruck dieses Leides. Jedes Elend kommt aus der Hilflosigkeit dieses inneren Zwanges. Aber du kannst die innere Freiheit entwickeln, davon loszukommen. Wenn du diesen Zwang überwindest, bist du frei. Das zu verstehen ist die Basis von Spiritualität.

Wenn sich im Zustand tiefer Entspanntheit diese inneren Kräfte auflösen, dann erfährst du dies als eine Ausdehnung. Diese Erfahrung ist nicht nur intensiver, sondern auch reiner als jede Art von Genuss. Die Qualität der Freude, die du in der Ausdehnung bekommst, ist etwas vollkommen anderes. Sie lässt sich nicht mit der Freude vergleichen, die du aus den Genüssen bekommen kannst. Deswegen wird diese Erfahrung »göttlich« genannt. Du erlebst einen tiefen inneren Frieden, den du sonst nirgendwo erfahren kannst. Ein Mensch kann um diese Zufriedenheit nicht wissen, wenn er sie nicht selbst erfahren hat. Selbst in einer kleinen Ausdehnung kannst du den qualitativen Unterschied der Freude sehen. Du erfährst Schönheit, Gewaltlosigkeit und Frieden. Es ist etwa vergleichbar mit sanfter Musik, bei der du auch eine feine Qualität der Freude erlebst. Auch das Gefühl der Liebe reicht an die Qualität dieser Erfahrung nahe heran. Warum isst du immer nur die Schale der Frucht? Hör auf damit und iss die Frucht, sie ist viel besser als die Schale!

Du kannst keine Beweise dafür erwarten, du kannst es nur durch deine eigene Erfahrung wissen. Das ist die Beschränktheit, wenn man sie als solche überhaupt bezeichnen kann. Sei in deinem Gefühl und lerne, ohne Grund zufrieden zu leben, und lass das die unterstützende Kraft sein. Hole dir die Unterstützung nicht woanders. Lerne, an deiner Quelle zu leben, dann vermisst du nichts, und du bist nicht auf die Genüsse angewiesen. Du erfährst Unabhängigkeit und Freiheit.

Das will die folgende Geschichte sagen: Die Menschen gingen zu Gott und sagten: »Du hast uns erschaffen und diese Welt gegeben, gib uns nun auch die Kraft, dass wir alles bekommen können, was wir möchten. Warum gibt es da immer wieder Einschränkun-

22 Siehe dazu auch Kapitel 18.

gen?« Gott antwortete: »Gut, ich hebe alle Einschränkungen auf, ihr bekommt alles, was ihr wollt, aber unter der Bedingung, dass ihr glücklich danach fragt.« Dann verschwand er.

Wenn du glücklich bist, dann fragst du nach nichts. Du fragst nur nach etwas, wenn du nicht glücklich bist. Wenn du unglücklich bist, dann hast du immer das Gefühl, dass es nicht genug ist. Wenn du innerlich zufrieden bist, dann fragst du nach nichts mehr.

Ich kann die Abhängigkeit von Dingen der äußeren Welt erkennen und kann doch achtsam sein, dass es nicht dazu kommt.

Denke nicht, dass du eine Warnung bekommst, bevor du abhängig wirst. Das geschieht meistens, bevor du es überhaupt bemerkt hast. Versuche zunächst einmal herauszufinden, wovon du bereits abhängig bist. Wie lange kannst du es aushalten, nichts zu tun, nicht zu lesen, nicht zu meditieren, keine Musik zu hören, einfach nichts zu tun. Entweder schläfst du ein, oder du wirst total unruhig. Teste es einfach einmal aus, wie viel Unruhe in dir ist und ob du wirklich damit umgehen kannst. Solange du wirklich in allen Situationen und ohne jegliche Hilfsmittel entspannen kannst, bist du unabhängig.

Braucht man Disziplin, um glücklich und zufrieden zu sein?

Ziel ist es, von einem mäßigen Glückszustand zu einem wirklich erfüllten Glück zu kommen. Der Weg dahin ist aber nicht unbedingt immer angenehm. Wenn du durch diese unangenehme Phase nicht durchgehen willst, hast du keine Chance. Das ist die Disziplin, die du auf dich nehmen musst. Du kannst mit Sicherheit nicht über deine eigenen Grenzen hinausgehen. Sei aufrichtig und ehrlich mit dir selbst, wenn du dich auf den Weg begibst, und spiele nicht mit dir selbst Verstecken. Du tust es nicht, um es irgendjemandem recht zu machen, du tust es nicht, um jemandem zu gefallen oder jemanden zu überzeugen, es ist ausschließlich nur für dich selbst. Du allein hast den Vorteil von dem, was du tust. Nichts wird dir aufgezwungen.

Wie hilft die Flexibilität, den Zustand des Glücklichseins zu erreichen?

Versuche nicht, in unangenehmen Situationen des Lebens wegzulaufen. Lerne, in diesen Situationen zu sein und durch sie hindurchzugehen. Du bekommst dadurch Kraft und Stärke. Das gibt dir die Flexibilität, in schwierigen Situationen zu bestehen. Wenn du den Drang verspürst, dein Verlangen in irgendeiner Weise zu befriedigen, dann reagiere nicht einfach rein instinktiv darauf. Versuche zu warten und dich zurückzuhalten. Wenn du fünf Minuten warten kannst, warte noch mal fünf Minuten und sieh, was geschieht. Es ist ein Experiment mit dir selbst.

Kann ich diese Kraft in mir so stark entwickeln, dass mich selbst der Verlust eines nahestehenden Menschen weniger berührt?

Du entwickelst eine innere Stärke und Kraft allem gegenüber und in jedem Bereich. Deine gesamte Persönlichkeit wird beeinflusst. Die emotionale entspringt der physischen und mentalen Widerstandsfähigkeit. Wenn du diese im mentalen Bereich entwickelst, dann verringert sich die Intensität der Emotionen ganz natürlich. Widerstandsfähigkeit bedeutet, dass sich deine Reaktionsmuster verringern. Damit vermindern sich auch deine Emotionen. Selbst wenn jemand stirbt, gehst du nicht mehr durch eine so tiefe Leidensphase. Es wird dich berühren, du wirst leiden, aber du wirst dich rascher wieder davon erholen können.

Ist das dann die Fähigkeit, neutral zu beobachten, so wie bei den Asanas[23]?

Da fängt es an. Wenn du in der Asana-Position stehst, dann ist das einerseits angenehm, aber andererseits erfährst du auch unangenehme Gefühle wie Dehnungen und Spannungen. Das sind die Situationen, in denen du lernst, mit den unangenehmen Gefühlen umzugehen und neutral zu bleiben. Das gibt deinem Geist Stärke, nicht nur deinem Körper. Yoga ist nicht nur für den Körper, es ist überwiegend für den Geist. Der Körper wird benutzt, um geistige Stärke zu erreichen. Das ist die Disziplin. Verstehe das und folge dem, dann wirst du die Früchte davon ernten. Verständnis ist wichtig, aber wichtiger ist es, dem zu folgen, was man als richtig erkannt hat.

Heißt dann Disziplin: den Schmerz wahrnehmen und beobachten?

Es bedeutet Durchstehvermögen. Disziplin bedeutet, ohne Reaktion durch eine Situation hindurchzugehen. Du brauchst dir aber nicht noch freiwillig Schwierigkeiten aufzuladen. Es gibt Menschen, die stellen sich im Himalaja in eiskaltes Wasser oder schlafen auf einem Nagelbett, um das Durchstehvermögen zu trainieren. Du brauchst dir das Leben nicht noch schwieriger zu gestalten, es ist schwierig genug. Versuche, durch das Leben neutral und ohne Reaktion hindurchzugehen. Wenn du das lernst, kann dich nichts mehr wirklich stören. Du kannst nicht sagen: Ich will keine Probleme mehr im Leben. Dann bist du nicht tauglich für das Leben. Du kannst nur die Stärke entwickeln, mit den Schwierigkeiten zurechtzukommen. Befreiung ist nicht weit weg. Du bist bis zu dem Ausmaß befreit, wie du die Wahl hast, in schwierigen Situationen nicht zu leiden.

Einerseits machst du die Übungen der Disziplin und anderer-

23 *Asanas* sind die verschiedenen Körperhaltungen des Yoga.

seits die der Entspannung. Lerne, durch die Entspannung innere Zufriedenheit zu entwickeln. Das macht es dir möglich, mit der Disziplin auch weiterzugehen. Beides sollte Hand in Hand gehen. Auch wenn du dieses Prinzip ganz verstanden hast, aber trotzdem noch an die Genüsse glaubst, dann mach weiter, ohne dich schuldig zu fühlen. Sieh selbst, wie weit du damit kommst. Dann wirst du die Lektion mit Sicherheit in einer schmerzhafteren Weise lernen müssen. Wenn dein Geist sich an die massiveren Stimulationen gewöhnt hat, werden die niederen und sanfteren Stimulationen nur noch langweilig und frustrierend sein. Irgendwann ist das eine Sackgasse. Wir haben vollkommene Freiheit, nur wir selbst sind für uns verantwortlich. Wir können niemanden anklagen. Wir haben die Intelligenz und die Freiheit. Sie zu nutzen, liegt allein in unserer Verantwortung.

Aber es gibt doch Dinge, die mir Freude machen?

Du isst zum Beispiel gerne Eiscreme. Ich lade dich zum Eis ein, du isst es, und ich frage dich, wie es dir geschmeckt hat. »Wunderbar.« »Gut, dann iss noch eines.« Du isst weiter, und beim vierten Eis beginnt es dir übel zu werden. Oder stell dir vor, jemand weckt dich nachts aus dem Tiefschlaf auf, um dir deine Lieblingseiscreme anzubieten. Wenn es die Eigenschaft des Objektes wäre, dir Freude zu geben, dann müsste dies unter allen Bedingungen zutreffen.

Es ist die Eigenschaft des Feuers, zu brennen. Wie oft und wo immer du Feuer berührst, wird es dich verbrennen. Ob du es in Indien oder in Europa berührst, bei Nacht oder am Tag, ob du es einmal oder hundertmal berührst, es verbrennt dich mit der gleichen Intensität. Ein Objekt an sich hat nicht die Fähigkeit, dir Freude zu vermitteln.

Ist Brahmacharya[24] in der indischen Tradition nicht auch Unterdrückung?

Im orthodoxen Sinn bedeutet dies, sich von der Sexualität vollkommen zurückzuziehen. Vom Praktischen her ist das aber nicht nur auf Sexualität begrenzt. Es geht dabei generell um das Sich einlassen auf Genüsse. Wenn jemand nur der Sexualität entsagt, dann hat er die Forderungen hier noch lange nicht erfüllt. Versuchen wir dies bildhaft zu erklären. In Indien ist der Straßenverkehr für Kinder sehr gefährlich. Es gibt keine Bürgersteige. Alles findest du auf der Straße: Kühe, Hunde, Fahrräder, Autos und Lkws. Wenn die Kinder aus dem Haus gehen, sagt die Mutter immer: Pass auf, wenn du auf die Straße gehst. Pass auf die großen Lkws auf. Das heißt nicht, dass das Kind nur auf die Lastwagen aufpassen soll. Es muss auf alles andere auch aufpassen. Die Mutter erwähnt nur das größte Fahrzeug, die anderen sind in der Ermahnung enthalten. Genauso ist es auch hier. Es ist hier besonders von Sexualität die Rede, weil das ein so machtvoller Trieb in uns ist. Alle anderen Triebe kannst du leichter unter Kontrolle bringen. Der Genuss, den wir durch Sexualität erleben, ist der größte Genuss. Deswegen wird zunächst Sexualität vor allen anderen Genüssen erwähnt. Das heißt nicht, dass du Sexualität hassen sollst. Leider geschieht das in vielen Religionen. Menschen bekommen oft durch orthodoxes Gedankengut Schuldgefühle aufgezwungen. Genuss wird mit Sünde verbunden. Ein sehr starkes sexuelles Verlangen, das immer permanent unterdrückt wird, macht dich innen hässlich. Viele Menschen unterdrücken diese Bedürfnisse aus orthodoxen Gründen. Der Geist pervertiert sich dann. Sie können es nicht ertragen, wenn Menschen auf der Straße ihre Zuneigung zueinander äußern. Anstelle des richtigen Verständnisses von Sexualität wird dieser Lebensbereich zerstört. Wenn du etwas verdrängst, dann kommt es mit noch größerer Intensität zurück.

24 Enthaltung von Sexualität in der indischen Tradition ist vergleichbar mit dem Zölibat im Christentum.

Verstehe, richtig mit den inneren Kräften umzugehen. Sexualität ist eine so starke Kraft, ohne die sich die Natur nicht aufrechterhalten kann. Wenn du das einfach ablehnst und verneinst, bekommst du nur mehr Probleme. Lebe deine letzte Neugierde aus, dann wirst du sehen, dass das alles deine Sehnsucht nicht erfüllt hat. Viele Menschen in den Wohlstandsländern suchen jetzt nach Spiritualität. Sie haben alles durchlebt. Die Genüsse der Welt lösen keine Neugierde mehr aus. Sie haben erfahren, dass das Glück da nicht zu finden ist.

Aber letztendlich muss ich alles Verlangen aufgeben?

Es ist überhaupt nicht notwendig, Verlangen aufzugeben. Das Verlangen an sich hat eine göttliche Qualität. Aber es ist kein spezielles Verlangen, es ist ein ständiges unfokussiertes Verlangen in dir. Es ist nichts anderes, als der Drang, nach Hause zurückzukehren. Wenn du alles Verlangen in ein intensives Verlangen zusammenbringst, dann wird die Erfüllung entsprechend intensiv sein. Die Erfüllung geschieht proportional zu deiner Sehnsucht.

Jede Erfüllung eines Verlangens bringt dich letztendlich da hin, bringt dich näher zum Göttlichen. Im Verlangen liebst du das Göttliche. Je natürlicher du bist, je leichter du dich mit dir selbst fühlst, umso näher bist du DEM. Das ist ein unausweichliches Gesetz des Lebens. Anders könnte sich das Leben nicht aufrechterhalten. Es ist die Frage, welche Anstrengung wir unternehmen, es zu berühren. Es ist nicht notwendig, all die kleinen Dinge zu tun, um da wieder hinzugelangen. Geh nach innen, dann kannst du die Fülle erfahren.

Wenn du in der Hitze Indiens sehr durstig bist, dann wirst du eine frische Kokosnuss schätzen. Der Strohhalm, den du dazu bekommst, ist meistens so dünn, dass es kaum gelingt, den Saft zu trinken. Der Ladenbesitzer gibt dir einen zweiten Strohhalm, aber auch damit hast du keinen Erfolg. Obwohl du dich intensiv bemühst, kommst du nur sehr langsam in den Genuss des Saftes, und du wirst immer ungeduldiger. Du wirfst dann irgendwann die Strohhalme weg und trinkst direkt aus der Kokosnuss. Das ist dann wirklicher Genuss.

Gott nur zu berühren ist so, wie Kokossaft mit einem indischen Strohhalm zu trinken. Spiritualität lehrt dich, den Strohhalm wegzuwerfen und direkt aus der Kokosnuss zu trinken. Spiritualität hilft dir, dein Leben schöner zu machen. Niemand will dich von den Genüssen abbringen. Hier findest du die Quelle aller Genüsse.

12
Emotion und Reaktion

Unsere Zwänge .... Drei Arten der Reaktion .... Erwiderung und Reaktion .... Geschehen lassen .... Perfektion .... Sentimentalität .... Die praktische Sichtweise .... Gleichgültigkeit und Gleichmut .... Ein neutraler Zustand

Ganz tief in uns allen ist eine Hilflosigkeit, die uns ständig zwingt, unseren ursprünglichen und natürlichen Zustand zu verlassen. Wir haben keine Wahl, selbst wenn wir in diesem Zustand verweilen möchten, kommt eine Kraft, die versucht, uns da wieder herauszuholen. Wir sind dazu gezwungen, uns mit dem Ego zu identifizieren. Dieses Ego tritt zunächst einfach nur als »Ich« zutage, ohne jegliche Qualifikation. Aber dann beginnt es, sich mit vielem qualifizierendem Verlangen und Ablehnungen auszudrücken und multipliziert sich dadurch.

Diese Kraft, die dieses eine Problem zu so vielen Problemen multipliziert, nennt man in Sanskrit *Samskara.* Samskaras sind die verschiedenen Zwänge in uns. Dies sind Konditionierungen, die tief in unserem Unterbewusstsein verwurzelt sind. Unsere zwanghafte Reaktion in einer bestimmten Situation nennt man Samskara. Wir reagieren in bestimmten Situationen gemäß den Eindrücken früherer Erfahrungen. Wir reagieren aber in einer gleichen sich wiederholenden Situation nicht notwendigerweise im gleichen Stil und mit der gleichen Intensität; unsere Reaktionen ändern sich ganz offensichtlich. Aber dies bedeutet nicht, dass sich die Samskaras in uns auch verändern. Die sich verändernde Intensität unserer Reaktionen wird durch die Art der energetischen Vorgänge in uns bestimmt, ist also davon abhängig, ob unsere Energien mehr der Kategorie *Sattva, Rajas* oder *Tamas* angehören. Ein Beispiel dazu soll dies verdeutlichen.

Drei Menschen gehen miteinander spazieren, von denen einer mehr die Qualität des Tamas besitzt, der andere mehr die des Rajas, und der Dritte besitzt mehr die Qualität des Sattva. Alle drei gehen zusammen auf einer Wiese spazieren, auf der eine wunderschöne Blume blüht. Der Mensch mit den Energien des Tamas schaut mit Entzücken auf die Blume. Er kann nicht ohne Reaktion an der Blume vorbeigehen, das ist sein Samskara, seine Tendenz, sein Zwang, darauf zu reagieren. Er springt auf die Blume zu, reißt sie aus, und nicht genug damit, beginnt er nun voller Verzückung die Blütenblätter einzeln herauszureißen, zermalmt den Rest in der Hand, lässt sie fallen und läuft weiter. Er fühlt sich wohl dabei, denn dies ist sein Ausdruck der Verbundenheit mit dieser Blume. Auch der Mensch mit den Energien des Rajas springt auf die Blume zu und pflückt sie, aber er reißt nicht ihre Blüten aus. Er nimmt die Blume ganz sorgsam mit sich und wird sie vielleicht als ein Zeichen der Zuneigung jemandem geben, oder er stellt sie bei sich zu Hause in eine Vase. Aber er möchte diese Blume besitzen und möchte einen Vorteil für sich davon haben. Der dritte Mensch, der sattvischer Natur ist, hat den gleichen Zwang, auf die Blume zu reagieren, aber seine Reaktion ist von sehr sanfter Art. Er geht langsam zu dieser Blume, ohne sie zu berühren oder zu beschädigen, und betrachtet ihre Schönheit einfach nur mit einem Gefühl der Freude und der Achtung vor der Natur. Alle drei reagieren auf diese Blume, aber in sehr unterschiedlicher Weise, aufgrund der verschiedenen Energien.

Die Qualität unserer Energien bestimmt, wie intensiv wir auf eine gegebene Situation reagieren. Dies ist ein wichtiger Aspekt unseres Lebens, das wie ein Kreislauf funktioniert. Unsere Samskaras drücken sich gemäß der Intensität aus, die durch die Qualität unserer Energien bestimmt werden, und dies hat wiederum Auswirkungen auf unsere Energien. Je mehr sich unsere Samskaras in der Natur des Rajas ausdrücken, umso mehr sammeln sich Tendenzen des Rajas in uns an. Genau daher können wir unsere emotionalen Probleme nicht lösen, solange wir den

Emotionen Bedeutung beimessen. Die gleiche Tendenz in uns wächst sehr schnell, wenn wir nicht aus diesem Kreislauf ausbrechen. Das ist der Mechanismus oder der innere Ablauf unserer Emotionen.

Stell dir einmal vor, du seist ein guter Chirurg. Wenn du ein Kind operieren sollst, dann machst du es so gut du kannst und mit bester Absicht. Wenn du nun aber dein eigenes Kind operieren sollst, dann ist die Situation für dich viel schwieriger. Du hast auch bei deinem Kind den Wunsch, dass es gesund werden soll, aber da ist ein wesentlicher Unterschied. Hier kommen nämlich Emotionen ins Spiel. Wenn du emotional wirst, reagierst du intensiv, wenn du neutral und gelassen bist, erwiderst du. Wenn du erwiderst, tust du es so wie die Blume dem Sonnenschein gegenüber, wie die Erde dem Regen gegenüber, so wie alles in der Natur harmonisch erwidert. Wenn du natürlich erwiderst, hast du nicht mehr das Gefühl, dass du es bist, der etwas tut. Wenn du in dem guten Gefühl und in innerer Ruhe verweilen kannst, fühlst du die Arbeit nicht mehr. In diesem Zustand geschehen Planen und Arbeiten von selbst. Da gibt es nichts mehr zu verbessern. Wenn du das verbessern möchtest, wirst du es nur verderben.

Nimm einmal an, du würdest ausgesprochen gern singen. Irgendwann stehst du dann vor einem Publikum, und du weißt, dass du jetzt dein Bestes geben musst. Wenn du daran denkst, dann hast du so etwas wie einen Frosch in deinem Bauch, der auf und ab springt vor Aufregung. Obwohl du dich anstrengst, wird es vermutlich keine gute Darbietung. Gut wird die Darbietung, wenn du dich in die Freude des Singens ganz hineingibst. Du vergisst den Gedanken, dass du eine gute Darbietung bringen willst. Du gehst in der Freude auf und genießt es einfach, zu singen. Dann wird dies deine beste Darbietung. Es würde keinesfalls besser sein, wenn du versuchst, es besonders gut zu machen. Das ist das Prinzip für die Arbeit und die Handlungen des Lebens. Das ganze Leben kann ein freudiges Lied und ein freudiger Tanz werden. Singen und Tanzen musst du schon vorher gelernt haben, aber im Leben ist nicht einmal das notwendig. Da ist nichts zu lernen. Du erlaubst einfach den Dingen, dass sie passieren! Verweile einfach mit dem Gefühl des Wohlbefindens in dir und lass es geschehen! Aber die Idee des »Loslassens« macht uns Angst. Viele Menschen sagen, sie könnten nicht vollkommen aufgeben, sie hätten doch ihre Aufgaben und Verantwortung. Aber wenn du entspannt bist, werden Aufgaben und Verantwortung leichter.[25] Alles, was du tun kannst, ist: loslassen. Wenn du das lernst, lösen sich die Hürden auf. Wenn du kämpfst, bleibst du hängen.

Wirkliche Intelligenz bedeutet, mit diesem Verständnis zu handeln, um dich so von deinem eigenen Leid zu befreien. Das schließt auch ein, dass du anderen hilfst. Aber zuerst musst du dir selbst helfen! Wenn du die Verantwortung für dich selbst nicht wahrnehmen kannst, kannst du sie nicht für andere übernehmen. Durch dein eigenes Wohlbefinden wirst du zum Wohlbefinden der Welt beitragen. Wenn du der Welt hilfst, um sie zu verbessern, dann blähst du dadurch nur dein eigenes Ego auf. Lass den Gedanken fallen, dass du irgendetwas für andere tust. Solange du so denkst, suchst du nur deine eigene Bestätigung, und das ist Ego. Wenn ein Mensch deine Hilfe braucht, gib sie ihm. Tu es und vergiss es wieder, dann ist das Ego nicht im Spiel. Solange du denkst, dass du der Welt Gutes tun musst, wirst du immer wieder Schlechtes in ihr finden. Gutes zu tun, wird dann zur Abhängigkeit. Anderen zu helfen, ist eine Tugend. Aber letztendlich hilfst du anderen nur, weil du dir damit selbst hilfst. Das Leid der Menschen reflektiert sich in dir, und du willst von deinem eigenen Leid loskommen. Alles, was du spontan und selbstverständlich tust, wenn du mit dir selbst zufrieden bist, hilft anderen Menschen wirklich. Wenn du glücklich bist, bist du auch weniger egoistisch. Was äußerlich geschieht, ist nicht wichtig – achte auf das, was in dir geschieht. Die Vorstellung, anderen zu helfen, ist tief in uns als Verpflichtung verwurzelt. Wenn du das als Verpflichtung in dir trägst, dann hast du ständig

25 Siehe auch Kapitel 13.

Konflikte mit dir selbst. Du hilfst natürlicher, wenn du innere Ruhe und Gelassenheit hast.

Man sollte nicht ständig versuchen, die Dinge nach eigenen Vorstellungen zu korrigieren. Perfektion heißt nicht, die äußeren Dinge zu manipulieren. Vollkommenheit ist nur da, wenn du selbst mit dir zufrieden bist. Wenn du alles in der Welt sehen kannst, ohne dich zu beschweren, und alles so in Ordnung ist, wie es ist – das ist Perfektion. Du hast ein großes Potenzial in dir, mit den Ereignissen der Welt umgehen zu können. Dich kann in der Welt nur etwas stören, wenn du sentimental von ihr abhängig bist. Wenn du die Stärke hast, die Welt ohne Sentimentalität zu betrachten, dann bist du befreit.

Dein Geist ist konditioniert und gefangen in seinen Vorstellungen wie eine Raupe in einem Kokon. Sie wurden dir durch die Gesellschaft, durch die Religion, durch Eltern und Erziehung eingeprägt. Dadurch kannst du die wirkliche Größe und Schönheit des Lebens nicht mehr erkennen. Wenn dir spirituelle Lehrer die Wirklichkeit aufzeigen, kannst du dies dann trotz deiner aufrichtigen Bemühungen nicht annehmen. Du brauchst viel Mut, um die Barrieren deiner Vorstellungen und Ideen zu überwinden. Du hast Angst und fragst, was mit all deinen Werten und Idealen, mit deiner Identität und deiner Persönlichkeit geschieht, wenn du diese Konditionierungen aufgeben würdest. Dieser Weg ist mit Sicherheit nicht einfach zu gehen, aber anders ist dein Leben auch nicht einfach. Geh durch diesen Prozess, und du wirst feststellen, dass deine Werte nicht zerstört sind. Wenn du dieses Wissen erkennst und annimmst, werden deine Werte die Erfüllung finden! Aber du musst vorher loslassen!

Wenn ich einem Bettler etwas gebe und habe ein gutes Gefühl dabei, ist das dann auch Pflege des Ego?

Nein, das ist ein gutes Gefühl. Jede Handlung, die dir hilft, zu diesem Gefühl zurückzugehen, stärkt nicht das Ego. Zu helfen ist deine Natur. Es passiert einfach. Es sind die sanften Aktivitäten, die uns diesem Gefühl immer wieder näherbringen. Wenn du einen wunderschönen Sonnenuntergang siehst, dann möchtest du dieses Erlebnis mit einem anderen Menschen teilen. Das ist spontan. Wenn der andere sich auch daran freut, trägt dies zu deiner eigenen Freude bei.

Wenn zum Beispiel irgendwo eine Hungersnot ist, kann ich nicht entspannt sein und mich gut fühlen.

Wenn du emotional damit verbunden bist, stört es dich. Diese Wertigkeit hast du entwickelt, und die lässt dich selbst leiden. Du hast hier die Freiheit, nicht zu leiden. Solange deine Gedanken schnell sind und dein Geist verwirrt ist, so lange bist du emotional. Wenn du einen unruhigen Geist hast, sind auch deine Emotionen turbulent. In diesem Zustand des Geistes bläht sich in uns jedes kleinste äußere Problem auf. Wenn der Geist aber ruhig und entspannt ist, hast du mehr Klarheit. Wenn du das Problem emotionsfrei betrachten kannst, hast du einen sehr praktischen Standpunkt gewonnen und kannst dadurch mit Klarheit handeln. Tatsache ist ja, dass du da oft nichts tun kannst. Aber du hast das Schuldgefühl in dir, das dir sagt, du hättest etwas tun können. Wenn du Klarheit hast, weißt und akzeptierst du, dass du nichts tun kannst, und es entstehen keine Schuldgefühle.

Soll ich nur praktisch sein – ohne Gefühl?

Ohne Emotionen! Sie sind vollkommen überflüssig. Das Gefühl ist die eigentliche Essenz des Lebens. Fälschlicherweise wird in unserer Gesellschaft großer Wert auf Emotionen gelegt. Das Ergebnis ist, dass der größte Teil allen Leidens emotional verursacht ist. Wenn du wirklich einem leidenden Menschen helfen willst, kannst du nur als freudige Person zu ihm gehen, nicht als schwache und leidende Person. Nehmen wir an, deine Freundin sei krank, und du besuchst sie, um moralische Unterstützung zu geben. Wenn du emotional bist, weinst du mit dem anderen Menschen und leidest selbst. So kannst du nicht helfen. Nur wenn du selbst stark bist, kannst du wirklich praktisch helfen.

Wo ist da der Unterschied zur Gleichgültigkeit?

Es ist ein Unterschied, ob du der Welt gegenüber gleichgültig bist oder ob die Welt dir nichts mehr anhaben kann. Im ersten Fall interessiert sie dich nicht, du hast aber viele Beschwerden über sie. Im zweiten Fall hast du keine Beschwerden, es ist okay so, wie sie ist. Das ist der Unterschied. Im ersten Fall ziehst du dich zurück, du empfindest Ablehnung der Welt gegenüber. Im zweiten Fall bist du in der Welt, aber sie berührt dich nicht. Das ist Gleichmut, aber keine Gleichgültigkeit.

Was wäre, wenn jeder so denken würde?

Wenn jeder so denken würde, könnte sich alles wunderschön entwickeln. Alles würde in einer schönen und harmonischen Weise weiterfließen. Es gäbe keine Gewalt mehr und keine Konkurrenz.

Dann brauche ich also keinen anderen Menschen mehr, wenn ich mehr und mehr in diesem Zustand sein werde?

Du brauchst das nicht, aber du lebst nun mal mit anderen Menschen zusammen. Du hast aber keine Erwartungen mehr an sie. Deine innere Zufriedenheit macht dich neutral.

Ich wünsche mir aber diesen neutralen Zustand nicht.

Ein neutraler Zustand ist ja kein »trockener« Zustand. Es gibt Situationen, in denen du dich mit deinem Freund sehr verbunden fühlst. Dann ist es nicht einmal notwendig, miteinander zu sprechen. Ihr seid ganz einfach zufrieden und glücklich zusammen. Das ist dann doch nicht langweilig. Ihr fühlt euch wohl, ihr fühlt euch eins miteinander. Wenn du in dieser Liebe bist, bist du so mit allen verbunden. Mit dem Gefühl der Liebe in dir möchtest du jeden in diesem Zustand sehen. Du hast aber trotzdem keine emotionale Beziehung, du bist neutral. Die Liebe besteht weiter ohne Emotionen. Du liebst ohne Grund. Es gibt für dich dann keine Unterschiede zwischen den Menschen.

13
Die Last des Lebens

Ernsthaftigkeit .... Freiheit .... Verantwortung .... Intelligenz .... Unser Wertesystem .... Unsicherheit .... Das Wissen .... Der Prozess des Lernens .... Die Übung .... Bedeutungslose Leere .... Entscheidungen .... Hingabe ohne Beschwerden .... Aufgabe des Intellekts

Wenn die Ernsthaftigkeit kommt, beginnt die Tragödie des Lebens. Alle Probleme vergrößern sich dann. Das Leben mit all seiner Verantwortung erscheint uns als Bürde, und wir fühlen uns in unserer Freiheit eingeschränkt. Wir sind konditioniert durch unsere Wertvorstellungen, aber wir erträumen uns eine Freiheit, in der wir tun und lassen können, was wir wollen. Auch wenn wir diese Art von Freiheit hätten, würden wir damit niemals letzte Erfüllung im Leben finden. Es gibt viele Menschen auf der Welt, die sich vom Materiellen her alles leisten können und wirklich tun und lassen können, was sie wollen, und dennoch sind sie nicht zufrieden. Wenn es eine Zeit für dich gab, in der du weniger Verantwortung und mehr Freiheit hattest, weißt du, dass du damals auch nicht zufrieden warst. Ein Leben ohne Verantwortung scheint also nicht die Lösung zu sein.

Wer sagt uns denn, dass Verantwortung immer eine Last sein muss? Wo ist das Gesetz, dass Verantwortung immer mit Ernsthaftigkeit in Verbindung zu bringen ist? Das ist nur eine Vorstellung, in der wir uns verfangen. Wir werden sehr schnell ernsthaft und leiden intelligent. Wenn du aber wirklich intelligent bist, dann beweise dir selbst, dass du dein eigenes Leid überwinden kannst. Das ist die Herausforderung. Du kannst nicht intelligent sein und gleichzeitig leiden. Du kannst dein

Leid immer wieder rechtfertigen, aber so kannst du es nicht überwinden. Du musst den eng gesteckten Rahmen deines Wertesystems aufbrechen. Dieser ist oft so eng, dass selbst kleine Veränderungen im Leben nicht toleriert werden. Alles muss so geschehen, wie es geplant ist, sonst glauben wir, allen Grund zu haben, uns darüber aufzuregen. Keiner hinterfragt diesen Mechanismus. Es erscheint als eine seltsame Vorstellung, sich nicht aufzuregen, wenn etwas schiefgeht.

Alles, mit dem du emotional verbunden bist, hat die Kraft, dich zu beeinflussen. Du gibst dem Bedeutung, von dem du annimmst, dass es dir Glück gibt. Du bist leidenschaftlich und emotional mit Menschen und Dingen verbunden, und du hältst dies für eine Quelle der Freude. Durch dieses Gefühl der Verbundenheit wirst du emotional abhängig und setzt dich damit der äußeren Welt hilflos aus. Du gibst dieses Gefühl nach außen hin ab und erlaubst dadurch anderen, damit »Fußball zu spielen«. Du wirst hin und her geworfen, weil du dein Gefühl mit den äußeren Dingen in Verbindung gebracht hast. Es ist aber eine falsche Annahme, dass Glück von außen her erfahrbar ist. Solange du das glaubst, wird dich weiterhin die Welt beeinflussen und dich hin und her werfen. Dadurch wird dein Glaubenssystem infrage gestellt. Du siehst dann, dass die Welt dir nicht die gesuchte Sicherheit geben kann, die du suchst. Du erkennst die Unmöglichkeit, letzte Erfüllung in der äußeren Welt zu finden. Diese Unsicherheit verursacht Angst. Und diese Angst macht das Leben ernst. Wenn du aber ernst wirst, dann wird das ganze Leben noch schlimmer.

Zufriedenheit ist ein Zustand, in dem du dich erfüllt fühlst. Du empfindest dem Leben gegenüber Dankbarkeit. Von da blüht das wirkliche Leben auf. Die Schwere und die Last der Verantwortung verändern sich in freudiges Handeln. Wenn du das wirklich willst, musst du die Abhängigkeit der Welt gegenüber aufgeben und nach innen gehen. Dann wirst du friedlich und ruhig und siehst, dass das gute Gefühl, das du in allem suchst, schon immer da war in dir. Solange du suchst, kannst du es nicht finden. Wenn du aufhörst zu suchen, hast du Angst. Zunächst aber ist es nötig zu wissen, was du willst. Wenn du nicht weißt, was du willst, dann bist du wirklich in einer misslichen Situation. Das spirituelle Wissen gibt dir Klarheit. Es zeigt dir, was du wirklich in allem suchst und warum du so viele Dinge dafür tust. Dieses Wissen über das Selbst oder das Wissen über die Realität ist das schwierigste Wissen überhaupt, da es intellektuell nicht fassbar ist. In Indien sagt man, wenn etwas sehr schwierig ist, es sei so schwierig wie *Brahmavidhya*[26]. Einige Menschen verinnerlichen dieses Wissen recht schnell, sodass schon in kurzer Zeit Veränderungen geschehen können. Es kann aber auch sein, dass ein Fortschritt sich nur langsam einstellt. Unabhängig von den Veränderungen des Lebens, ob langsam oder schnell, das Wissen wird in dir wachsen. Es wird die Zeit für dich kommen, in der es leicht wird, und dann fällt alles mehr und mehr an seinen richtigen Platz. Es ist ein lebenslanger Prozess. Je mehr du dieses Wissen verinnerlichst, umso selbstbewusster wirst du darin. In dem Moment, in dem du »Ja« zu diesem Wissen sagst, wirkt es in dir. Das Verstehen ist ein Aspekt, aber wenn du es nur verstehst, kannst du vielleicht ein Buch darüber schreiben oder Vorträge halten, mehr nicht. Das Wissen muss transformiert werden in Erfahrung.

Daher ist das Üben sehr wichtig. Üben ohne Wissen ist ein mechanischer Prozess, der dich nicht sehr weit bringen wird. Ein professioneller Musiker lernt die Noten und spielt mechanisch, um Geld zu bekommen; aber ein wirklicher Musiker, der sich hingibt, wird selbst zur Musik. Die Praxis vervollständigt sich nur durch spirituelles Wissen. Du kannst nichts beschleunigen, indem du viele verschiedene Techniken anwendest. Wenn du meditierst, dann wird dieses Wissen dir die richtige Richtung zeigen. Wenn du Yoga machst, wird es dir helfen zu verstehen, warum du dies tust. Der wirkliche Anfang geschieht dann, wenn du das gute Gefühl in dir erkennst. Solange dich nicht jemand darauf hinweist, kannst du es nicht erkennen, weil es so einfach ist. Aber wenn du

26 Die Essenz des spirituellen Wissens.

es einmal erkannt hast, dann ist der nächste Schritt, das Gefühl wachzuhalten, auch wenn du nicht meditierst. Jede Freude, die du empfindest, ist nichts anderes als dieses Gefühl. Spiritualität zeigt dir, wie du es direkt in dir erfahren und erkennen kannst. Das ist kein mystifizierender Vorgang. Spiritualität darf nicht vom Leben getrennt werden, sie hebt die Getrenntheit auf. Solange du glaubst, dass Energien von irgendwoher kommen oder dass dir irgendjemand eine Botschaft aus anderen Welten übermittelt, kann sich das Wissen der Spiritualität nicht mit dem praktischen Leben verbinden. Spiritualität ist eine praktische Lösung, mit den Lebensproblemen umzugehen. Die Ernsthaftigkeit wird aus dem Leben genommen. Es ist absurd, im Namen einer Religion oder im Namen Gottes ernsthaft zu werden.

Leben ist weder schön noch hässlich, es ist genau so, wie du es siehst. Leben an sich hat keine Qualität. Was du schätzt, was du würdigst, das ist die Qualität des Lebens. Die freudige Würdigung des Lebens beginnt dann, wenn die Qualität deines Geistes sich verändert. Das ereignet sich, wenn du dieses Gefühl direkt in dir erkennst. Es passiert nicht aufgrund äußerer Gegebenheiten. Es ist einfach da, ohne Grund.

Wenn nichts mehr für dich Bedeutung hat, gibt es nur noch Leere, die nicht klassifiziert und qualifiziert ist. Es ist der Geist, der dich von den Objekten trennt und sie qualifiziert. Wenn da kein Geist ist, gibt es keine Welt mit Qualitäten. Was übrig bleibt, kannst du nicht benennen, weil es keinen Namen mehr hat. Jetzt ist es nur »Verstehen«, aber im Zustand von Samadhi weißt du es. Es ist eine Erfahrung.

Ich kann aber doch nicht einfach »Nein« sagen zu meinen Verantwortungen.

Du sollst die Vorstellung der Verantwortung aufgeben. Dazu ist Vertrauen notwendig. Es ist mangelndes Vertrauen, das unser Leben so schwer macht. Wir haben das Gesetz des Lebens nicht erkannt und denken, dass wir allein verantwortlich sind für die Lösung der Probleme. Arrogant und intelligent kämpfen wir mit den Problemen und machen das Leben zur Hölle. Da wir kein Vertrauen haben, können wir nicht loslassen, und wenn wir kämpfen, werden wir niemals gewinnen. Du musst so oder so durch schwierige Situationen hindurchgehen. Wenn du aber in solchen Situationen deine Verantwortung mit Vertrauen abgeben kannst, wird dir dies eine unglaubliche Kraft geben, mit der Situation umzugehen. Das Leben wählt seinen eigenen Kurs, der abhängig ist von deinem Maß an Vertrauen oder Arroganz. Ego, Intellekt und Arroganz sind verengte Formen der Intelligenz. Es ist, wie wenn Wasser sich zu Eis verfestigt und dadurch rigide und unflexibel wird. Wenn der Intellekt aufgibt, verliert er seine feste Form, und es besteht die Möglichkeit, sich über die eigenen eng gesetzten Vorstellungen hinwegzusetzen. Der Intellekt geht zur Quelle der Intelligenz zurück, die eine so große Ruhe und Freude in sich hat, dass sie alles in sich aufnehmen kann. Erst dann beginnt das richtige Leben. Ohne die Vorstellung von Verantwortung wird man sehr wohl handeln, aber nicht mit dem Gefühl: Ich tue es. Es entsteht eine enorme Kraft, die Verantwortungen des Lebens ohne jegliche Konflikte und Ängste voll und ganz zu übernehmen. Dieses Aufgeben kann nicht getan werden, es geschieht, wenn das Vertrauen aufblüht. Wenn du die Vorstellung der Verantwortung aufgibst, entsteht in dir das Gefühl, dass einfach alles nur geschieht. Es geschieht ohne Einmischung und daher zum Besten. Es kann nichts verbessert oder verändert werden. Nichts kann in dieser Schöpfung geschehen, was nicht geschehen soll. Wenn du versuchst, gegen diese Tatsache anzugehen, wirst du leiden. Allein das Verständnis dieser Tatsache beseitigt die Last des Lebens.

Aber es sind doch Entscheidungen zu treffen.

Du kannst etwas wünschen, aber die Entscheidung triffst du nicht. Die Entscheidung geschieht nur. Du entscheidest ja auch nicht, wie oft du ein- und ausatmen musst oder wie oft dein Herz zu schlagen hat. Entscheidest du, wann du aufwachst, entscheidest du, ob du denkst oder nicht denkst, was entscheidest du überhaupt? Eine Entscheidung besteht darin, dass das Ego sagt »Ja, so sollte es sein«. Du denkst, du würdest entscheiden. Wir sind stark mit dieser Vorstellung verbunden. Wenn es Entscheidungen gibt, dann musst du über alles im Leben entscheiden, auch über deinen Herzschlag und deinen Atem. Wie kannst du sagen, für manche Dinge bin ich verantwortlich und für andere nicht. Entweder hast du für alles Verantwortung oder keine. Du kannst nicht zwischendrin hängen bleiben, dann hast du ein Problem. Was du als Entscheidung bezeichnest, ist nichts anderes, als den Dingen bewusst zu erlauben, dass sie geschehen.

Kann ich nicht alles dem Göttlichen überlassen, der Kraft, die größer ist als ich?

Wenn du daran glaubst, ist das gut so. Wenn du an die große Kraft glaubst, die sich allem annimmt, dann wird sie sich auch deiner annehmen. Gib die Last des Lebens ab, aber gib alles ab. Habe absolutes Vertrauen in die Kraft! Aber meistens haben wir einerseits Vertrauen, aber andererseits viele Beschwerden über das Leben. Wenn du die Verantwortung ganz auf dich nimmst und weißt, dass du selbst die Freiheit hast, zu leiden oder nicht zu leiden, dann hast du keine Möglichkeit mehr, die Welt anzuklagen. Wenn du aber denkst, für dich sei es einfacher, dich einer größeren Kraft hinzugeben, dann gib ab! Finde dann aber auch keine Fehler mehr darin, wie diese Kraft die Welt steuert. Dann ist alles zum Besten! Versuche nicht, das Göttliche zu verbessern. Von diesem Zustand aus kann ja nichts passieren, was nicht im Plan ist. Auch Zerstörung und Leid gehören zum Plan. Akzeptiere dann, dass auch dies ein Gesetz der Schöpfung ist. Auf beiden Pfaden musst du vollkommen loslassen. Du mischst dich nicht mehr ein und lässt die Dinge geschehen. Wenn du schläfst, dreht sich die Erde trotzdem weiter. Wenn du friedlich und ruhig bist, passiert alles nur zum Besten. Lass die fixen Ideen fallen, wie die Welt auszusehen hat.

Ist nicht der Intellekt das feinste und wichtigste Instrument in mir, um die Wahrheit zu erkennen?

Die Erfahrung deiner wahren Existenz liegt jenseits des Intellekts. Darüber gibt es eine sehr schöne Geschichte in den *Upanishaden.*[27]

Es ist eine Episode zwischen einem Vater und seinem Sohn. Der Vater war ein Erleuchteter. Sein Sohn hatte viele gute Qualitäten und ein intensives Verlangen, seine wahre Existenz zu erkennen. Nachdem er all die spirituellen Schriften gelesen, verstanden und verinnerlicht hatte, fragte er seinen Vater: »Vater, ich habe vieles verstanden, aber dennoch weiß ich nichts. Wie kann ich das wirkliche Wissen bekommen?« Der Vater antwortete: »Das, was du jetzt suchst, ist die Quelle deiner eigenen Existenz. Das kann dir niemand zeigen, du kannst es nur ganz allein in dir selbst finden. Suche es!« Der Sohn ging in den Dschungel und meditierte darüber, wer er sei. Nach einer Woche kam er zurück zu seinem Vater und sagte: »Vater, ich habe die Wahrheit gefunden.« Der Vater antwortete: »Gut, kannst du mir erzählen, was du gefunden hast?« Dieser sagte: »Ja, ich weiß jetzt, wer ich bin.« Der Vater: »Wer bist du denn?« Darauf antwortete er: »Ich bin dieser Körper. Ohne den Körper kann ich nicht existieren.« Und er erklärte seinem Vater mit vielen Argumenten, warum er der Körper sei. »Gut«, sagte der Vater, »du

27 Altüberlieferte Weisheitsbücher Indiens.

hast einen guten Schritt gemacht, aber das ist noch nicht alles, du musst wieder zurückgehen und weiter darüber meditieren.« Der Sohn war erstaunt, aber er traute seinem Vater und kehrte in den Dschungel zurück. Nach zwei Tagen kam er angerannt und rief: »Vater, Vater, ich habe die Wahrheit gefunden.« »Wirklich, erzähle sie mir«, erwiderte dieser. Der Sohn: »Ich kenne nun meine eigene Existenz, ich bin die Energie, die im Körper fließt. Ohne diese Energie kann sich der Körper nicht erhalten.« »Wunderbar, mein Junge. Exzellent, du bist einen Schritt weiter gekommen. Mach weiter, auch das ist noch nicht die letzte Wahrheit. Geh wieder.« Der Sohn ging wieder mit Enthusiasmus, um herauszufinden, wer er ist. Nach fünf Tagen kam er zurück und berichtete: »Nun habe ich mich wirklich selbst gefunden.« Der Vater sagte: »Gut. Was bist du?« »Ich bin Geist, ohne Geist hat der Körper keine Existenz und auch die Energie nicht. Ich bin reiner Geist.« Der Vater ermutigte ihn: »Nur wenige Menschen können das erkennen. Aber finde mehr heraus, wer du bist.« Er gab nicht auf, suchte weiter und ging wieder, um herauszufinden, wer er sei. Nach einem Monat kam er ganz ruhig und friedlich zurück und sprach: »Vater, nun weiß ich, wer ich bin.« Der Vater wusste, nun ist er ganz nah an der Wahrheit, und fragte: »Wer bist du?« »Ich bin der Intellekt, ich bin das Prinzip der Intelligenz, das über dem Geist und über allem steht. Nichts existiert ohne dieses Prinzip.« Der Vater umarmte ihn: »Du bist nun ganz nahe an der letzten Wahrheit deiner Existenz angelangt. Geh zurück und finde es!« Nach drei Monaten hörte der Vater am frühen Morgen seinen Sohn einen in den *Veden* beschriebenen Freudenruf ausstoßen. Der Sohn kam nie wieder zurück. Der Vater wusste, nun hat sein Sohn die Antwort gefunden.

Aber der Intellekt ist doch wichtig auf dem Weg zu dieser Erfahrung.

Ein Kleinkind hat aufgrund seiner Unschuld noch keine Probleme. Sobald der Intellekt ins Spiel kommt, beginnen die Klagen: Dies oder das könnte besser sein. In dem Moment wird das Gefühl der Unvollkommenheit geboren. Das Gefühl der Unzufriedenheit schleicht sich ein, und die Probleme sind geboren. Wenn der Intellekt auftaucht, dann wird das Glück immer aufgeschoben. Ich werde glücklich sein, wenn dies und jenes getan ist oder geschehen ist, aber nicht jetzt. Aber die elementare Frage des Lebens lautet: Wie geht es dir jetzt? Das ist letztendlich das Einzige, was wichtig ist. Der Intellekt taucht auf, zerstört die Einfachheit der Gegenwart und bringt wieder Leid. Dies geschieht auch mit dem spirituellen Wissen, wenn du es nur auf intellektueller Ebene schätzen kannst. Wenn du das, was du hier hörst, als intellektuelle Unterhaltung betrachtest, dann geschieht es hier auch. Der Einwand entsteht, dass es besser sein könnte. Aber spirituelles Wissen lehrt uns, alles zu akzeptieren, so wie es ist. Wir lernen, dass es nicht besser sein kann, als es jetzt ist. Was wir hier reden, ist nicht wichtig; was mit dir geschieht, wie du dich fühlst, was in dir vor sich geht, das ist wichtig. Das Reden ist nur ein Katalysator, nur ein Werkzeug, um dich immer wieder zu diesem Gefühl zu bringen! Es geht hier nur um das gute Gefühl, um die Quelle des Lebens, um das lebenserhaltende Prinzip. Und wenn du es noch so oft hörst, du kannst es nicht verstehen, du kannst es nur fühlen, indem du es berührst!

14
Selbstachtung

Ein guter Freund .... Erwartungen .... Die schlechten Seiten .... Das Gute erkennen .... Beziehungen .... Dir selbst vergeben .... Schuld .... Konditionierungen .... Persönliche Verletzungen

Ein guter Freund ist jemand, in dessen Nähe du dich wohlfühlst. Das ist wohl die wichtigste Qualität einer Freundschaft. Jemand, der nur die schlechten Seiten in dir sieht und dich ständig demoralisiert, der kann nicht dein Freund sein. Ein Freund sieht deine Qualitäten und zeigt sie dir. Das gibt dir ein gutes Gefühl. Das erlaubt dir, ihm zu vertrauen. Das ist es, was wir von den Menschen erwarten, die uns nahestehen. Eigentlich erwarten wir sogar von der ganzen Welt, dass sie uns so annimmt, wie wir sind. Wir erwarten von jedem, dass er vertrauenswürdig ist.

Du musst dir nun einmal die Frage stellen, wie du dich selbst siehst. Alle Qualitäten, die du von einem guten Freund erwartest, kannst du doch auch in dir selbst finden. Wenn du keine guten Eigenschaften in dir sehen kannst und damit keine Selbstachtung hast, dann ist eine große Leere in dir. Genau das ist es, was wir dann von außen her aufzufüllen versuchen, und dann kommen die Erwartungen. Wir wollen von der ganzen Welt, dass sie nur Gutes in uns sieht. Wir haben Angst, unsere schlechten Seiten zu zeigen, weil wir fürchten, dann abgelehnt zu werden, daher verstecken wir sie. Vor der ganzen Welt können wir sie verstecken, nur nicht vor uns selbst. Natürlich wissen wir, dass das kein ehrliches Spiel ist, und dadurch entstehen unsere Schuldgefühle. Anstatt die Situation innerlich zu verbessern, geben wir nach außen hin eine heile Welt vor. Dadurch entwickeln sich Komplexe, und du bekommst Probleme mit deiner Umwelt. Die Welt erscheint dir dann schrecklich, und du bekommst das Gefühl, dass dich niemand versteht und liebt.

Das Gute in dir selbst zu sehen, ist der Beginn von Spiritualität. Du solltest dich genauso respektieren, wie du deinen besten Freund respektierst. Ein guter Freund hat ja auch nicht nur gute Eigenschaften. Er hat auch schlechte Seiten, auch wenn du oft nur die guten siehst. Wenn du positiv denkst, siehst du die guten Seiten. Ein spiritueller Mensch ist jemand, der das Gute in jedem Menschen sehen kann, weil er das Gute in sich selbst sieht. Das Gute in dir ist immer da, es wartet in dir und muss nur erkannt werden. Es ist unser intensives Verlangen nach Liebe, unsere Qualitäten der Welt zu zeigen. Wenn wir in dem Gefühl der Dankbarkeit und Liebe leben, frei sind von Schuldgefühlen und Komplexen, wenn wir uns gut mit uns selbst fühlen, dann sehen wir die ganze Welt mit diesem guten Gefühl. Wir sehen das Gute dann in jedem Menschen. Alles, was du in dir selbst siehst, das siehst du auch in anderen. Wenn du es in anderen siehst, dann erweckst du damit auch in den anderen das gleiche Gefühl.

Wenn wir nur äußerlich etwas vorgeben, was wir in Wirklichkeit nicht sind, können wir das nicht lange aufrechterhalten. Wenn wir es den Menschen um uns herum nur recht machen wollen, verlieren wir die Selbstachtung. Wir alle spielen gelegentlich dieses falsche Spiel, oft einfach aus Hilflosigkeit heraus, und enden dadurch in Schuldgefühlen. Diese Schuldgefühle zu überwinden, ist eine der wichtigsten Voraussetzungen für Fortschritte in der Spiritualität. Daher lerne, das Gute in dir selbst zu sehen und zu erkennen.

Wenn du in den zwischenmenschlichen Beziehungen keine Erwartungen mehr hast, bedeutet das Freiheit und wirkliche Unabhängigkeit. So kannst du auch anderen ein guter Freund sein und ihnen helfen. Wenn du aber von dieser Freundschaft abhängig bist, erlebst du enge Grenzen. Du bist dann verletzt, wenn deine Freundschaft abgelehnt wird, oder du erwartest, dass dir zurückgegeben wird, was du in diese Freundschaft investiert hast. Alle emotionalen Probleme in unseren Beziehungen basieren auf dieser Schwäche. Wenn diese Erwartung nicht da wäre, könnte jede Beziehung perfekt sein.

Du brauchst dich nicht verkrampft anzustrengen, in dir Gutes zu sehen. Wenn du entspannt bist, dann geschieht das einfach. Dann fühlst du dich selbst gut und angenehm. Damit kommen wir wieder zu der einen Antwort zurück. Es gibt so viele Probleme im Leben, aber die Antwort führt immer wieder zum gleichen Punkt, und sie ist einfach und sehr direkt: In tiefer Entspannung fühlst du dich wohl und brauchst niemanden. Du lässt die Welt so, wie sie ist, und weil du ein gutes Gefühl in dir hast, hast du auch das gute Gefühl für das, was um dich herum ist. Zunächst wirst du nur wenige Minuten darin verweilen können. Lerne das zu schätzen und immer mehr in diesem Zustand zu sein.

Kein Mensch ist absichtlich schlecht. Jeder will gut sein, kann es aber nicht aufgrund der Hilflosigkeit. Deswegen sollten wir vergeben. Aber lerne zunächst, dir selbst zu vergeben, und stärke dadurch dein Selbstwertgefühl. Dies kannst du nur, wenn du entspannt und gelassen bist. Verliebe dich in das Gefühl der Ruhe und Gelassenheit, das in dir ist. Nimm dir jeden Tag etwas Zeit dafür. So kann es beginnen. Wenn du das irgendwann einmal ganz klar erkennst, dann verliebst du dich darin. Es bleibt bei dir, wo immer du hingehst. Du musst dich nicht anstrengen, es wirkt aus dir selbst und wirkt für dich. Bis dahin musst du dich darum bemühen und dafür sorgen. Wenn eine Pflanze sehr klein ist, gibst du ihr Wasser und schützt sie vor Tieren. Du sorgst für Schatten, damit sie von der Sonne nicht verbrannt wird. Aber wenn die Pflanze groß ist, dann spendet sie dir Schatten und gibt dir Nahrung. So ist es auch hier. Anstrengung ist nur am Anfang gefordert, später hast du deinen besten Freund in dir für immer gefunden und fühlst dich sicher.

Schuld wird uns durch Gesellschaft und Religion, also von außen auferlegt. Du bist rein geboren! Du bist nicht schuldig! Die Idee von Gut und Böse ist vom Ursprung her nicht in dir. Die hat man dir erst später beigebracht. Schuld existiert nur in Form von Konditionierung. In der Realität gibt es so etwas wie Schuld nicht. Eine kleine Geschichte soll dies verdeutlichen.

Eine Kamel-Karawane reist in der Wüste. Der Tag neigt sich dem Ende zu, und man rastet an einem dazu geeigneten Ort und schlägt die Zelte auf. Nach dem Aufbau der Zelte ist es der normale Vorgang, die Kamele mit Pflöcken, die in den Boden gehauen werden, und mit Stricken festzubinden. Jedoch stellt man mit Entsetzen fest, dass die Pflöcke sowie die Stricke vergessen wurden. Aber die Kamele müssen festgebunden werden, da sie sonst in der Nacht davonlaufen, und jeder der Mitglieder der Karawane braucht den Schlaf nach der anstrengenden Reise. Keiner kann die Kamele bewachen. Man weiß sich keinen Rat, wie das Problem zu lösen sei. Bis schließlich ein älterer weiser Mann hervortritt, den Anführer der Karawane beruhigt und ihm versichert, dass er die Kamele festbinden werde. Er geht hin zu den Kamelen und gibt ihnen den üblichen Klaps auf den Rücken, bevor sie festgebunden werden. Dann führt er ohne besagte Pflöcke und Stricke nur die üblichen Bewegungen aus, so als ob er die Kamele festbinden würde. Nachdem er dies getan hat, gibt er ihnen wieder den üblichen Klaps auf die Schulter, den sie immer bekommen, wenn sie festgebunden sind. Er geht danach zum Anführer der Karawane und versichert ihm, dass die Kamele angebunden seien und damit alles in Ordnung sei und man beruhigt schlafen gehen könne. Am Morgen des nächsten Tages begibt sich der Anführer zuerst zu den Kamelen, um zu überprüfen, ob sie noch alle da sind, und stellt zu seiner Verwunderung fest, dass sie sich nicht von der Stelle gerührt haben. Er ist begeistert und verwundert darüber, lässt die Zelte abbauen und versucht, die Kamele zu holen. Diese rühren sich jedoch trotz seines Befehls keinen Zentimeter von der Stelle. Er begibt sich umgehend zu dem alten Mann und fragt ihn, was er mit den Kamelen angestellt hätte. Der erwiderte nur ganz gelassen, dass sie festgebunden seien und man sie erst losbinden müsse, bevor sie sich bewegen können. Der alte Mann geht wieder zu den Kamelen hin, gibt ihnen wieder besagten Klaps auf den Rücken und führt wieder all die imaginären Bewegungen durch, als ob er die Kamele nun losbinden würde und befreit sie dadurch von ihrer nur vorgestellten Gebundenheit.

Allerdings sind wir keine Kamele, die ein anderer auf so einfache Weise befreien kann. Wir sind auch nicht nur mit einem Strick festgebunden, wir sind mit Tausenden von Stricken festgebunden. Wir sind innerlich gebunden und festgefahren durch all unsere Vorstellungen über »richtig« und »falsch«, »gut« und »schlecht« und durch all unsere Hemmungen, Vorurteile und Komplexe. Wir bewahren unser eigenes Wertesystem, bewachen es auf das Schärfste und machen es dadurch in uns fest und unerschütterlich. Auf diese Weise binden wir uns selbst immer fester und verlieren den Freiraum, uns innerlich zu bewegen. Das ist Konditionierung. Wenn dir jemand sagt, dass du ein Narr bist, dann hältst du dich tatsächlich für einen Narren – dann bist du auch ein Narr. Mit all unseren Konditionierungen läuft das so. Wir haben Wertvorstellungen von außen übernommen. Es gibt aber die Freiheit, uns von den Konditionierungen zu lösen. Wenn du die Schuldgefühle überwinden kannst, wenn du keine Komplexe in dir trägst, kannst du auch nicht hassen. Wenn du dich so akzeptieren kannst, wie du bist, gibt dir das die Kraft, auch die Welt und die anderen Menschen so zu akzeptieren, wie sie sind. Du kannst die Schuldgefühle in dir nähren und darunter leiden oder dich von ihnen befreien. Solange du keine Achtung vor dir selbst hast, kannst du auch Gott nicht achten und verehren. Die Gottheit kannst du nur verwirklichen, wenn du dich selbst respektierst und liebst. Das ist die Erfüllung. Es ist absurd, zu denken, ich bin hier und Gott ist da, ich aber bin schuldig und muss leiden.

Wie verhält es sich, wenn ich zum Beispiel durch einen Mord schuldig werde?

Vergebung heißt ja nicht, die Erlaubnis zu haben, alles tun und lassen zu können. Es ist kein Freibrief. Es gibt Handlungen, die dich von Natur aus schuldig werden lassen, und nicht, weil die Schuld gesellschaftlich konditioniert ist. Wenn du jemanden verletzt, fühlst du dich schlecht. Vermeide Handlungen, die in dir Leid erzeugen. Deswegen gibt es im Yoga Regeln. Es wird dir empfohlen, bestimmte Dinge nicht zu tun, weil sie dich schwächen. Wenn sie aber geschehen, dann vergib dir selbst. Du würdest doch auch deinem Freund vergeben, wenn er aus einer Schwäche heraus einen Fehler begehen würde. Genauso kannst du dir auch vergeben. Sei ehrlich dir selbst gegenüber und versuche, nichts zu tun, was dir Schuldgefühle bringt. Wenn trotz aller Anstrengung etwas Schlechtes passiert, nimm nicht die Schuld auf dich, vergib dir!

Jeder hat seine persönlichen Verletzungen. Was macht man damit?

Wir haben viele Verletzungen in uns. Einige sind durch andere verursacht, andere haben wir uns selbst beigebracht. Wir verletzen andere und verletzen uns dadurch auch selbst. Diese Verletzungen hinterlassen in uns Schuldgefühle. Wenn andere uns verletzt haben, verbleibt das als Hass und Ärger in uns. Schuld ist nichts anderes als eine minderwertige Meinung über uns selbst. Solange du Schuldgefühle hast, bist du innerlich schwach und hast die Tendenz, mit Ärger und Hass zu reagieren. Deshalb ist es notwendig, sich selbst und anderen zu vergeben. Vergebung ist keine Handlung, sondern ein Prozess, bei dem sich das Schuldgefühl auflöst. Durch Vergebung kannst du wieder tiefen Respekt vor dir selbst finden. Es ist ein Weg, auf dem du mit Verständnis in den Zustand des Urvertrauens und des Respektes vor dir selbst gelangst. Das ist das Zentrum der Liebe. Aus diesem Zentrum fließt sie.

15
Natürlichkeit

Die duale Persönlichkeit .... Hemmungen und Vorurteile .... Das Schein-Ich .... Angst des Ego .... Sünde .... Minderwertigkeitsgefühle .... Verwunderung .... Spontane Freude ....Gesellschaftliche Akzeptanz .... Heiligkeit .... Gnade .... Vollkommene Aufgabe .... Unterschiedliche Wege .... Der Guru .... Lehrer und Schüler

Natürlichkeit ist für uns alle ein erstrebenswerter Zustand, aber du kannst sie nicht willentlich herbeiführen. Wenn uns jemand fotografiert, versuchen wir natürlich auszusehen, und das ist genau der Grund, warum wir dann unnatürlich ausschauen. Wenn wir aus dieser Natürlichkeit herausfallen, empfinden wir Schmerz, und damit werden wir zurückgerufen zur Natürlichkeit. Wir weigern uns aber oft, diese Lektion zu lernen. Im natürlichen Zustand gibt es keine duale Persönlichkeit. Alle die gegensätzlichen Konzepte wie »Ich bin ein guter Mensch – ich bin ein schlechter Mensch«, »Ich bin ein Sünder – ich bin ein Heiliger« können nur existieren, solange unsere Persönlichkeit geteilt ist. Wenn die Persönlichkeit zu einer Einheit verschmilzt, wird die Wahrheit über uns sichtbar, in der wir vollkommen und eins sind. Wir werden der Tatsache gewahr, dass wir bereits da sind, wo wir eigentlich die ganze Zeit hingelangen möchten – zu unserem Sein, unserer Existenz, die keines äußeren Beweises bedarf. Der indische Heilige Ramana Maharshi hat das in seinen Lehren so einfach und so direkt gesagt. Das Ich in uns sei nicht getrennt von der Natur und immer da. Jenes Ich, das die Vollkommenheit bis hin zur Befreiung mit so vielen verschiedenen Mitteln anstrebt, ist das falsche Ich. Die Person in uns, die meditiert und sucht, ist unecht, sie ist nicht das wirkliche Ich. Der einzige Weg das wirkliche Ich zu realisieren, besteht darin, es zu werden. Eigentlich sind wir dies aber schon immer, und es scheint, dass die Lehren Ramanas uns zum Narren halten wollen. Es erscheint so einfach und trotzdem so unerreichbar.

Ein Kleinkind befindet sich auch im Zustand der Vollkommenheit, bevor sich Hemmungen und Vorurteile in ihm entwickeln. Wenn wir zu diesem ursprünglichen und natürlichen Zustand zurückkehren, gibt das Schein-Ich seine vielen verschiedenen Identifikationen auf. Es kann sich nur durch die Identifikation mit Tausenden von unwirklichen Dingen aufrechterhalten und hat daher Angst vor Vernichtung. Das Schein-Ich in uns will nicht sterben, es will nicht zerstört werden, und so klammert es sich an viele Dinge. Wenn wir versuchen, diese Identifikationen zu durchbrechen, zieht sich alles in uns zusammen, und eine enorme Angst wird in uns wach. Wir haben Angst vor dem, was passieren könnte, wenn wir unsere Vorstellungen aufgeben. Diese Angst hindert uns, den Weg weiterzugehen. Aber die Angst existiert nur für das Ego, unser wahres Selbst kennt keine Angst. Nur das falsche Ich kann Angst zeigen, dem wahren Ich ist Angst fremd, denn seine Natur ist Ungetrenntheit, Unbeschränktheit und Ewigkeit.

Ein kleines Kind hat aufgrund seiner Unwissenheit und seiner Unbefangenheit keine Angst vor dem Feuer. Die Mutter muss das Kind zurückholen, denn es möchte das Feuer berühren. Es hat keine Angst vor Schlangen, es hat keine Angst vor dem Tod, es hat vor nichts Angst. Genau dasselbe gilt für einen Heiligen – er ist genau in diesem Zustand, aber aus seinem eigenen Wissen, aus Erleuchtung heraus.

Wir sind frei von jeglicher Sünde. Die Vorstellung von Sünde ist der Grund für viele Beschwerden. Schuldlosigkeit ist unsere wahre Natur. Gefühle der Schuld und der Minderwertigkeit schaffen ständig nur weitere Komplexe in uns und machen uns zu immer komplizierteren Menschen. Wenn du diese Gefühle in dir beseitigen kannst, indem du dir selbst vergibst, wirst du innerlich rein und befreit von jedem Schuldgefühl. Dasselbe geschieht bei vollkommener Hingabe an das Göttliche – nur ein einziger Moment vollkommener und wirklich aufrichtiger Hingabe in uns ist genug, um alle Gefühle der Schuld und Sünde in uns auszuwischen, die wir so lange mit uns trugen und die uns so viel Leid gebracht haben.

Eine andere vollkommen natürliche Qualität in uns, die dem Leben so viel Schönheit bereitet, ist die Fähigkeit, sich zu wundern. Wenn wir die Augen eines kleinen Kindes betrachten, sehen wir darin diesen wunderbaren, unvoreingenommenen Ausdruck der Neugierde und Verwunderung. Alles, was das Kind sieht, ist für es in gleicher Weise verwunderlich. Es kennt noch keine Unterschiede zwischen gut und schlecht, richtig und falsch. In dem Moment, in dem diese Unterscheidungen beginnen, geht diese natürliche Verwunderung verloren. Das Kind verliert etwas ganz Wertvolles, wenn die kritische und analytische Einstellung beginnt. Der kritische Intellekt verschlingt diese Unschuld. Dies geschah bei jedem von uns. Aber wir erleben manchmal noch solche Zustände der Verwunderung. Es sind die Momente, die uns sehr wertvoll sind, zum Beispiel wenn wir umgeben von wunderbarer Natur spazieren gehen. Momente, in denen wir keine Maske mehr tragen müssen, wo all unsere Hemmungen und Komplexe abfallen und wir beim Anblick eines Sonnenuntergangs und dem Singen der Vögel mit der Natur verschmelzen. Da werden wir für eine begrenzte Zeit wieder dieses unschuldige, ursprüngliche Selbst. Wir geben dort alles Unnatürliche auf, an dem wir sonst festhalten.

Eine andere schöne Qualität ist der spontane Ausdruck von Freude, den man auch bei jedem Kleinkind beobachten kann. Jeder von uns hat schon einmal beobachtet, dass Kinder mit so großer Anstrengung und Freude eine Sandburg bauen, und mit genau derselben Freude zerstören sie sie wieder. Es ist so wunderbar, wie ein Kind zu sein, und eigentlich verspürt jeder von uns in sich den Drang danach. In jedem von uns ist das Kind, das gerne spielen möchte, und wenn wir eine Möglichkeit bekommen, machen wir dankbar Gebrauch davon.

Jeder von uns verspürt diesen starken Drang nach Unschuld, aber wir haben Angst, dass uns die Gesellschaft so nicht mehr akzeptieren würde. Das Gegenteil ist aber der Fall. Sie wird uns ohne unsere Masken vollkommen akzeptieren. Wenn wir wieder zu dieser Unschuld zurückfinden, akzeptieren wir auch die Gesellschaft ohne Einschränkung. Wir akzeptieren sie dann mit all ihren Grenzen und ohne die Erwartung, dass sich etwas nach unseren Vorstellungen ändern müsste. Wir passen nicht in eine Gesellschaft, der wir nicht Achtung und Respekt entgegenbringen. Fragen wir uns einmal, wie viele Menschen wir wirklich respektieren und wie vielen wir Dankbarkeit gegenüber empfinden, und nicht etwa, weil sie reich, mächtig oder intelligent sind. Empfinden wir Dankbarkeit, einfach, weil da ein Mitmensch ist? Wenn wir allen Menschen den gleichen Respekt entgegenbringen, werden wir genauso von jedem respektiert werden.

Sind vollkommene Natürlichkeit und Heiligkeit das Gleiche?

Natürlichkeit und Heiligkeit sind das Gleiche. Heiligkeit ist nicht nach außen hin sichtbar, es ist ein innerer Zustand. Du wirst enttäuscht, wenn du vollkommene Heiligkeit in einem Menschen erwartest. Du kannst bei jedem Fehler finden, wenn du kritisch wirst. Betrachte den Zustand der Heiligkeit als wichtig und versuche ihn zu ergründen. Personen haben ihre Begrenzungen. Wenn du eine Person verehrst und deine Erwartungen nicht mehr erfüllt werden, dann wirst du enttäuscht. Erkenne den Seinszustand, in dem solche begnadeten Menschen wie Jesus oder Buddha lebten, und verehre diesen Zustand.

Und woher kommt die Gnade?

Es gibt keinen Augenblick, in dem die Gnade nicht da ist. Es liegt nur an uns, wie weit wir uns ihr öffnen können. Um sich zu öffnen, musst du aufgeben. Dann bist du direkt mit ihr verbunden. Solange du kämpfst, bist du nicht in Kontakt mit ihr! Wenn du diesen Weg nicht mit Bewusstheit gehst, wird sie dir immer wieder in schmerzhafter Weise den Weg zeigen. Die Gnade ist das, was du suchst. Wenn sie dich erfüllt, brauchst du nichts mehr in einem anderen Menschen zu suchen. Der gedankenfreie Zustand ist das Tor zur Gnade.

Wie weiß ich, ob ich mit dieser Gnade verbunden bin?

Du fällst zurück in die Gedanken und musst immer wieder versuchen, den Verstand zu beruhigen. Wenn du in diesen Zustand der Gnade kommst, dann weißt du, was es ist. Solange es für dich nur eine Vorstellung ist, willst du es zwar, weißt aber nicht, was du wirklich willst. Wenn du es einmal erlebt hast, dann weißt du genau, was es ist. Dann kannst du dich mehr und mehr bewusst öffnen. Das ist endlos. Jemand, der es weiß, weiß es zweifelsfrei. Es ist nicht so, als ob solche Menschen irgendwie durch diese Erfahrung höhergestellt wären. Aber Menschen, die es wissen, erfahren weniger Leid im Leben. Das ist der Unterschied. Wenn du dieses intensive Verlangen in dir wachhältst, kann die Gnade dich erfüllen. Bitte immer wieder ganz intensiv darum! Wenn dein Verlangen so intensiv wird, kann es das Tor öffnen. Das ist der Pfad der Hingabe, den du gehen kannst.

Ich möchte mein wahres Selbst finden.

Wer möchte wen finden? Wer will das wahre Selbst finden? Es ist das kleine Ich, das dumme Ich. Das kleine Ich will seine große Quelle finden! Einerseits willst du das sehen, andererseits hast du Angst davor. Manche Menschen erwarten von Spiritualität, dass Gott in ihr Ego kommt. Das versuchen sie im Namen der Spiritualität zu erreichen. Das wird aber niemals geschehen. Das Ego kann seine spirituelle Natur nur realisieren, indem es sich in dieses große Selbst auflöst, nicht, indem es sich aufrechterhält. Durch Suchen werden wir nichts finden.

Bringe deinen Geist in den Zustand des kindlichen Seins, dann weißt du genug. Das Kleinkind ist in einem göttlichen Zustand. Es lebt in einer einheitlichen großen Glückseligkeit ohne jegliche Anstrengung. Du musst nur lernen, jegliche Anstrengung aufzugeben. Gib sie komplett auf, gib dich selbst auf, und du bist da! Das ist alles. Solange du suchst, wirst du nicht finden. Bis zu dem Zeitpunkt, an dem du gefunden hast, kannst du aber deine Suche nicht stoppen. Das ist das Paradox. Irgendetwas in dir lässt dich ständig suchen.

Ich möchte in mir selbst Frieden finden.

Einer sagt, ich möchte Frieden in mir, ein anderer sagt, ich möchte mehr Liebe, der Nächste möchte mehr Energie oder mehr Leben. Unterschiedliche Menschen geben dem Gesuchten unterschiedliche Namen. Aber es ist immer das Gleiche, nur anders benannt. Es ist etwas, das alles umschließt und vollkommen ist. Es ist die Essenz allen Wissens. Wenn du das weißt, weißt du alles andere. Der einzige Weg, wie du dahin gelangen kannst, ist: loslassen und entspannen.

Unterschiedliche Menschen erreichen das Ziel auf unterschiedlichen Wegen. Woher weiß ich, welcher Weg der richtige für mich ist?

Es gibt keinen falschen Weg, jeder Weg ist richtig, solange du aufrichtig auf der Suche bist. Es ist nicht so, dass du intellektuell die verschiedenen Wege analysierst und dann eine Entscheidung triffst, welchem Weg du folgst. Das wäre vergeudete Zeit. Es gibt so viele Wege, wie es Menschen gibt. Jede Persönlichkeit ist einmalig. Deine Erfahrungen sind auch einmalig, kein zweiter Mensch hat die gleichen Erfahrungen. Niemand kann dem Weg eines anderen folgen, indem er das intellektuell entscheidet. Für Franz von Assisi zum Beispiel gab es nichts zu entscheiden. Nachdem er das *Neue Testament* gelesen hatte, gab es keine Wahl mehr für ihn. Da war eine Kraft, die ihn mit großer Intensität antrieb. Unser Leben wird geführt durch die Sehnsucht und durch das Streben nach Wahrheit. Alles, was unnötig ist und eine Hürde auf diesem Weg darstellt, wird von selbst wegfallen. Wenn du es nicht erlaubst, dass es wegfällt, dann wird es dir weggenommen. Wir leiden dann und können nicht wirklich realisieren, was geschieht. Aber wenn wir später zurückschauen, wird uns klar werden, warum es so geschehen ist.

Was ist die Rolle des Guru[28] auf diesem Weg?

Der Guru ist eigentlich keine Person, der wirkliche Guru ist das Wissen, das dir durch eine Person vermittelt wird. Lerne dieses Wissen zu schätzen. Der Guru versucht dir etwas zu zeigen, was in dir ist! Wenn du das in dir siehst, dann ist das dein Guru. Eine Person kann dich nur bis zu einem gewissen Punkt führen. Wenn ein Guru dir die Erleuchtung geben könnte, gäbe es viele Erleuchtete in der Welt. Es gab so viele Gurus auf der Welt wie Jesus, Buddha, Krishna und viele andere. Respekt und Achtung

28 Ein Guru ist ein spiritueller Lehrer.

vor dem Guru haben ihren Platz. Aber du wirst in einem Menschen nicht das finden, was du suchst, du wirst eher desillusioniert. Du kannst von einem Guru nur erwarten, dass er dir einen Weg zeigt, dir Klarheit gibt und Möglichkeiten eröffnet. Er kann dir ein Beispiel sein. Bis zu einem gewissen Ausmaß kann er dir helfen, aber dann musst du deinen Weg allein gehen. Du kannst einem Kind ein Schlaflied singen, aber nach dem Einschlafen hat das Lied seinen Zweck erfüllt.

Geht aber nicht von einem Lehrer eine Kraft aus, die sich auf den Schüler überträgt, die dann ihrerseits als so etwas wie eine »Einweihung« verstanden werden kann? Braucht man nicht diese spirituelle Kraft des Lehrers?

Du musst einen Lehrer haben, damit du Fortschritte machen kannst. Ein Lehrer sollte dich inspirieren. Ein guter Lehrer ermutigt dich und zeigt dir deine Möglichkeiten auf. Wenn dir der Lehrer nur vermittelt, dass das alles sehr weit weg und sehr schwierig ist, dann kann dir das nicht helfen. Ein guter Lehrer bringt dich näher an die Möglichkeit der Erfahrung heran.

Wie sollte die persönliche Beziehung zwischen Lehrer und Schüler sein?

Wenn du eine Beziehung zum Lehrer aufbaust, dann ist es leichter, wenn du dich vollkommen öffnest. Abhängigkeit dagegen bringt dich nicht weiter, es bringt nur Probleme. Es ist ein großer Unterschied in der Beziehung, ob du dich auf einen Lehrer verlässt oder von ihm abhängig bist. Wenn du ihm vertraust, dann verlässt du dich auf ihn, aber wenn du abhängig bist, dann gibst du deine Verantwortung für dich an ihn ab. Der Lehrer ist aber nicht verantwortlich für dein Leid, und er ist auch nicht verantwortlich für deine Erleuchtung. Wenn du abhängig bist, kann er dir nicht wirklich helfen. Der Lehrer, die Lehren, die Schriften, all das gibt dir Vertrauen und Unterstützung. Wenn du schwimmen lernst, nimmst du einen Reifen zu Hilfe, und das gibt dir Vertrauen. Aber es kommt die Zeit, da du diesen Reifen ablegst, und du schwimmen kannst. Dann hast du Vertrauen in deine eigenen Möglichkeiten. So ist es auch mit diesem Wissen. Es ist zunächst das indirekte Vertrauen in die Worte des Lehrers und in die Bücher, aber wenn das Erkennen in dir ist, ist es Selbstvertrauen.

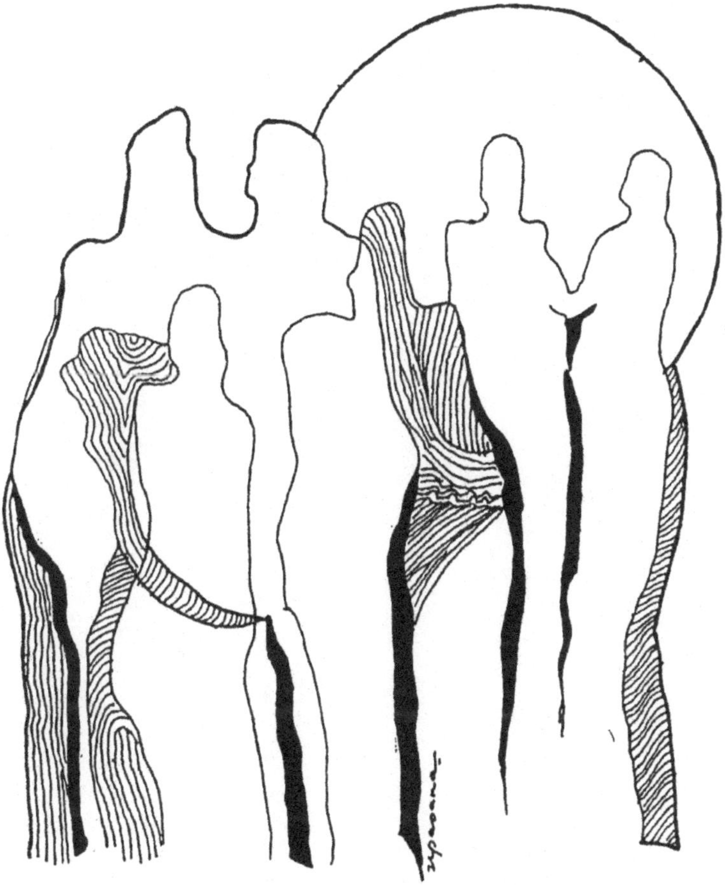

16
Unsere Mitmenschen

Freundlichkeit gegenüber positiven Menschen .... Mitgefühl und Mitleid .... Eifersucht .... Den Erfolg anderer feiern .... Umgang mit böswilligen Menschen .... Hass und Angst .... Neutralität .... Achtsamkeit und Disziplin .... Das Ausmaß der Freiheit .... Nicht reagieren

Wir haben in unserem Leben mit Menschen unterschiedlicher Natur und Charakter zu tun. Dadurch wird der Umgang mit ihnen für uns oft zum Problem. Patanjali[29] gibt uns in seinem Urtext des Yoga eine vierfache Methode, um die emotionalen Probleme im Umgang mit unseren Mitmenschen zu lösen. Denn in dem Bereich des zwischenmenschlichen Kontakts finden all unsere negativen Anlagen ihre Ausprägung. Patanjalis hilfreiche und sehr wirkungsvolle Formel hierzu heißt: *Maitri, Karuna, Mudita* und *Upeksha.*[30]

Maitri ist die Tugend der Freundlichkeit. Sie gilt nicht notwendigerweise jedem. Sollte jemand dazu in der Lage sein, dann ist er ein Heiliger. Für uns bedeutet dies zunächst, freundlich mit fröhlichen, aufgeschlossenen, positiven und weisen Menschen umzugehen. Wir sollten den Umgang mit solchen Menschen pflegen, weil diese Qualitäten einen positiven Einfluss auf uns haben. Wir alle suchen den Kontakt mit Menschen, die glücklich sind und daher andere akzeptieren können. Oft erlauben uns unsere eigenen Komplexe nicht, einer solchen Person näherzukommen. Wir fühlen uns ihr gegenüber gehemmt. Also halten wir Abstand und sind sogar eifersüchtig. Patanjali rät uns

29 Der Autor des *Yoga-Sutra* von Patanjali, eines der ursprünglichsten Texte des Yoga.

30 Vgl. Patanjali *Yoga-Sutra,* Teil 1, »Samadhi Pada«, Sutra 33.

hier, die Gesellschaft solcher Menschen zu suchen, um deren Qualitäten für uns übernehmen zu können. Wir werden immer beeinflusst von den Menschen, die uns umgeben. Daher ist es so ratsam, den Umgang mit positiven und ehrlichen Menschen zu suchen und zu pflegen.

Das bedeutet aber nicht, dass wir leidende Menschen ignorieren sollten. Sie sind genauso zu akzeptieren wie jeder andere, und wenn wir es oft nicht können, zeigt sich darin unsere eigene Schwäche. Daher versuchen wir den Kontakt mit solchen Menschen zu meiden. Das aber können wir uns nicht leisten, wenn wir bedenken, dass wir jederzeit selbst in eine solche Situation kommen können. Wir würden dann auch das Mitgefühl und Verständnis unserer Mitmenschen erwarten.

Jetzt sind wir in der Situation, in der wir geben und Mitgefühl entwickeln können. Das bezeichnet Patanjali als *Karuna,* und er versteht darunter die Haltung, einen leidenden Menschen so zu akzeptieren, wie er ist. Mitfühlend wünschen wir diesem Menschen, dass er von seinem Leid befreit wird. Wenn wir die Möglichkeit haben, auch praktisch zu helfen, dann ist das umso besser. Aber selbst wenn dies nicht möglich ist, so macht uns doch dieses Mitgefühl sanft und mild dem leidenden Menschen gegenüber. Wenn jemand an Hunger leidet oder physisch krank ist, müssen wir natürlich auch praktisch helfen. Aber der Großteil menschlichen Leids ist rein psychischer Natur, sodass weniger praktische Hilfe als unser Mitgefühl benötigt wird. Mitleid ist nicht hilfreich. Zwischen Mitgefühl und Mitleid ist ein großer Unterschied. Wenn wir Mitleid in uns verspüren, dann versuchen wir aus einer höheren Position heraus zu helfen und erniedrigen dadurch den Hilfsbedürftigen. Der Akt des Helfens geschieht dann aus einer Überheblichkeit dem anderen gegenüber, indem wir stolz die Rolle des Helfenden spielen. Bei Mitgefühl reagieren wir in einer ganz natürlichen und spontanen Weise auf den Leidensdruck eines Menschen, wir haben ein gutes Gefühl, das wir weitergeben.

Ein anderes Problem beruht auf der Tatsache, dass wir oft den

Erfolg anderer nicht wirklich anerkennen können und in uns Eifersucht entsteht. Das ist besonders in der heutigen Zeit ein großes Problem, da der Konkurrenzkampf in unserer Gesellschaft stark ist. Viele Menschen versuchen, mit allen Mitteln der Beste zu sein. Unser Wertesystem vermittelt uns die Lebensziele, in der Welt etwas zu erreichen, um damit Größe zu zeigen. Solange wir eine solche Einstellung haben, können wir es natürlich nicht ertragen, wenn ein anderer unsere eigenen Fähigkeiten übertrifft. Dann versuchen wir eventuell, den anderen bei seinem Aufstieg zu behindern. Wenn jemand in irgendeinem Bereich etwas wirklich gut machen will, dann mobilisieren sich um ihn Kräfte, ihn zu behindern. Daher muss jemand, der wirklich mit guten Vorsätzen etwas erzielen will, große innere Stärke und eine sportliche Einstellung besitzen.

Wie sollen wir nun mit solchen Situationen umgehen, speziell mit Menschen, die im selben Bereich wie wir tätig sind, im Geschäft, im Bereich der Erziehung oder im Sport. Hier empfiehlt uns Patanjali *Mudita,* das bedeutet, wir sollen den Erfolg eines anderen wie unseren eigenen sehen und genießen. Wenn wir jeden Erfolg eines Menschen als einen Erfolg der ganzen Menschheit betrachten könnten, dann würde sich die ganze Welt spontan in ein wahres Paradies verwandeln. Es gäbe keine Rivalität, keinen Neid und keine Eifersucht mehr, die sonst so aktiven zerstörerischen Kräfte, die wie der Rost im Stahl sind, würden verschwinden. Wenn wir Eifersucht in uns entwickeln, zerfrisst sie uns nicht nur selbst innerlich, sie versucht auch anderen Personen zu schaden. Dies ist die schlimmste aller negativen Kräfte im Menschen, die sich schon in der Kindheit zeigt. Bei einem kleinen Kind ist schon zu beobachten, dass es nicht tolerieren kann, wenn ein anderes Kind ein Spielzeug bekommt. Möglicherweise geht es hin und nimmt es ihm weg, zerstört es vielleicht sogar und genießt es, wenn das andere Kind zu weinen beginnt. Diese negative Kraft ist tief in uns allen verwurzelt.

Große Schwierigkeiten bereitet uns der Umgang mit böswilligen und gefährlichen Menschen. Selbst ohne Veranlassung möchten solche Menschen uns Schaden zufügen. Uns bieten sich da meist nur zwei Möglichkeiten: Wir beginnen solche Menschen zu hassen, oder wir entwickeln eine große Angst, weil wir in uns eine starke Abneigung spüren. Hass und Angst basieren beide auf Abneigung und sind zwei Seiten der gleichen Münze. Doch auch solche Menschen können wir nicht einfach ignorieren, denn jeder hat das gleiche Recht, auf dieser Welt zu existieren. Es ist nicht unser Recht zu bestimmen, wer einen Platz in dieser Schöpfung hat und wer nicht. Es ist aber die Frage, wie wir uns von dem Leidensdruck, der Hass und Angst in uns hervorruft, befreien können. Hier empfiehlt uns Patanjali *Upeksha,* eine neutrale Einstellung, die bedeutet, dass wir uns gedanklich befreien können. Ignorieren bedeutet, dass wir diese Person noch geistig mit uns führen, allerdings in der Form von starker Abneigung. Mit Upeksha sollen wir eine innere Neutralität entwickeln, die uns erhalten bleiben soll, selbst wenn eine solche Person in unserem Umfeld lebt. Damit ignorieren wir nicht die Person, aber wir ignorieren die schlechten Eigenschaften in ihr. Die Fähigkeit, das Menschliche selbst bei einem solchen Menschen zu sehen, setzt große innere Stabilität voraus. Wenn wir die ehrliche Absicht haben, den anderen einfach nur als einen Mitmenschen zu betrachten, können wir sicher sein, dass der andere dies irgendwann in gleicher Weise erwidern wird. Parallelen dazu gibt es im Tierreich. Jemand, der angeblich gefährliche Tiere als harmlose und friedliche Kreaturen ansieht, wird nicht angegriffen. Aber wir haben nicht diese innere Stärke, und es entsteht Angst. Diese überträgt sich auf das Tier, und es bedroht uns oder greift uns sogar an. Wenn wir also unsere Emotionen neutralisieren können, so hat dies eine neutralisierende Wirkung auf unsere Umgebung.

Dies ist also die vierfache Formel, die uns Patanjali hinterlassen hat. Wir sollen damit arbeiten, bis sie zu unserer eigenen Natur wird. Am Anfang ist dazu große Achtsamkeit und Disziplin notwendig. Wenn immer wir Hass oder Eifersucht verspüren, können wir diese Hilfen anwenden, bis wir sie ganz natürlich und spontan benutzen. Wenn wir diese Hilfen zunächst bei einem Menschen anwenden können, dann können wir es irgendwann bei jedem. Es braucht Zeit und große Achtsamkeit.

Wenn du in dir selbst Gutes sehen kannst, wenn du in und mit dir selbst ein gutes Gefühl hast, dann verschwindet auch der Hass anderen Menschen gegenüber. Wenn du dich gut fühlst, kannst du das Gute auch in anderen Menschen sehen. Das zu lernen, ist schwierig, aber nicht unmöglich. Es ist nur für einen begrenzten Zeitraum schwierig, dann wird es einfacher. Wenn du es nicht einmal versuchst, dann hast du eine große Möglichkeit vertan, dein Leben einfacher werden zu lassen.

Jeder hat etwas Göttliches in sich, was darauf wartet, erkannt zu werden. Jeder, selbst der schrecklichste Mensch, den du für schlecht hältst, wartet darauf, dass jemand kommt und diese Sanftheit in ihm berührt. Das Gute und Schlechte vermischten sich in jedem von uns. So wie du bist, so siehst du auch andere Menschen. Mit einem unschuldigen Verstand siehst du die Unschuld in anderen.

Aber es ist sehr schwierig, auf die Einflüsse unserer Mitmenschen anders oder gar nicht zu reagieren.

Dein Stand in der Evolution wird dadurch bestimmt, wie viel Freiheit du hast, zu reagieren oder nicht zu reagieren. Ein Mensch, der nicht sehr entwickelt ist, dessen Reaktionen sind sehr berechenbar. Wenn du einen Stein nach einem Hund wirfst, weißt du genau, was passieren kann. Entweder der Hund rennt weg, oder er springt dich an und beißt dich. Wenn du einen Stein auf einen Menschen wirfst, dann gibt es viele Möglichkeiten und unterschiedliche Reaktionsmuster. Deine Reaktionen der jeweiligen Situation entsprechend bewusst anzupassen bedeutet Freiheit. Die größte Freiheit ist es, überhaupt nicht zu reagieren. Wenn du entspannst, dann kommt diese Freiheit ganz natürlich zu dir.

Es erscheint mir unwahrscheinlich, diese neutrale Haltung im Berufsleben zu realisieren.

Du erreichst es in Graden, proportional zum Grad deiner Entspanntheit. Du hast die Freiheit, nicht zu reagieren, obwohl du sie kaum bewusst benutzt. Wenn du morgens gut gelaunt zur Arbeit gehst, und dein Chef versucht dich anzutreiben, dann reagierst du weitaus weniger darauf und bist unberührter davon, als wenn du nicht ausgeschlafen und griesgrämig dort erscheinst. Die Möglichkeit, nicht zu reagieren, ist ganz einfach größer, wenn du entspannt bist. Diese Möglichkeit kannst du nicht nutzen, wenn du hektisch im Geist bist. Deine Freiheit geht sogar so weit, dass du irgendwann den Geist willentlich anhalten kannst. Dies stärkst du mit all den spirituellen Übungen. Wir verlangsamen bewusst und stärken dadurch unsere Freiheit, nicht zu reagieren.

Die Fähigkeit, zu entspannen, nimmt die Angst vor dem Leben weg. Solange du nicht weißt, wie man schwimmt, hast du Angst, im Wasser zu ertrinken. Wenn du gelernt hast zu schwimmen, dann ist das eine Freude für dich. Wenn du die Fähigkeit in dir entdeckst, zu entspannen, hast du auch keine Angst mehr vor den gefährlichen Situationen. Das ist im persönlichen und im beruflichen Leben so.

Aber ist es wirklich möglich, überhaupt nicht zu reagieren?

Wie würdest du reagieren, wenn du in eine ganz neue Lebenssituation gerätst, wo alles vollkommen neu und unbekannt für dich ist? Du würdest dich dann einfach nur wundern. Der Geist ist dann in einem Zustand, in dem er nichts weiß, aber hellwach. Es gibt für ihn nichts zu tun, da es nichts gibt, worauf er reagieren könnte. Das sind wunderschöne Momente. Es besteht keine Notwendigkeit, irgendetwas zu benennen oder zu analysieren. Der Geist ist im Zustand der Verwunderung. Der gleiche Zustand kann durch willentliche und achtsame Entspannung erfahren werden.

Wenn ich einem Menschen Komplimente mache, schmeichele ich dann seinem Ego?

Wenn du gute Qualitäten in einem anderen siehst, sage es ihm. Sieh nicht nur seine Fehler. Dadurch bläht sich das Ego eines anderen Menschen nicht auf. Wenn du jemandem sagst, er habe einen wunderschönen Körper, dann bläht sich sein Ego auf. Zeige den Menschen die guten Qualitäten, die sie in sich haben. Vergiss aber nicht, dass du es für dich selbst tust, denn du fühlst dich gut, wenn du Komplimente machst.

Ist das Leben nicht langweilig, wenn ich nicht mehr reagiere?

Nicht zu reagieren bedeutet, gleichmütig zu sein, und dies bedeutet Festigkeit und Stabilität. Du wirst einerseits nicht hellauf begeistert sein, wenn du Erfolg hast, andererseits aber auch nicht depressiv bei Misserfolgen. Jemand, der nicht zu weit nach oben springt, kann nicht so tief fallen und bleibt gleichmütiger. Darin besteht auch der Unterschied zwischen einem intelligenten und einem ignoranten Menschen. Ein ignoranter oder unwissender Mensch nimmt einen Erfolg – sei er auf der materiellen oder geistigen Ebene – immer für sich selbst in Anspruch. Und genauso intensiv reagiert er mit Ärger und Klage bei Misserfolgen. Für einen weisen Menschen ist jeder Erfolg ein Anlass zur Dankbarkeit. Er ist auch im Erfolg demütig. Wenn du den Erfolg nicht für dich in Anspruch nimmst und dich dankbar fühlst, wird dadurch dein Ego nicht bestärkt. Ein gleichmütiger Mensch wird bei Versagen und Niederlage noch demütiger. Die Weisheit kommt aus der Niederlage, nicht aus dem Erfolg. Immer wenn du besiegt wirst, öffnet das deine Augen, und du denkst nach. Wenn in deinem Leben alles in Ordnung ist und du erfolgreich bist, so lange bist du geblendet. Niederlagen sind ein Segen in Verkleidung. Sie bringen dich wieder in die richtige

Richtung. Wenn sich zum Beispiel bei uns eine Beziehung auflöst, in die wir vollkommen vertraut haben, sind wir enttäuscht, und alles bricht für uns zusammen. Dann beginnen wir, darüber zu reflektieren, und der Schmerz verschwindet auch im Laufe der Zeit wieder. Aber das gleiche Spiel wiederholt sich meistens bei nächster Gelegenheit wieder. Weisheit bedeutet, durch alles unberührt hindurchzugehen. Deine erfolgreichen Zeiten sind gefährlicher als die, in denen du versagst.

17
Liebe

Emotionale Liebe .... Geben und Nehmen .... Mutterliebe .... Beschränktheiten der Beziehungen .... Liebe ohne Grund .... Traurigkeit und Sehnsucht .... Demut und Hingabe .... Partnerschaft .... Nächstenliebe

Die emotionale Liebe ist konditioniert und hat daher enge Grenzen und viele Beschränkungen. Sie ist eine Form der Liebe, die auf Erwartungen und Verlangen basiert. Sie ist befleckt von Selbstsucht und Egozentrik. »Ich liebe jemanden, weil mir dieser Mensch viel Freude gibt.« »Ich liebe alles in der Welt, weil es mir Annehmlichkeiten vermittelt.« Häufig betrachten wir den Partner als persönlichen Besitz, »mein Mann«, »meine Frau«, so wie wir die Gegenstände in unserem Haus besitzen. Diese Haltung macht abhängig, bringt Verhaftungen und Gebundenheit. Die meisten Beziehungen gehören zu dieser Kategorie.

Aber es gibt auch eine andere Form der Liebe, in der das Geben wichtiger wird. Wir erleben das zum Beispiel in der anfänglichen Phase einer Partnerschaft, in der beide sehr glücklich sind. Da ist ein Drang in beiden, dem Partner immer mehr zu geben. Es ist fast wie eine Konkurrenz, wer mehr geben kann. »Ich gebe dem anderen alles, damit er glücklich wird. Seine Freude ist meine Freude.« Das ist eine gereinigte Form der Liebe. Aber auch sie ist begrenzt. Wir sind bereit, alles aufzugeben für die Freude eines anderen Menschen, aber nur solange dieser unsere Liebe erwidert. Wenn sich der Partner nicht nach unseren eigenen Vorstellungen verhält, dann versiegen diese Liebe und Freude sehr rasch. Außerdem beschränkt sich der Wunsch, Gutes zu tun, hier nur auf eine Person. Wenn wir diese Einstellung ganz natürlich zu allen Menschen haben könnten, dann würde kein Leid daraus entstehen können.

Die Beziehung zwischen Mutter und Kind wird als die reinste Form zwischenmenschlicher Beziehung bezeichnet. Diese Beziehung basiert auf einem Gefühl von Liebe und Freude, bei dem die Mutter sich selbst vollkommen aufgibt. Aber auch diese Liebe ist durch viele Faktoren beschränkt. Selbst die Mutterliebe ist mit Erwartungen verknüpft. Es gibt Mütter, die sich in ihre Kinder vernarren und sie als ihr Eigentum betrachten. Wenn das Kind beginnt, eigene Wege zu gehen, fühlt sich die Mutter verletzt. Wenn man sich nur aufgrund einer Erwartung hingibt, dann ist das eben nur ein Handel. Jede Form zwischenmenschlicher Beziehungen hat diese Beschränkung. Wirklich vollkommene Liebe ist nicht möglich, solange du abhängig bist. Du kannst große Erfüllung finden, aber nicht die Vollkommenheit.

Hinter diese Grenzen zu gehen, das ist *Bhakti-Yoga*[31]. Das ist die Erfahrung unkonditionierter und unbeschränkter Liebe. Ein starkes Verlangen ist die Kraft, die Menschen zu dieser Liebe bringt. Diese Sehnsucht ist anfänglich sehr schmerzhaft und mit starker Empfindsamkeit verbunden. Es ist ein Schmerz, der nicht vergleichbar ist mit dem Schmerz der Enttäuschung. Es ist auch keine Emotion, es ist einfach ein ganz intensives Gefühl, das danach drängt, die Liebe zu finden. Es ist eine Sehnsucht, die sich bis zu ihrer absoluten Erfüllung verstärkt. Die Erfüllung ist ein inneres Fest. Das Individuum findet Erfüllung in vollkommener Liebe, die auf nichts gerichtet ist. Diese Liebe findet ihren Ausdruck in überfließender Dankbarkeit. Hier ist nichts konditioniert. Diese Liebe hat keinen Grund. Wenn jemand diese Liebe in sich findet, verstummt er innerlich. Er fällt in einen Zustand der Verwunderung, in dem er die Fähigkeit verliert, sich auszudrücken. Es entsteht das Gefühl der absoluten Ruhe und Stille. Es ist ein Zustand, in dem die Todesangst überwunden ist und das Gefühl der Unsterblichkeit sich ein-

31 Einer der vier Pfade des Yoga: der Pfad der Liebe und Hingabe.

stellt. Das ist die Erfüllung des Bhakti-Yoga. Es ist die Erfahrung einer Liebe ohne jeglichen Grund, die überfließt in Liebe allem und allen gegenüber. Für einen sensiblen Menschen, der emotional veranlagt ist, ist das der einfachste Weg. Es geht darum, die Sensibilität zu nutzen und die Sehnsucht auf dieses Ziel hin zu lenken.

Ein kleines Kind hat nur eine Sprache, durch die es sein Unbehagen ausdrücken kann: es weint und schreit. Das ist der harmloseste Weg, übermäßige Energie abzugeben. Aber mit dem Erwachsenwerden haben wir gelernt, das Weinen zu unterdrücken. So finden wir andere Ausdrucksformen für unser Unwohlsein und richten dadurch bei uns selbst und anderen Schaden an. Auf dem Pfad der Hingabe transformiert sich Leid in Sehnsucht. Sehnsucht ist das Schreien des Herzens. Der Mensch schreit in seinem Herzen wie ein Kind, wodurch er sich von Leid befreit und erleichtert fühlt. Es entsteht ein Zustand innerer Sanftheit. Wenn du einmal täglich aus der Tiefe deines Herzens alle unterdrückten Gefühle herausweinen könntest, würde der Rest des Tages für dich sehr angenehm verlaufen. Das würde dich bescheiden machen. Wenn ein Kind weint, dann wird die Mutter kommen und es umarmen. Sie wird es schützen. Wenn das Kind im Arm der Mutter liegt, dann vergisst es alles. Das Gleiche geschieht mit dir. Jemand, der das kennt, braucht kein Wissen und keine Meditation. Es ist ein direkter Weg.

Verwandle Traurigkeit in Sehnsucht. Das Leid kann durch vollkommene Annahme in Sehnsucht transformiert werden. Dadurch wird es möglich, durch schwierige Situationen hindurchzugehen. Wenn du traurig bist, dann weine und ergib dich. So transformierst du Traurigkeit in inneren Frieden. Wenn du gegen die Traurigkeit kämpfst, entstehen Frustration und Gefühlsausbrüche. Scheue dich also nicht, dich der Traurigkeit hinzugeben, denn sie wird dich wieder zur Zufriedenheit geleiten. Die Gegenwehr, die wir leisten, wenn wir fürchten, uns selbst zu verlieren, ist Angst. Der seltsame Drang, sich selbst zu verlieren, ist Sehnsucht.

Jedes Verlangen, das du hast, ist diese Sehnsucht. Es ist das Verlangen, unsere Quelle zu berühren. Jedes Verlangen, auch das materielle, ist dadurch motiviert. Aber die Vorstellung, sich willentlich und bewusst zu verlieren, löst Gegenwehr und Angst in uns aus. Wir möchten für immer glücklich und friedvoll sein, ohne uns selbst zu verlieren. Das kann niemals geschehen.

Ohne Liebe gibt es keinen Sinn im Leben. Nur mit ihr kann das Leben bedeutungsvoll werden. Das Glück und die Freude des Verliebtseins, das wir erlebten, konnte sich deshalb entfalten, weil das Ego vollkommen aufgab. Gib dich in Demut und Bescheidenheit und ohne jegliche Erwartung hin. Solange Erwartungen da sind, entsteht Leid. Das ist die Beschränktheit von persönlichen Beziehungen. Der Intellekt kann sich einen perfekten Menschen erdenken, aber ein solcher existiert nicht. Nur weil du nicht weißt, wie du die Liebe direkt erfahren kannst, brauchst du einen Partner. Alle Beziehungen zur äußeren Welt und zu anderen Menschen hast du nur deshalb, weil du nicht weißt, wie du Liebe in dir direkt erfahren kannst. Wenn jemand die Erfüllung findet und den Prozess der Sehnsucht und der Hingabe wirklich in sich zulässt, dann erlebt er diesen hingebungsvollen Zustand auch in allen seinen Beziehungen.

Wem oder wohin soll ich mich hingeben?

Viele Menschen denken bei dem Wort Hingabe, man müsse sich jemandem hingeben. Gib dich dir selbst hin. Es ist wichtig, dass du dieses Gefühl der Hingabe in dir hast. Gib deinen Intellekt dem eigenen Gefühl im Herzen hin. Solange du im Kopf lebst, hast du Probleme. Er hat dann die Führung und beeinflusst das Gefühl. Das Gefühl, das mit vielen Gedankenprozessen belastet ist, schlägt wieder zurück. Es reflektiert sich wieder im Geist, und so entstehen Emotionen.

Wenn der Geist langsam ist, dann attackiert er das Gefühl

nicht. Wenn du sehr entspannt bist, dann ist das Gefühl auch sehr sanft und freundlich. Bei einem sanften Gefühl sind auch die Emotionen sanft und freundlich. Wenn du anfängst, mit dem Gefühl zu leben, dann übernimmt es die Führung in deinem Leben. Dieses Gefühl ist vollkommen unabhängig, es nährt sich selbst, und darin besteht auch seine Schönheit. Der Gedanke der Hingabe ist für das Ego sehr beängstigend. Deshalb ist vielleicht »Liebe« dafür das bessere Wort, aber gemeint ist das Gleiche, egal, ob du Loslassen, Hingabe, Liebe oder Entspannung sagst.

Wenn du aus dem Zentrum des Herzens heraus lebst, dann integriert dies die Aktivitäten des Kopfes. Das Leben wird schön, und du kannst die Dinge akzeptieren. Dein Herz sagt: Komm, ruhe dich hier aus, ich kümmere mich um diese schwierige Situation. Es versucht, dich ständig zurückzurufen. Immer wenn du dich verletzt fühlst, dann sagt es: »Komm zurück.« Deine Arroganz erlaubt es dir nicht und sagt: »Nein. Ich will wieder kämpfen und gewinnen und etwas beweisen.« Du identifizierst dich mit dem Intellekt. Du wirst sehen, dass du unter der Herrschaft des Intellektes nicht die Erfüllung im Leben finden kannst. Stelle dich also dieser Herausforderung!

Wenn ich also Frieden und Glück in mir habe, brauche ich keinen Menschen?

Ja, aber es würde dir auch nichts ausmachen, mit einem Partner zu leben. Du lebst dann friedlich mit dem Partner. Es gibt dann auch keinen Grund, ihn zu verlassen. Wenn du keinen Partner hast, wirst du aufhören, danach zu suchen. Wenn du einen Partner hast, wirst du weiter mit ihm zusammenleben. Das ist alles.

Sind Verliebtheit und persönliche Liebe eine Täuschung?

Liebe zu einer anderen Person reflektiert die Liebe, die in dir ist. In dem Sinne ist sie keine Täuschung. Liebe zu sich selbst ist keine Illusion. Dass ich Liebe von einem anderen Menschen bekomme, das ist Illusion.

Warum bin ich nicht in der Lage, allen unbegrenzte Liebe zu geben?

Du selbst beschränkst die Liebe. Wenn die Liebe nicht mehr auf bestimmte Menschen fokussiert ist, fließt sie nach außen ohne jegliche Wahl. Du brauchst das nicht tun, es geschieht einfach. Wirkliche Liebe braucht keinen Ausdruck. Es ist gleich schön, ob du sie ausdrückst oder nicht.

Ist Liebe ein Gefühl des Einsseins mit sich selbst?

Der Zustand tiefer Zufriedenheit, also der Zustand tiefen Friedens, das ist auch ein Zustand tiefer Liebe.

Wenn ich weise bin, verliebe ich mich dann nicht mehr?

Wenn du weise bist, dann *bist* du im Zustand der Liebe und hältst nicht mehr Ausschau nach äußerer Liebe. Warum solltest du dich nur in eine einzige Person verlieben? Kennst du das Gefühl, alle Menschen zu lieben? Es ist ein sehr intensives Gefühl ohne Emotionen. Du könntest alles umarmen, nicht nur eine Person. Wenn du dich verliebst, ist deine Liebe auf eine Person fokussiert. Du bist dann verbunden mit einem Menschen, und deswegen ist da auch »Festhalten«. Wenn du in der Liebe bist, ist das Gefühl das gleiche, aber woran solltest du dich festhalten? Da ist kein Besitzanspruch und keine Verlustangst. Es ist die große Liebe. Es ist das gleiche Spektrum. Aber es ist nicht so verengt, sondern im ausgedehnten Zustand.

Aus einem natürlichen Zustand der Zufriedenheit fließt sie über. Du bist so davon erfüllt, dass du es nicht auf dich begrenzen kannst. Es ist ein Gefühl des Überfließens. Ohne Grund! Deshalb ist es vergleichbar mit einer Blume. Sie blüht für jeden. Sie macht keine Unterschiede. Sie gibt ihren Geruch allen ohne Einschränkung und Intention. Deswegen wird sie von allen geliebt.

Aber es gibt doch den Wunsch, alles mit einem Menschen zu teilen, wie kann man damit umgehen?

Du kannst doch mit jedem Menschen gute Dinge teilen. Warum brauchst du dazu eine ganz bestimmte Person? Da begrenzen wir uns.

Was ist der Grund dafür, dass ganz bestimmte Menschen Anziehungskraft aufeinander ausüben?

Es ist eine Tendenz in dir, nach etwas Ausschau zu halten. Sie lässt dir Dinge und Menschen attraktiv erscheinen. Menschliche Beziehungen sind nichts anderes als alle anderen Attraktionen der Welt. Wenn ein Mensch für dich attraktiv ist, dann geschieht dies aufgrund dieser Tendenz. Es ist dann eine Unruhe in dir und eine Suche. Dann siehst du jemanden, schaust in seine Augen und verliebst dich. Warum und wie es geschieht, ist schwer zu erklären. Wenn du wissen willst, warum du dich gerade in einen bestimmten Menschen verliebt hast, dann musst du zum Astrologen gehen. Sie haben dafür Erklärungen. Wenn du lernst, dich allein wohlzufühlen und zufrieden zu sein, dann wird diese Suche aufhören. Du kannst die attraktivsten Menschen der Welt treffen. Deine Fähigkeit, Schönheit zu schätzen, bleibt, aber der Wunsch, ihnen näherzukommen, wird schwächer. Das Gefühl für die Schönheit des Lebens geht nicht verloren. Du siehst Schönheit in allen Menschen.

Es sind der Wunsch nach Geborgenheit und die romantischen Vorstellungen, die die Suche nach einem Partner aufrechterhalten. Tatsache des Lebens ist aber, dass du immer allein bist.

Wie ist die Beziehung hier in unserer Gruppe? Woran fehlt es? Es ist doch perfekt. Jeder ist unabhängig und fühlt sich dabei gut. Da existiert eine Beziehung, die man nicht definieren kann. Wenn es hier jemandem schlecht geht, würde doch jeder helfen. Dennoch liegt keine sentimentale und emotionale Verhaftung vor.

Die Sehnsucht sollte dahin gehen, das Angenehme in dir selbst zu finden. Verliebe dich in dich selbst. Du liebst doch das gute Gefühl, wenn du mit jemandem zusammen bist. Lerne direkt dahin zu gehen, ohne ihn, ohne sie, ohne alles.

Was ist der Unterschied zwischen »einsam« und »allein«?

Wenn du einsam bist, dann vermisst du etwas, einen Menschen oder irgendetwas. Wenn du allein bist, dann bist du einfach mit dir selbst zusammen und dabei zufrieden. Allein zu sein ist die Tatsache des Lebens. Einsamkeit ist eine Illusion.

Man kann ja wohl die Beziehungen dieser Gruppe nicht mit denen in einer Familie vergleichen!

Der Irrtum beruht auch hier wieder in der Annahme, dass unser Wohlbefinden von der Außenwelt abhängig ist. Ob du mit jemandem zusammenlebst oder nicht, das spielt keine Rolle. Es ist wichtig, wie du selbst innerlich bist. Jemand, der allein ist, hängt sein Leid daran auf, dass er allein ist, und jemand, der mit anderen zusammen ist, der hängt sein Leid am Zusammensein auf. Glücklich wirst du nur, wenn du die Erfüllung in dir findest. Solange das für dich nicht wichtig ist, wie du dich fühlst, hast du Spiritualität nicht kennengelernt.

Ist Aggression fehlende Liebe?

Wenn ein kleiner Junge etwas Falsches tut, indem er seine Aggressionen auslebt, dann sollte man sehen, wie er sich innerlich fühlt. Er ist unglücklich. Wenn du sehen könntest, wie es in ihm aussieht, würdest du nicht ärgerlich sein, sondern Mitgefühl haben. Ob das dann Früchte trägt, das liegt nicht an dir. Den Kindern nur zu sagen, dass sie etwas Falsches tun, ist nicht der richtige Weg. Sie hören ständig, was sie nicht tun sollen. Aber niemand erzählt ihnen, was zu tun ist. Eine gute Absicht und Mitgefühl helfen einem Menschen, Aggressionen zu überwinden.

Also entspricht dieses Verständnis dem Gebot »Liebe deinen Nächsten wie dich selbst«?

Die Nächstenliebe geschieht, wenn du dich selbst liebst. Liebe dich selbst, das ist genug. Das beinhaltet alles. Der Rest geschieht. Liebe ist wie Raum und sollte allem Platz geben, nicht nur den guten Dingen. Auch die schlechten Dinge haben da ihren Platz. Er gibt allem und jedem Platz, weil du friedlich bist. Der Ausdruck der Liebe ist nur ein kleiner Teil. Die Liebe selbst braucht keinen Ausdruck. Sie weiß, wie sie sich selbst ausdrückt.

Unser Problem ist es, dass wir versuchen, alles zu intellektualisieren, selbst die große Liebe. Wir versuchen, die große Liebe mit unserem kleinen Intellekt zu verstehen.

18
Karma

Hilflosigkeit .... Sich leicht fühlen .... Tendenzen .... Reaktionen .... Bindende Handlungen .... Richtiges und falsches Handeln .... Sensible und unsensible Menschen .... Physische und mentale Handlungen .... Absicht der Handlung .... Handlung als Opfer .... Geschehen lassen .... Freier Wille

Wenn jemand in diese Welt hineingeboren wird, ist Schreien der erste Ausdruck seines Lebens. Es ist die Hilflosigkeit, die in jedem von uns existiert und sich bereits bei der Geburt ausdrückt. Wir sind unfähig, in uns vollkommene Zufriedenheit zu finden. Diese uns angeborene Hilflosigkeit ist Ursache für all unser Handeln. Jede Aktivität zielt nur darauf ab, dieses unangenehme Gefühl der Hilflosigkeit in uns zu überwinden. Dieser Zwang zum Handeln, der noch keine Richtung angenommen hat, ist das ursprüngliche Leid. Es ist die Unfähigkeit, sich leicht zu fühlen. Diese innere Ruhelosigkeit wächst im Menschen und findet ihren Ausdruck im Geist. Wir handeln nur, um von diesen Kräften der Unruhe loszukommen.

Diese Unruhe besteht aus latenten Tendenzen[32], die bestimmen, wie und mit welcher Intensität wir auf bestimmte Situationen reagieren. Ohne diese Tendenzen würden wir nicht reagieren. Es sind Eindrücke aus der Vergangenheit, die in jedem Moment wirksam werden können. Jede Reaktion, ob freudig oder enttäuschend, ist der Ausdruck solcher Tendenzen. Wenn du reagierst, nicht physisch, sondern emotional und mental, dann wird diese Tendenz wieder genährt und gestärkt. Bei der nächsten Gelegenheit wird dann die Reaktion noch stärker. Wenn die

32 Tendenzen sind *Samskaras,* die bereits in Kapitel 12 erklärt wurden.

Tendenzen sehr stark in dir werden, hast du hinsichtlich deiner Reaktionen keine Wahl mehr. Das bedeutet dann, dass du keine Freiheit hast und leidest.

Wenn diese Reaktionen oder Tendenzen in der äußeren Welt ihren konkreten Ausdruck finden, nennt man dies *Karma.* Die wörtliche Übersetzung von Karma heißt »Handlung«. Gemeint ist allerdings nicht die äußere Handlung, sondern die Emotionen und die Absicht, die damit verbunden sind. Es handelt sich also nicht um die physische Handlung, sondern um die mentale Aktivität. Die physische Handlung, die nicht mit dem Verstand verbunden ist, kann nicht als Karma bezeichnet werden, weil sie keine bindende Kraft hat. Das betrifft zum Beispiel den Herzschlag, die Verdauung, den Atem oder das Gehen. All diese Handlungen binden dich nicht, denn ihnen fehlt die Verbindung mit dem Verstand. Jede Handlung, die ohne Beteiligung des Verstandes geschieht, ist neutral, spontan und daher nicht Karma.

Konflikte bereiten die Handlungen, bei denen die Frage auftaucht, ob sie auszuführen sind oder nicht. Jeder von uns befindet sich zeitweilig in dem Dilemma, entscheiden zu müssen, was zu tun ist und was nicht. Vor allem sensible Menschen geraten hier in einen Konflikt. Sie möchten anderen Menschen nicht schaden, weil ihr Gewissen das nicht erlaubt. Sie schaden sich selbst und leiden daher mehr. Es ist das Gefühl von Verpflichtung und Verantwortung, das sie bindet. Dickhäutige und unsensible Menschen haben weniger Probleme mit sich selbst, aber dafür bereiten sie ihrer Umgebung umso mehr Probleme. Sie lassen das Leid nicht an sich heran, aber sie bringen anderen Menschen Leid. Für diese gibt es hier keine Antwort.

Es geht nicht darum, deine Handlungen zu verändern. Es kann dir hier nur aufgezeigt werden, wie du deine Einstellung verändern kannst. Dadurch können sich Konflikte auflösen. Die Handlung wird perfekt vollzogen, und du bist bei den Ergebnissen der Handlung nicht gebunden. Der emotionale Faktor bestimmt die Handlung. Die physische Handlung ist nur das, was aus der wirklichen Handlung entsteht. Die mentale Handlung, die dahintersteht, das ist die wirkliche Handlung. Daher ist es nicht notwendig, sich aus dem Geschehen der Welt zurückzuziehen. Das wäre ohnehin unmöglich.

Es gibt Menschen, die sich aus der Welt zurückziehen, um ein Leben der Entsagung zu führen. Sie möchten durch äußere Distanz innere Ruhe finden. Letztendlich ist aber nicht wichtig, was du tust, sondern nur, wie du es tust. Handeln geschieht nicht äußerlich, es geschieht in dir. Jede Handlung an sich ist neutral. Es sind die Emotionen, die ihr Qualitäten geben, und dadurch wirst du gebunden. Versuche nicht, die äußeren Aktivitäten zu verändern. Da liegt nicht das Problem. Achte auf den mentalen Bereich, denn da entsteht die Handlung. Es ist nur notwendig, deine Einstellung dazu zu verändern.

Eine Geschichte soll dies verdeutlichen. Ein älterer Mönch und sein Schüler wollten einen Fluss überqueren und suchten eine Stelle, wo das Wasser seicht war. Da sahen sie eine junge Frau, die vergebens versuchte, den Fluss zu überqueren. Der ältere Mönch bot ihr an, sie auf seinen Schultern durch das Wasser zu tragen. Sie willigte ein, und er trug sie durch den Fluss. Der Schüler wunderte sich, dass sein Lehrer eine junge Frau durch den Fluss trug, obwohl er doch das Gelübde der Keuschheit abgelegt hatte. Der Mönch setzte sie ab und sprach nicht mehr darüber. Im Geiste des Schülers fing es nun an, darüber zu arbeiten, dass sein Lehrer eine Frau angefasst hatte. Er konnte nicht länger an sich halten und fragte: »Wie kannst du eine junge Frau tragen, obwohl du das Gelübde der Keuschheit abgelegt hast?« Der Mönch lachte: »Mein lieber Schüler, ich habe sie auf meinen Schultern getragen und auf der anderen Seite des Flusses abgesetzt. Du aber trägst sie immer noch in deinem Kopf. Das ist wirkliches Tragen, nicht das, was ich getan habe.«

Die Absicht bestimmt deine Handlung, und sie bestimmt die Intensität deines Karmas. Es ist deine Absicht, die sich in Reaktionen äußert. Der qualifizierende Aspekt der Handlung ist deine Reaktion, diese fällt zurück in dein Unterbewusstsein und äußert sich das nächste Mal mit größerer Intensität. Damit verfängst du dich in diesem Zyklus. Durch die Reaktionen häufen sich die Karmas in uns und drücken sich als Ärger, Gier, Hass oder Eifersucht aus.

Wenn du handelst, dann tust du das in der Überzeugung, dass du der oder die Handelnde bist. Das Problem liegt nicht in der Handlung selbst, sondern darin, dass du dich mit ihr identifizierst. Diese Identifikation schafft Erwartungen und Ängste in dir. Du erwartest erfolgreiche Ergebnisse, das aber liegt nicht nur in deinen Händen. Du hast nur das Recht zu handeln oder es zu unterlassen. Die Ergebnisse deiner Handlung sind nicht von dir abhängig, sie sind durch die Gesetze der Natur bestimmt. Du bist zwar für die Ergebnisse deiner Handlungen nicht verantwortlich, das heißt aber nicht, dass du generell keine Verantwortung hast. Du lässt nicht die Verantwortung fallen, sondern nur die Erwartung auf die Früchte der Handlungen. Betrachte jede Handlung als eine dir auferlegte Aufgabe, für die du dein Bestes gibst. Akzeptiere jedes Ergebnis und betrachte dich selbst als ein Instrument der Natur. Diese Einstellung befreit dich von falschem Stolz und von Schuldgefühlen. Überlasse die Früchte deiner Handlungen den natürlichen Gesetzmäßigkeiten von Ursache und Wirkung, die du nicht verändern kannst. Wir halten unsere Handlungen für sehr wichtig, da die Gesellschaft uns suggeriert, ein aktives Leben sei erstrebenswert.

Betrachte alles, was du tust, als eine Opferhandlung[33]. Du bist dann nicht verantwortlich für die Ergebnisse. Dadurch wird deine Aktivität vergöttlicht. Die Kraft, die für eine Handlung aufgebracht werden muss, verringert sich, und die Freude verstärkt sich, weil da keine Angst mehr ist. Du bist nicht der Handelnde, du bist ein Instrument des Göttlichen. Sei einfach dankbar dafür. Das ist *Karma-Yoga,* der Pfad des selbstlosen Handelns.

33 Ein Opfer bedeutet in der indischen Tradition, dem Göttlichen in einer freudigen und hingebungsvollen Weise Dankbarkeit zu erweisen, mit dem Verständnis, dass alles göttlich ist.

Aber ich treffe doch Entscheidungen, und dann bin ich die Handelnde.

Entscheidest du wirklich, was du tust und was du nicht tust, oder geschieht es? Es geschieht nichts, was nicht geschehen soll. Was nicht geschehen soll, das könntest du nicht tun. Du hast nur die Vorstellung, dass du etwas tun könntest. Lass es fließen und gehe hindurch. Wenn du denkst, dass du die Handelnde bist, bedeutet das doch auch, dass du die Handlung beenden könntest. Versuche den Fluss anzuhalten, es geht nicht. Wenn die Dinge nicht so passieren, wie du sie gerne hättest, dann klagst du andere an. Das ist das Spiel, das du spielst. Alles passiert einfach nur, du hast keine Wahl. Für das, was jetzt gerade mit dir geschieht, hast du dich doch auch nicht entschieden. Es gibt nichts zu entscheiden. Du bist einfach nur da.

Soll ich einfach alles nur geschehen lassen?

Wenn du es vollkommen geschehen lassen kannst, ist das wunderbar. Lass die Dinge so weit wie möglich geschehen. Kämpfe nicht. Denke nicht, dass die Ergebnisse so sein müssen, wie es von dir erwartet wird. Aber du kannst nicht unter dem Deckmantel des Loslassens Dinge vernachlässigen. Gib nicht der Vernachlässigung Raum im Namen der Spiritualität. Erfülle deine Aufgaben, sonst wird sie zur Flucht. Identifiziere dich nicht mit dem, was du tust. Trage nicht die Last, dass du verantwortlich seist für den Erfolg. Sei aufrichtig und gib dein Bestes, das ist alles.

Die Welt geht auch weiter ohne dich. Auch wenn du heute verschwindest. Nichts wird geschehen, wenn du nicht mehr da bist. Wir denken, wir hätten eine große Verantwortung. Das macht das Leben für uns zur Last. Je mehr du dich hingibst, je mehr du entspannst, umso schöner geschieht einfach alles. Alles, was im entspannten Zustand geschieht, kann nur gut sein. Du wunderst dich dann nur noch, wie gut alles läuft.

In meiner Firma werde ich aber dafür bezahlt, dass ich effizient bin, und hier lerne ich: Lass die Dinge geschehen.

Effizient bist du doch dann, wenn du gelassen durch schwierige Situationen hindurchgehen kannst. Dann ist auch das Ergebnis gut. Du entscheidest nicht, was herauskommt, das liegt nicht in deinen Händen. Wenn du das verstanden hast, dann kannst du ruhig bleiben. Der Rest unterliegt nicht deiner Kontrolle. Je mehr du loslassen kannst, desto größer ist deine Klarheit und umso besser deine Entscheidungskraft. Auch die Entscheidungen kommen spontan, wenn du sehr entspannt bist.

Wenn alles vorbestimmt ist, kann ich dann alles nur akzeptieren?

Aber vollkommene Akzeptanz zu entwickeln braucht Zeit. Wenn du wirklich loslässt, wenn du mehr und mehr entspannst, dann wirst du irgendwann sehen, dass sich deine Fähigkeit, zu akzeptieren, mehr und mehr ausdehnt. Dann lässt du wirklich los.

Zu erkennen, was zu tun ist oder nicht zu tun ist, das ist der schwierige Punkt.

Hingabe kann diesen Konflikt auflösen. Die Entscheidung geschieht einfach, wenn du aufgibst. Besseres kann nicht geschehen. Das macht uns Angst, denn es mangelt uns an Vertrauen. Wir versuchen den Zustand vollkommener Hingabe oder vollkommenen Loslassens hier intellektuell zu begreifen, aber der Verstand kann ihn nicht begreifen. Es ist einfach ein Zustand, in dem es nichts zu entscheiden gibt. Es ist sehr schwierig, das in ein mental greifbares Konzept zu bringen.

Dann gibt es also so etwas wie den freien Willen überhaupt nicht?

Auch der freie Wille ist eine Illusion, weil vom absoluten Standpunkt aus alles Illusion ist. Gebundenheit, Befreiung oder Erleuchtung sind Illusionen vom absoluten Standpunkt aus gesehen. Aber vom relativen Standpunkt aus ist das jetzt für uns Realität, die sich in verschiedene Richtungen aufteilt wie gut und schlecht oder richtig und falsch. Es gibt Illusionen, die nützlich sind für deine Befreiung, die nennt man »Wissen«. Es gibt aber auch Illusionen, die dich stärker binden, und die nennt man *Avidya* oder Unwissenheit. Benutze den freien Willen, um die eigenen Verwirrungen zu überwinden. Wenn du deinen freien Willen nicht nutzen willst oder kannst, dann geh und frage einen weisen Menschen, welchen Weg du einschlagen sollst. Er leitet dich dann in eine ganz bestimmte Richtung, um die Verwirrung wegzunehmen. Es gibt allerdings noch eine weitere Möglichkeit, den freien Willen zu benutzen. Da wählst du dann überhaupt nicht mehr, du erlaubst es, dass die Wahl geschieht, wie sie geschehen soll. Das geschieht, wenn du vollkommenes Vertrauen in das Leben hast. Wenn du mit dem Auto in einer unbekannten Gegend fährst, dann musst du der Karte folgen. Wenn du das Fahren »dem großen Fahrer« überlässt, dann setzt du dich hin, kannst entspannen, schaust nur noch zu und genießt die Fahrt.

Ramakrishna bringt dazu eine wunderschöne Geschichte: Ein armer Mensch hat einen großen Korb mit Gemüse auf seinem Kopf, den er zum Markt bringen will. Er sitzt im Zug und trägt den Korb immer noch auf dem Kopf. Ein anderer fragt ihn, was er damit tue? Er sagt, das sei Gemüse, das er zum Markt tragen wolle. Der andere fragt ihn: »Ist das nicht schwer?« Er antwortet: »Ich muss das zum Markt tragen, ich will das verkaufen.« »Aber warum trägst du es denn?« »Wer soll es denn sonst tragen, möchtest du es tun?« »Nein, aber der Zug trägt es. Der Zug trägt dich, und er trägt auch das Gemüse.«

Ich versetze mich in die Situation des Gemüsehändlers,
der seinen Korb abgesetzt hat, und frage mich,
wer arrangiert nächste Woche meinen Umzug?

Der Unterschied zu dieser Geschichte ist, dass der Korb nur in der Vorstellung existiert. Die Bürde existiert nur in deinem Kopf. Du kannst nicht fragen, wer trägt den Gemüsekorb, wenn du ihn abgestellt hast. Lass das Gefühl der Last und der Bürde einfach weg. Alles sorgt für sich selbst. Da gibt es ein Gesetz des Lebens, das wir noch nicht verstanden haben. Die Wünsche sind die Kräfte, die in deinem Leben alles bewegen. Alles, was du tust, bewegt sich aufgrund deiner Absichten in eine bestimmte Richtung.

Nehmen wir an, ich würde diesen Stift an dieses Brett werfen. Ich kann entscheiden, wann ich ihn loslasse und welche Richtung er einschlägt. Wenn er meine Hand verlassen hat, ist er nicht mehr unter meiner Kontrolle. Er geht selbstständig dahin, wo er hinzugehen hat. Du kannst nicht da hinterherrennen und versuchen, ihn in die »richtige« Richtung zu bringen. Genauso ist es mit deinen Wünschen. Sie bringen den Geist in eine ganz bestimmte Richtung. Das Leben hat ein großes Potenzial, dir alles zu erfüllen. Es weiß auch, wie es dieses Ziel erreichen kann. Es ist intelligenter als du. Das Problem ist, dass wir eine ganz bestimmte Vorstellung haben, wie alles geschehen sollte. Wenn es dann in eine Richtung geht, die wir nicht verstehen können oder mit der wir nicht einverstanden sind, mischen wir uns ein. Wenn du in diesen Prozess eingreifst, dann blockierst du den Fluss. Wenn du Vertrauen hast, dann kannst du sehen, wie wunderbar deine Wünsche erfüllt werden. Dazu musst du loslassen. Du musst gar nichts tun.

Sind Karma und das, was als Geschwindigkeit und Unruhe bezeichnet wird, das Gleiche?

Ja, dieser Mechanismus, in dem sich die Energien der Unruhe oder der Geschwindigkeit ausdrücken, ist Karma. Es ist ein einfacher Mechanismus, der ständig in unserem System stattfindet. Du kannst für eine bestimmte Zeit ruhig sein, dann steigt die Energie auf und staut sich. Du empfindest dies als Langeweile und verspürst den Drang, von dieser übermäßigen Energie loszukommen. So schnell wie möglich findest du ein Ventil für diese Energie, um sie nach außen abzugeben. Dies geschieht zum Beispiel beim Laufen, Sprechen oder Essen. Dadurch erfährst du eine Erleichterung, die dir für den Moment ein angenehmes Gefühl gibt. Das nennt man Genuss. Du verliebst dich in diesen Genuss. Aber da du die Essenz der Erfahrung nicht erkennst, verliebst du dich in das Handeln. Du verstärkst das Verlangen nach Handlungen, in der Erwartung auf immer größeren Genuss. Das geschieht aufgrund unserer Unwissenheit.

Betrachte diesen Mechanismus an einem ganz einfachen Beispiel: Stell dir vor, du seiest durstig. Du bist unruhig, weil du Wasser zum Trinken brauchst. Die Energie konzentriert sich vollkommen auf dieses Verlangen. Wenn du dann Wasser trinkst, löst sich dieses Verlangen auf. Diesen Prozess nennen wir Genuss. Je schneller wir den Genuss bekommen, umso schöner ist es. So entstehen unsere Erregungszustände. Wenn dies explosionsartig geschieht, sind dies die Höhepunkte unseres Lebens. Deshalb lieben wir die schnellen und intensiven Genüsse so sehr. Wir versagen allerdings immer wieder dabei, zu erkennen, was da überhaupt geschieht. Wenn das Trinken beendet ist, dieses erleichternde Gefühl vorbei ist, dann befindest du dich in einem Zustand, in dem du zufrieden bist und für einen Moment nichts willst. Es ist ein einfacher Zustand des Geistes. Auch wenn dieser Moment einfach und zunächst unscheinbar ist, sodass wir ihn meist schnell übergehen, enthält er dennoch alles, wonach wir uns immer sehnen. Der Genuss hat seinen Wert nur, weil er dich zu diesem Ziel bringt. Wir erkennen immer nur den Prozess, aber nicht das Ergebnis. Verpasse nicht diese einfache Zufriedenheit in dir. Du hast in dem Moment keine Zwänge und keine Last in dir, da ist nichts, was sich verengt. Verengung löst Geschwindigkeit aus, genau wie in den Gesetzen der Physik. Alles, was sich zusammenzieht, das ist Leid, alles, was sich ausdehnt, das ist Leben. Jede Handlung hat zum Ziel, diese Ausdehnung auch im Kleinsten zu erfahren.

Ist das nicht ein natürlicher Prozess: aufnehmen und abgeben von Energie?

Es ist harmlos und natürlich, wenn du harmlos und natürlich damit umgehst. Das ist der Unterschied zwischen einem Tier und einem Menschen. Das Tier lebt natürlich, wobei sich der Energiehaushalt von selbst regelt, aber wir leben nicht mehr natürlich. Wir steigern in uns künstlich Geschwindigkeit, da wir ständig ganz bewusst auf der Suche nach dem Angenehmen sind und so versuchen, unserem Leidensdruck zu entkommen. Wir machen uns dadurch zu Sklaven von diesem Mechanismus. Wir leben in dem ständigen Zwang, von Energien loskommen zu müssen. Da liegt das Problem. Wir entwickeln unseren Handlungen gegenüber eine starke Verhaftung, klassifizieren sie und verkomplizieren dadurch den gesamten Bereich der Handlungen. Wir geben allem, was wir tun, einen sehr hohen Stellenwert und verstärken dadurch den Prozess, bei dem die Energien immer wieder neu stimuliert werden.

Wenn die Proportionen stimmen zwischen den Energien, die du hast, und denen, die du abgibst, ist alles in Ordnung. Wenn aber die Funktionen der Sinnesorgane nachlassen, weil du sie überstrapaziert hast, entsteht Leid. Wenn sich dann die Energien immer wieder erhöhen, weil du dieses Muster aufgebaut hast, dann ist das wirkliche innere Armut. Das ist das Elend des Reichtums. Du hast alles, von dem du annimmst, dass es dich glücklich macht, und dennoch kannst du nichts mehr davon genießen. Viele Menschen haben Angst, die Fähigkeit zu verlieren, die Freuden des Lebens zu genießen. Dieses Leid kann bis zur Depression führen. Das ist das größte Problem der modernen Kulturen. Es entsteht dadurch, dass wir glauben, dass die Genüsse das Beste sind, was wir dem Leben abverlangen können.

19
Der Körper

Kindheitserinnerung .... Körperbewusstheit .... Die erste Aufmerksamkeit .... Attraktivität der Welt .... Stolz auf den Körper .... Gesetze der Materie .... Kosmetische Vorstellungen .... Körper und Genuss .... Kampf mit dem Alter .... Sterben .... Sicherheit .... In Fülle leben .... Körperlicher Schmerz .... Der Tod von Heiligen

An unsere Kindheit können wir uns vielleicht nur bis zum vierten oder fünften Lebensjahr zurückerinnern. Sicher aber reicht unsere Erinnerung nicht weiter als bis zum dritten Lebensjahr. Das bedeutet aber doch nicht, dass wir vorher nicht existiert haben. Du weißt, dass du auch schon davor existiert hast. Obwohl wir von unserer frühkindlichen Existenz keine Erinnerung haben, sind wir doch aufgrund unserer Kenntnis über andere Kinder von unserer Existenz in dieser Lebensphase überzeugt. Wir haben die frühe Kindheit noch vollkommen undifferenziert erlebt. In diesem Zustand hatten wir keine Probleme, aber andere hatten Probleme mit uns, da wir noch in einem Zustand vollkommener Unwissenheit waren. Da noch keine Identifikation stattgefunden hatte, gab es keine Probleme und keine Idee, einen Körper zu besitzen. Wir waren niemand.

Wir wurden als Kind dazu erzogen, unsere Aufmerksamkeit auf etwas zu richten. Irgendwann haben wir das erste Mal ein Objekt erkannt und reagierten mit leuchtenden Augen. Es bedeutete, dass dieses Objekt einen ersten Eindruck in uns hinterließ. Eine Tendenz, die sich im weiteren Leben fortsetzte. Unsere Aufmerksamkeit richtete sich stets auf die attraktivsten Dinge. Als Kleinkind erkannten wir in dieser Lebensphase Objekte und Personen immer noch ungetrennt von uns selbst. Dann lernten wir von unseren Eltern, uns selbst zu erkennen, und damit wurde das Ich geboren. Es begann die Identifikation mit dem Körper.

Wenn es nur die Identifikation wäre, die Tiere mit ihrem Körper haben, dann wäre dies problemlos. Tiere haben keine Komplexe, weil sie gut oder schlecht aussehen, zu dick oder zu dünn sind. Da ist etwas in der Körperidentifikation von uns Menschen, was das Ganze kompliziert macht. Wir verfügen nicht nur über das Bewusstsein, dass wir einen Körper besitzen, wir sind auch stolz darauf. Es sind die kosmetischen Ideen, die wir bezüglich unseres Körpers haben und derentwegen wir den Körper bewundern. Dadurch geben wir dem Körper eine zu große Bedeutung. Wir machen uns abhängig von einer Hülle, die aus Materie besteht und folglich allen normalen Gesetzmäßigkeiten wie Kindheit, Jugend, Altwerden und Tod unterliegt. Je zivilisierter wir sind, desto intensiver besteht diese Abhängigkeit vom Körper, und desto größer ist der Leidensdruck, wenn dem Körper etwas geschieht. Wie wir aussehen und äußerlich erscheinen, ist sehr wichtig für uns. Vielen Menschen ist das sogar wichtiger als ihr inneres Wohlbefinden. Daher verbringen sie Stunden damit, diesen Körper in unterschiedlichster Weise zu dekorieren.

Aber trotz all unserer Anstrengungen schleicht sich als ein natürlicher Prozess des ständigen Wandels das Alter in unser Leben. Wenn dann die Jugend langsam vergeht, versuchen wir das mit allen Mitteln aufzuhalten. Das kann nicht funktionieren und war auch noch niemals möglich. Trotz aller Versuche und Anstrengungen, diesen Prozess aufzuhalten, ist es noch niemandem gelungen, seine Jugend aufrechtzuerhalten. Niemand kann auf physischer Ebene unsterblich werden, da der Körper dem Gesetz der Natur und der Materie unterliegt. Es ist das Gesetz von Geburt, Wachstum, Krankheit, Alter, Tod und Verwesung. Unsere Kultur hat die Vorstellungen hervorgebracht, dass wir auf körperliche Schönheit stolz sind. Dafür verwenden wir viel Aufmerksamkeit, Zeit und Geld. Offensichtlich ist das in allen zivilisierten Kulturen so. Wie viele Produkte werden in den Wohlstandsländern für viel Geld angeboten und gekauft, die schöner und jünger aussehen lassen sollen. Wenn man bedenkt, dass das nicht funktionieren kann, ist dieser Aufwand schon verwunderlich. Wir folgen diesem Trend einfach blind und überdenken diesen Prozess nicht einmal. In der Spiritualität ist der Körper nicht von Bedeutung. Unsere Verhaftung mit ihm wird zu einer Hürde für unsere spirituelle Entwicklung. Es ist entscheidend, mit welcher Intensität wir an unserem Körper hängen. Wir müssen uns damit auseinandersetzen. Es ist hier genau wie im Bereich des Materiellen. Wenn du viele Dinge besitzt, so muss das kein Problem sein, aber wenn du nur an einem dieser Dinge ganz besonders hängst, dann kann dir das Leid bringen. Dein Leidensdruck hängt von der Intensität der Identifikation ab.

Der Körper ist uns so wichtig, da wir nur durch ihn den Genuss erleben können. Deshalb hängen wir so an ihm. Wenn es eine Sicherheit gibt hinsichtlich unserer körperlichen Existenz, dann ist es die, dass dieser Körper eines Tages vergeht. Alle anderen Ereignisse sind mit Unsicherheit verbunden. Vergleiche den Körper mit einer Luftblase auf dem Wasser. Die Schicht, die die Blase geformt hat, ist aus dem gleichen Wasser, auf dem sie schwimmt. Der Raum in der Blase ist derselbe Raum, der auch um das Wasser herum existiert. Das Unglück besteht darin, dass die Blase nun annimmt, sie habe eine eigene Existenz und würde niemals sterben. Niemand kann sagen, wann die Blase platzen wird. Es kann jederzeit passieren, ob sie nun eine oder zehn oder sechzig Sekunden existiert, aber sie kann niemals über Stunden am Leben bleiben.

Wir sehen Menschen sterben und wissen, dass auch wir jederzeit sterben können. Keiner kann es voraussagen. Wir existieren jetzt, aber vielleicht existieren wir im nächsten Moment schon nicht mehr. Eines ist sicher, keiner von uns wird in hundert Jahren noch leben. Auch unsere »Versicherungsgesellschaft« kann an der Tatsache nichts ändern, dass unser Leben in ständiger

Unsicherheit verläuft. Du kannst dich noch so absichern, kannst Schutzwälle um dich herum bauen, dein Leben wird niemals sicher sein. Trotzdem planen wir so, als ob wir ewig leben würden. Es ist leicht für uns einzusehen, dass jeder, der geboren ist, auch sterben muss, aber wenn es um unser eigenes Leben geht, dann scheinen wir das zu vergessen. Wenn der Tod kommt, hat niemand eine Wahl. Wir leben in der gleichen Unsicherheit wie die Blase auf dem Wasser. Wenn sie platzt, passiert eigentlich nichts. Auch wenn ein Mensch stirbt, verändert sich nichts. Es sind unsere Vorstellungen, die alles so kompliziert machen. Lebe dein Leben in absoluter Fülle, dann kannst du den Tod umarmen, wenn er kommt. Wer erfüllt lebt, ist auch in jedem Moment bereit, ohne Reue zu sterben. Nur ein Leben, das keine Spuren von Wünschen und Verlangen hinterlässt, ist bereit, den Tod offen zu empfangen.

Stell dir mal vor, du würdest im nächsten Moment sterben. Dieser Moment jetzt ist der letzte, den du in diesem Körper hast. Entweder kommen dann viele Klagen wie »Ich bin noch nicht bereit«, »Ich will noch so viel tun«, oder du bist einfach nur friedvoll. Es macht dann keinen Sinn mehr, noch mit irgendetwas verhaftet zu sein. Alles wird unwichtig. Das ist die vollkommene Losgelöstheit, die kein Gefühl der Reue kennt.

Losgelöstheit bezieht sich auch auf die körperliche Ebene. Gib dem Körper immer weniger Bedeutung. Lebe in deinem Körper, so wie du in einem gemieteten Haus lebst. Du machst dir keinen Kummer um ihn, und trotzdem kümmerst du dich um deinen Körper. Franziskus von Assisi nannte ihn »Bruder Esel«, Ramana Maharshi bezeichnete den Körper als einen »Sklaven«. Das meint natürlich nicht, dass du den Körper vernachlässigen sollst. Versuche ihm nur so viel Aufmerksamkeit zu geben, wie wirklich notwendig ist. Körperlicher Schmerz mag da sein, und du wirst vielleicht auch bis zu einem gewissen Grad darunter leiden, aber du machst dir keine Sorgen mehr. Je wichtiger es für dich ist, mit einem gesunden Körper zu leben, desto leichter wirst du schon von kleinen Unannehmlichkeiten berührt. Wenn der Körper krank wird, dann sorge dich nicht darum, sondern sei praktisch und tu, was getan werden muss.

Trotz aller Anstrengungen, körperlichen Schmerz zu vermeiden, können wir dies nicht verhindern. Wenn du dich verletzt, dann gehst du umgehend zum Arzt und lässt dich behandeln. Beschwerden dieser Art können dank unseres modernen medizinischen Systems schnell und wirkungsvoll behandelt werden. Dadurch werden Schmerzen und die Sorge um unsere Gesundung erheblich gemindert. Das ist nicht der Bereich von Schmerzen, der uns wirklich zu schaffen macht. Es gibt da noch einen anderen Bereich von Schmerzen, die in verschiedenen Körperteilen aus ungeklärter Ursache entstehen können. Die psychosomatischen Krankheiten, die keine äußerliche Ursache haben, bereiten uns Kummer und Sorgen.

Wir können lernen, mit gelegentlichen Schmerzen umzugehen, aber permanente stellen ein großes Problem für uns dar. Wenn man analysiert, was geschieht, wenn ein Schmerz über einen langen Zeitraum hinweg anhält, stellt man fest, dass der eigentliche Schmerz zweitrangig ist. Oft ist die innere Besorgnis, also die mentale Reaktion auf den Schmerz weitaus größer.

Schmerz ist ein Phänomen des Körpers, das nur existiert, wenn du es wahrnimmst. Wenn du kein Körperbewusstsein hättest, könntest du den Schmerz nicht wahrnehmen. Er kann allein nicht existieren. Es gibt Situationen, in denen wir kontinuierlichen Schmerz erfahren. Nehmen wir an, ein lieber Freund besucht dich in einer solchen Situation überraschend. In diesem Moment verlagert sich deine Bewusstheit zu deinem Freund, und für einige Momente bist du vom Schmerz abgeschnitten. Objektiv mag der Schmerz da sein, aber subjektiv, also für dich, ist er dann nicht da.

Ein anderes Beispiel ist eine ausgesprochene Notfallsituation, in der du vor etwas fliehst und dich während des Rennens verletzt. Du wirst der Verletzung keine Aufmerksamkeit schenken, denn du bist mit etwas viel Wichtigerem beschäftigt. Erst wenn du dich wieder sicher fühlst, schenkst du der Wunde Aufmerksamkeit, und erst dann kommt vielleicht der erste Schrei des Schmerzes.

Der Schmerz auf rein physischer Ebene ist der Ausdruck einer funktionalen Störung. Es gibt kein Gesetz, dass der Geist damit verbunden sein muss. Wenn dieses Gesetz existieren würde, dann gäbe es keine Möglichkeit, dem Schmerz zu entrinnen. Den Schmerz wahrzunehmen, ist als Schutzfunktion notwendig, wo unsere Aufmerksamkeit dem Körper gegenüber gefragt ist. Was dem Wahrnehmen des Schmerzes folgt, ist die Reaktion auf den Schmerz. Es ist nur unsere Reaktion auf den Schmerz, die uns leiden lässt, und damit kann man lernen wirkungsvoll umzugehen.

Unser Körper hat eine ganz natürliche Anpassungsfähigkeit. Diese positive Qualität ermöglicht es ihm, sich neuen, schwierigen Situationen anzupassen. Das ist eine Flexibilität, die glücklicherweise in unserem System geistig wie auch körperlich vorhanden ist. Diese Flexibilität steigert sich, wenn unser System extremen Situationen ausgesetzt ist. Aber wir schützen uns ständig vor extremen Situationen und verwöhnen uns mit mehr und mehr Komfort. Dies geschieht zunehmend in den zivilisierten Teilen dieser Welt. Wir versuchen, jeder kleinsten Unannehmlichkeit aus dem Weg zu gehen. Wir haben sehr genaue Vorstellungen zum Beispiel von der richtigen Temperatur oder der bequemsten Sitzposition. Unser Körper soll sich ständig rundherum wohlfühlen, und dadurch wird er immer verletzlicher und schwächer. Unsere natürliche Fähigkeit, mit extremen Situationen umgehen zu können, verliert sich dadurch. Das ist ein Grund, warum wir Schmerz gegenüber so sensibel werden. Es fehlt uns an Toleranz und Immunität den Extremen des Lebens gegenüber.

Wenn du wirklich intelligent bist, dann lernst du, durch den Schmerz hindurchzugehen, ohne dagegen anzukämpfen. In dem Moment, in dem du lernst, den Schmerz anzunehmen, wird er sich in seiner Intensität verringern. Ein krankes Tier hört auf zu essen, legt sich hin, ergibt sich vollkommen der Krankheit und erholt sich meist sehr schnell wieder. Nur wir Menschen kämpfen und wollen uns der Krankheit nicht hingeben. Es sollte alles Praktische getan werden, um den Genesungsprozess zu unterstützen, aber es ist vollkommen überflüssig, den Schmerz mit Sorge zu verbinden.

Wenn Schmerz kommt, musst du so oder so hindurchgehen. Du leidest mehr darunter, wenn du Nein sagst, es wird leichter und damit auch weniger schmerzhaft, wenn du es annimmst. Akzeptiere das Krank- und Altwerden als einen natürlichen Prozess des Körpers. Du kannst diesen Prozess nicht ändern, aber du hast die Freiheit, deine Einstellung zu verändern. Hier zeigt sich unsere wirkliche Intelligenz.

Warum werden große Heilige wie Ramana Maharshi oder Ramakrishna trotzdem noch krank?

Der Körper hat seine physischen Gesetzmäßigkeiten wie Geburt, Wachstum, Tod und Verfall. Du kannst den Schmerz im Körper überwinden, aber den Prozess von Altwerden und Sterben kann niemand überwinden. Warum sollte Ramanas Körper mehr wert sein als deiner? Was Ramana und andere Heilige zeigen wollten, hat nichts mit dem Körper zu tun. Wenn du in Samadhi bist, weißt du, dass die Identifizierung mit dem Körper nur auf Unkenntnis beruht. Du bist dem Körper verhaftet, weil du alle Freuden und Genüsse über ihn erlebst. Kann der Körper ohne dich oder kannst du ohne den Körper existieren? Für dich ist es eigentlich gleichgültig, ob du einen Körper hast oder nicht, wenn du in dem Zustand der Ausdehnung bist.

Ist Yoga nicht ein Weg, um Körper und Geist in Einklang zu bringen?

Der Körper ist die konkrete Form des Geistes. Körper und Geist sind nicht absolut voneinander zu trennen. Im Yoga löst du den Geist auf, dann gibt es keine Körperbewusstheit mehr. Wenn du tief schläfst, spielt der Körper keine Rolle für dich. Im Zug sehe ich manchmal Menschen, die sich äußerst körperbetont verhalten und sehr auf ihr Äußeres bedacht sind. Wenn sie dann einschlafen, fallen ihr Körper und ihr Gesicht in eine sehr unschöne Position, aber dann spielt dies keine Rolle mehr für sie.

Die Identifikation mit dem Körper nimmt ab, wenn du entspannst. Es ist leichter, zunächst den Körper zu entspannen und dann den Geist. Aber dies bedeutet nicht, dass der Körper für uns wichtiger ist. Wenn du Yoga nur als körperliche Übung verstehst, wirst du körperbewusster, aber das ist nicht das Ziel des Yoga.

Yoga wird sehr oft missverstanden als Weg zur Vereinigung von Körper und Geist. Daraus entsteht dann die Vorstellung, Yoga würde intensive Erfahrungen innerhalb des Körpers auslösen. Yoga hat mit dem Körper nichts zu tun. In dem ursprünglichsten Text des Yoga, in Patanjalis *Yoga-Sutra*, finden wir lediglich eine einzige Textstelle, in er den Körper erwähnt. Er schlägt uns vor, den Körper in eine stabile und angenehme Position zu bringen, alle Anstrengungen aufzugeben und den Körper zu vergessen. Wenn etwas zur spirituellen Erfüllung gehört, dann ist es, den Körper zu vergessen.

Deswegen solltest du den Körper entspannen. Wenn Entspannung wirklich der Schwerpunkt im Yoga ist, dann ist es gut. Hier im Westen glaubt man daran, dass man sehr energetisch sein sollte. Das, was hier als Energie bezeichnet wird, ist oft nichts anderes als Unruhe. Es sollten eine wache Entspanntheit und ein Gefühl der Leichtigkeit angestrebt werden. Nur wenige Menschen kennen diese Dimension wirklich.

Erfährt man das Sterben in Samadhi?

Ja, das geschieht in Samadhi, die Blase zerplatzt. In der Meditation dehnt sich die Blase mehr und mehr aus, die Wasserschicht wird so dünn, dass sie sich nicht mehr halten kann, sie zerplatzt. Aber wenn du aus Samadhi wieder herauskommst, dann ist es eine Blase, die vor dem Zerplatzen keine Angst mehr hat. Du kommst wieder, aber du hast keine Angst mehr, du liebst es zu zerplatzen.

Aber ich kenne nun mal nur die Existenz in meinem Körper.

Du sagst »mein Körper«, nicht »ich bin der Körper«. Du benutzt den Körper. Wenn ein geliebter Mensch stirbt, ist doch der Körper noch da. Warum weinst du dann? Was wir im anderen Menschen lieben, ist nicht der Körper, es ist etwas, was hinter dem materiellen Körper ist. Es ist die Lebenskraft, die den Körper funktionieren lässt. Wenn sie nicht da ist, ist der Körper tote Materie, die schnell in Verwesung übergeht. Wenn diese Lebensenergie den Körper verlassen hat, dann fürchtest du dich vor dem Körper. Es ist aber doch derselbe Körper, den du geküsst und geliebt hast. Die Lebenskraft ist es, die den materiellen Körper zusammenhält. Diese vitale Lebenskraft stirbt nicht. Sie kommt in den Körper und verlässt ihn wieder.

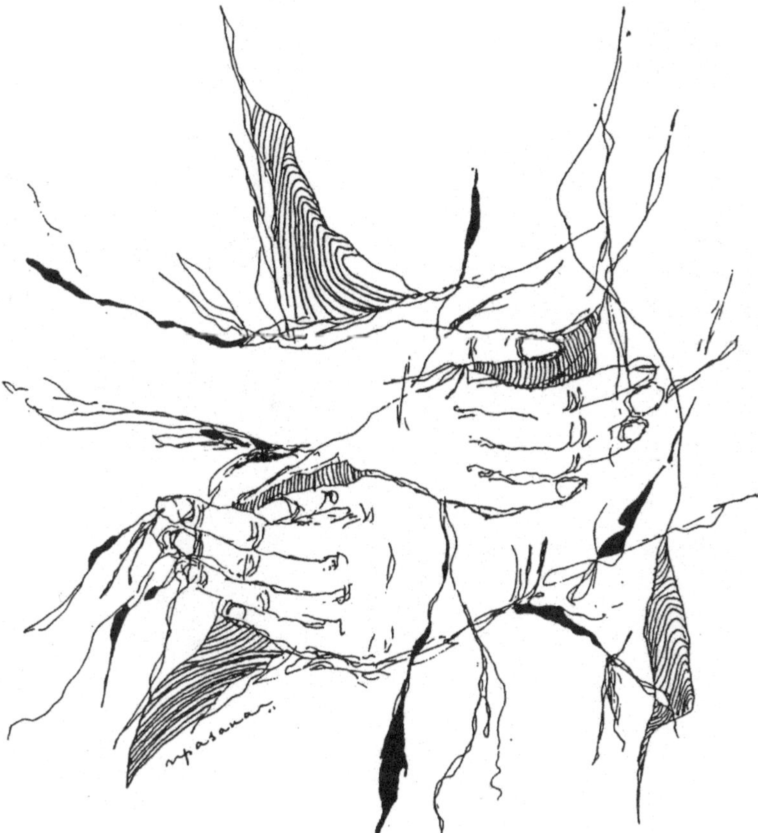

20
Ego

Positives Ego .... Befreites Ego .... Verengtes Ego .... Am Leben teilnehmen oder sich einmischen .... Existenz des Schattens .... Die Vorstellung, intelligent zu sein .... Sich beweisen müssen .... Aufgeblähtes Ego .... Inneres Vakuum .... Intellektuelle Spiritualität ....Kämpfendes Ego .... Spirituelles Ego .... Spiel des Ego .... Loslassen

Solange wir im Körper sind, haben wir ein Ego. Wir können unser Ego nicht einfach aufgeben, denn dann könnte sich der Körper nicht mehr aufrechterhalten. Ein glückliches und positives Ego strahlt Frieden und Freude aus. Es ist ein Ego ohne Probleme. Ein solches Ego bereitet auch keine Probleme für andere, es ist harmlos. Die vollkommene Auslöschung des Ego gehört einer anderen Dimension an.

Irgendwann muss das Ego seine Sturheit aufgeben, sensibler werden und sich anpassen. Ein Ego, das sich anpassen kann, sich nicht mehr gegen etwas stellt und somit von der äußeren Welt nicht mehr berührt wird, ist ein befreites Ego. Ein solches Ego wird weiterhin existieren, solange der Körper noch da ist. Selbst in Jesus, Krishna und Buddha war noch ein Ego. Aber dieses Ego hatte keine Kraft mehr. Es ist wie der Unterschied zwischen Dampf, Wasser und Eis. Alles ist Wasser, aber es existiert in unterschiedlichen Formen. Eis ist solide und hart. Wenn wir eckiges Eis in einen runden Topf geben wollen, zerstören wir entweder den Topf oder das Eis. Wenn das Eis schmilzt, verliert es die Form und passt in jeden Topf hinein. Es benötigt immer noch einen Topf, weil es Wasser ist, aber es verliert seine feste Form. Wenn es zu Dampf wird, braucht es nicht einmal mehr einen Topf. Es hat sich dann vollkommen in die Einheit aufgelöst.

Das geschieht auch mit dem Ego. Es sagt: »Ich« und »mein!«, »so wie ich das denke, so wie ich das sehe«. Wenn wir denken, dass alles so sein muss, wie wir es für richtig halten, dann ist das eine verengte Form des Ego. Intelligenz verdichtet sich dann zu Arroganz, genauso wie Wasser zu Eis wird. Wenn der Intellekt aufgibt, wird er wieder flexibel, entspannt sich und wird dadurch positiv. Das positive Ego nimmt am Leben teil, das negative Ego mischt sich ins Leben ein. Es stört ständig den harmonischen Fluss, weil es zu wissen glaubt, wie die Dinge geschehen sollten. Das positive Ego fließt mit dem Leben und achtet es. Wenn wir entspannt sind, haben wir ein entspanntes und positives Ego. Dann gibt es keine Probleme. Das Ego wird sanfter und löst sich mehr und mehr auf.

Es wäre doch absurd, wenn eines Tages dein Schatten eine Identität annehmen würde und von sich selbst behauptete, er habe eine eigene Existenz. Das aber geschieht mit unserem Ego, denn es ist nur ein Schatten des absoluten Bewusstseins. Das Ego absorbiert die Kraft von der Bewusstseinsquelle und tut so, als ob es aus eigener Kraft existieren könnte. Wenn dies problemlos geschehen würde, wären darüber keine Worte zu verlieren. Aber wenn wir die Lebensgeschichten von Menschen betrachten, so hat jeder von uns seine eigene Geschichte mit spezifischen Problemen und Leiden. Unser Leben ist ein ständiger Kampf, das Leiden zu überwinden und mehr Freude zu finden. Alle intelligenten und dümmlichen Aktivitäten sind nur ein Versuch, mehr Freude und Wohlbefinden zu erreichen. In diesem Prozess erfährt das Ego ständig Leid und Schmerz.

Das Leben wird noch schwieriger, wenn Menschen sich für intelligent halten. Dann entsteht die aufgeblähte Form des Ego, die ein ganzes Netz neuer Probleme erschafft. Solche Menschen besitzen die außerordentliche Fähigkeit, alles komplizierter zu machen. Das ist das Problem des Intellekts, und viele Menschen sind sogar stolz darauf, dass sie die Dinge verkomplizieren können. Diese Fähigkeit ist wichtig für die Aufrechterhaltung des Ego, das durch die Welt geht mit der Einstellung: Ich kann es tun! Ich kann das Wissen bekommen! Ich kann andere besiegen! Ich werde mich beweisen! Ich werde es zeigen! Es ist das Spiel, sich ständig selbst beweisen zu müssen.

Viele Menschen sind ständig damit beschäftigt, mehr und mehr Wissen in Form von Informationen anzusammeln. Das Ego bläht sich mit dem Gedanken auf: Ich weiß etwas! Je mehr Informationen ich bekomme und je mehr ich weiß, umso besser fühle ich mich. Es sind die Experten unterschiedlichster Bereiche, die sich leicht auf jede Diskussion einlassen können. Sie werden von der Gesellschaft als sehr intelligente Menschen hochgeachtet. Eine andere Möglichkeit, sich anderen gegenüber zu beweisen, ist die Ansammlung materieller Werte. Das Ego bläht sich mit dem Gedanken auf, dass man sich alles leisten kann. Die dritte und schlimmste Möglichkeit, das Ego zu verstärken, ist die Ansammlung von Macht. Es ist das Bestreben, mit aller Intelligenz die Schwächen anderer auszunutzen, sodass man alles unter Kontrolle bekommt.

Es spielt keine Rolle, wie viel du weißt, wie viel du materiell besitzt oder wie viel Macht du hast, auch wenn du die ganze Welt erobert hättest. Ausschlaggebend für ein gutes Leben ist letztendlich nur, wie du dich innerlich fühlst. Wenn man Menschen die Frage stellt, ob sie friedlich sind und sich wohlfühlen, dann sind sie verunsichert. Das, was sie angesammelt haben, dient oft als ein Schneckenhaus, in dem sie ihr Gefühl der Unzufriedenheit verbergen. All dieses Bemühen, äußerlich exzellent und perfekt zu sein, als eine große und intelligente Person zu erscheinen, alle Aktivitäten, der Welt etwas beweisen zu müssen, entspringen dem Gefühl der Unzufriedenheit. Im Inneren empfinden solche Menschen oft ein Vakuum und fühlen sich klein und minderwertig. Sie versuchen mit ihrem geschäftigen Leben, dieses Vakuum aufzufüllen. Das Vakuum wird jedoch immer größer, und das Gefühl der Unsicherheit verstärkt sich. Ein intelligenter Mensch möchte nicht besiegt werden, und da genau liegt das Problem. Die Idee, besiegt zu werden, ist immer damit verbunden, sich selbst zu verlieren.

Unglücklicherweise befassen sich solche Menschen auch mit dem spirituellen Wissen nur mit dieser Einstellung und versuchen, es intellektuell zu erfassen. Das Ego und der Intellekt können allerdings nicht einfach nur durch Lesen bezwungen werden. Solche Menschen beschäftigen sich mit großer Aufrichtigkeit mit diesem Thema und lesen in den Texten, dass dieses Wissen nicht durch den Intellekt, sondern nur durch die Erfahrung seine Erfüllung findet. Also meditieren sie in der Haltung: Ich will es wissen und erfahren. Nun bauen sie sich über das, was sie in Büchern gelesen haben, verschiedenste Vorstellungen auf. Innerhalb des mentalen Rahmens kann dir der Verstand jegliche Erfahrung bieten, jedoch niemals außerhalb dieses begrenzten Feldes. Er kann dir in seiner Vorstellungskraft eine Erfahrung liefern, nach der du sagst: Jetzt weiß ich es! In der Meditation machen Menschen bestimmte Erfahrungen und glauben dann, besondere Erlebnisse gehabt zu haben. Das bläht das Ego nur noch mehr auf. Es ist die Natur des Ego, nicht loslassen zu wollen. Deshalb vermittelt es uns alle möglichen Erfahrungen, die aber alle noch in seinem eigenen Rahmen liegen. Ego und Intellekt wollen sich nicht verlieren und spielen daher alle möglichen Tricks, um sich aufrechtzuerhalten. Wenn du meditierst, solltest du es ohne Absichten und Erwartungen tun. Wenn du irgendwelche Absichten mit der Meditation verbindest, und du möchtest bestimmte Erfahrungen, dann wirst du keine Fortschritte machen. Der Verstand und der Intellekt können unsere ursprüngliche Natur nicht begreifen. Sie kann nur erfahren werden.

Natürlich taucht jetzt die Frage nach dem Unterschied auf zwischen einem Menschen, der es wirklich weiß, und jemandem, der nur denkt, dass er es weiß. Ein Mensch, der es wirklich weiß, wird bescheiden, zufrieden und gleichmütig. Das Ego, das die Bewusstheit mit dem Gefühl des Ich ständig beschränkt, verflüchtigt sich und verbleibt einfach nur als Raum. Raum ist einfach nur da und gewährt allem Platz. Er weiß nichts und hat keinen Drang, etwas wissen zu wollen. Wissen ist nur notwendig, wenn ein Gefühl der Unvollkommenheit existiert. Es ist der

Zustand vollkommener Erfülltheit, der alle unsere Vorstellungen übersteigt.

Das Ego kämpft ständig um eine Lösung der Probleme, die es selbst erschaffen hat. In der Realität existiert dieses ganze Spiel überhaupt nicht. Gebundenheit und Leid sowie Erleuchtung und Befreiung bestehen nur für das Ego. Es ist nur das Ego, das durch all diese Prozesse geht. Wenn du loslässt, wird das Ego mehr und mehr sein Spiel aufgeben und zu seiner Quelle zurückkehren. Das Ego ist ein Produkt der Unwissenheit. Es ist das Unwissen über die eigene Quelle, über die wahre Natur.

Warum wehrt sich das Ego?

Es gibt zwei gegensätzliche Kräfte, die die Schöpfung aufrechterhalten. Da sind einerseits der Drang, zu leben und Zufriedenheit zu finden, und andererseits die Angst, sich selbst zu verlieren. Sie ist einfach da, wir können sie nicht ignorieren. Die Frage ist, wie man diese Angst überwinden kann. Sie macht vielen Menschen zu schaffen, wenn sie eine gewisse Tiefe der Entspanntheit erreichen. Der Verstand kann sich dann nicht mehr aufrechterhalten, da er ein Minimum an Bewegung benötigt. Kurz bevor dieser Zusammenbruch geschehen könnte, entsteht durch diese Angst eine große Gegenwehr in uns. Du wirst in die normale Körperbewusstheit zurückgeworfen, in der du dich dann unglücklicherweise wieder sicher fühlst. Du hast dann die Möglichkeit vergeben, eine große Veränderung in dir geschehen zu lassen. Nur das Wissen und Loslassen ist die Antwort. Es ist nur die Angst des Ego, sich selbst zu verlieren. Das Selbst kennt keine Angst.

Wenn du durch die Nacht läufst und siehst einen Strick am Boden liegen, den du für eine Schlange hältst, bekommst du Angst. Der Grund für die Angst ist die Dunkelheit. Die Abwesenheit des Lichts schafft die Vorstellung, der Strick sei eine Schlange. Das geschieht auch hier. Das Dunkel unserer Unwissenheit erlaubt uns nicht, unser Selbst wahrzunehmen.

Aber ich brauche doch das Ego, um zu meiner Quelle zu kommen.

Wenn jemand in die Bewusstseinsausdehnung geht, erscheint die Frage: Wer erfährt die Ausdehnung? Das Selbst dehnt sich nicht aus, es ist das Ego, das sich ausdehnt und flexibler wird. Es könnte jemand stolz werden und sich über andere erheben. Dies ist eine große Gefahr auf dem spirituellen Weg. Sei bescheiden, demütig und vor allem dankbar.

Jemand macht zum Beispiel für einige Monate einen Kurs, um Yoga-Lehrer zu werden. Er bekommt schließlich ein Zertifikat und ist Yoga-Lehrer. Nun lebt er in der Vorstellung, ein Yoga-Lehrer zu sein und eine höhere Position innezuhaben. Die Schüler zeigen Respekt und machen Komplimente. Das spirituelle Ego ist das subtilste und gefährlichste. Ein spiritueller Mensch wird jedoch ein einfacher Mensch. Du bist einfach das, was du bist, und handelst auch so – ohne jegliche Absicht, andere zu beeindrucken. Ein spiritueller Mensch handelt ohne Hemmungen und Komplexe, er tut, was er möchte, und wirkt auf andere wie ein Narr.

Frage dich selbst, wer du bist. Wir sind alle sehr stolz darauf, dass wir viel wissen, viel gelesen und studiert haben. Wir sind wie wandelnde Lexika, intelligent und gebildet. Aber stelle dir die einfache Frage: Wer bist du? Das ganze Ego wird mit dieser einen Frage besiegt. Du hast darauf keine Antwort. Du kannst alles in dieser Welt anzweifeln, aber du kannst nicht deine eigene Existenz anzweifeln. Dass du existierst, ist die einzig zweifelsfreie Tatsache. Dazu bedarf es keines Beweises. Du brauchst einen Spiegel, um deinen Körper zu sehen, aber nichts, um deine Existenz nachzuprüfen. Wenn du morgens aufwachst, weißt du genau, dass du existierst. Das braucht dir niemand zu sagen. Aber du weißt nicht, wer du bist. Das ist Unwissenheit.

Gibt es eine Antwort auf die Frage, warum dieses trickreiche Spiel stattfindet?

Diese Frage kommt aus Unwissenheit, und die Konzepte und Modelle zu dieser Frage kommen auch aus Unwissenheit. Es ist die Unkenntnis über das wahre Selbst, das Herausfallen aus der Einheit in die Dualität. Vom Unkonditionierten wird es zum Konditionierten, von der Fülle gerät es in die Beschränktheit. Du verlierst die Unschuld. Die Bibel beschreibt das als den Sündenfall. Das geschieht immer wieder, wenn du aus dem natürlichen und unkonditionierten Zustand durch die Kraft der Maya[34] herausfällst. Es gibt keine Antwort darauf, wodurch Maya entstanden ist.

Durch dieses Herausfallen entstehen Sehnsucht und Verlangen in dir, zu deiner Quelle zurückzukehren. Die Unwissenheit treibt dich immer wieder zu Vergnügungen aller Art und hält die Möglichkeit geheim, dass du die Erfüllung dieser Sehnsucht nur in dir finden kannst. Die Unwissenheit treibt dich voran in das Feld der Maya und hält diese ganze Schöpfung aufrecht. Durch die Verinnerlichung des spirituellen Wissens kannst du den ganzen Prozess umdrehen und zu deiner Quelle zurückkehren. Das alles ist nur ein Schauspiel, das eigentlich nicht existiert. Du brauchst aber ein neues Spiel, um das andere Schauspiel auszulöschen. Vom absoluten Standpunkt aus gibt es weder Gebundenheit noch Befreiung. Solange ich mich gebunden fühle, muss ich etwas tun, um mich zu befreien. Wenn ich frei bin, muss ich nichts tun. Keiner weiß, was Maya wirklich ist. Es ist mit einer Fata Morgana vergleichbar. Du siehst etwas, aber existiert dies auch wirklich? Es gibt eine spezielle Logik in der Philosophie des *Vedanta*[35]. Von einem Punkt aus existiert etwas, von einem anderen aus gesehen existiert es nicht. Es wird eine

34 Maya ist der Grund für die Verhüllung der Realität und lässt das Nicht-reale als real erscheinen.

35 *Vedanta* heißt wörtlich übersetzt: »der letzte Teil der Veden«. Es ist der essenzielle Teil des spirituellen Wissens.

bestimmte Methode benutzt. Zunächst einmal nimmst du an, dass es existiert, sonst könntest du nicht darüber sprechen. Um zum Ergebnis zu kommen, musst du eine Existenz als Konzept voraussetzen. Aber auch das Konzept existiert eigentlich nicht. Das Ganze hebt sich selbst aus den Angeln, und an einem gewissen Punkt gibt der Intellekt auf. Er wurde von dem unmittelbaren Wissen besiegt. Danach wird dieses Wissen des Vedanta genauso unwichtig wie der Intellekt selbst.

Was also tun?

Halte nicht fest. Alles existiert nur im Verstand. Sobald du loslässt, existiert es nicht mehr. Das ist das spirituelle Spiel. Wenn das Ego versucht, sein Spiel zu spielen, verliert es den Kontakt mit dem Selbst. Du wirst dann bestraft. Die Botschaft hinter der Strafe ist: komm zurück. Es ist wie eine Mutter, die ihr Kind zurückruft. Sie kümmert sich um ihr kleines Kind, das irgendwann neugierig wird und sich vom Arm der Mutter löst. Es beginnt, mit Dingen zu spielen, die ihm gefährlich werden können. Wenn das Kind die Warnungen der Mutter nicht beachtet, wird sie das Kind zurückholen. Es fühlt sich vielleicht ungerecht behandelt und weint. Aber in den Armen der Mutter fühlt es sich dann wieder wohl und geborgen. Wenn sich das Kind der Mutter vollkommen hingibt und realisiert, dass die Mutter es beschützt, geschieht alles nur zum Besten. Um alles wird sich in perfekter Weise gekümmert, wenn das Kind loslässt. Genau das passiert mit dem Ego. Es ist wie ein dummes Kind.

Ist dieses Loslassen ein aktiver Prozess?

Das wirkliche Loslassen ist ein Geschehen. Du kannst aber aktiv und willentlich die Bedingungen dafür schaffen, damit Loslassen geschehen kann. Das ist es, was wir im Yoga und im Namen der Spiritualität tun. Wir schaffen eine Situation, in der sich das Loslassen ereignen kann. Viele Menschen verfangen sich hier. Sie versuchen, es zu tun. Sie versuchen, etwas zu »machen«, und überladen sich mit Übungen. Das ist ein falsches Verständnis. Loslassen ist ein Geschehen. Du kannst es vergleichen mit dem Schlafengehen. Du gehst nicht aktiv in den Schlaf, es geschieht. Aber bis es geschehen kann, schaffst du die Bedingungen dafür. Du machst dir das Bett, du ziehst dich aus und machst es dir gemütlich. Solange du herumläufst, kannst du nicht einschlafen. Du musst ins Bett gehen, dann geschieht es, dass du einschläfst.

Die höchste Art des Loslassens ist, innerlich vollkommen unberührt zu sein und alles so zu akzeptieren, wie es ist. Wenn du dich selbst mit Langeweile oder innerer Unruhe leicht fühlen kannst, dann ist das wirkliches Loslassen. Alle Übungen, alles Spiel und all der Zirkus sind nur dafür da, dich in diesen Zustand zu bringen. Es gibt dann nichts mehr zu verändern. Unruhe, Langeweile, Frustration, alles kommt und geht. Du brauchst viel Kraft und Gleichmut dazu, alles nur geschehen zu lassen. Das ist das höchste Wissen.

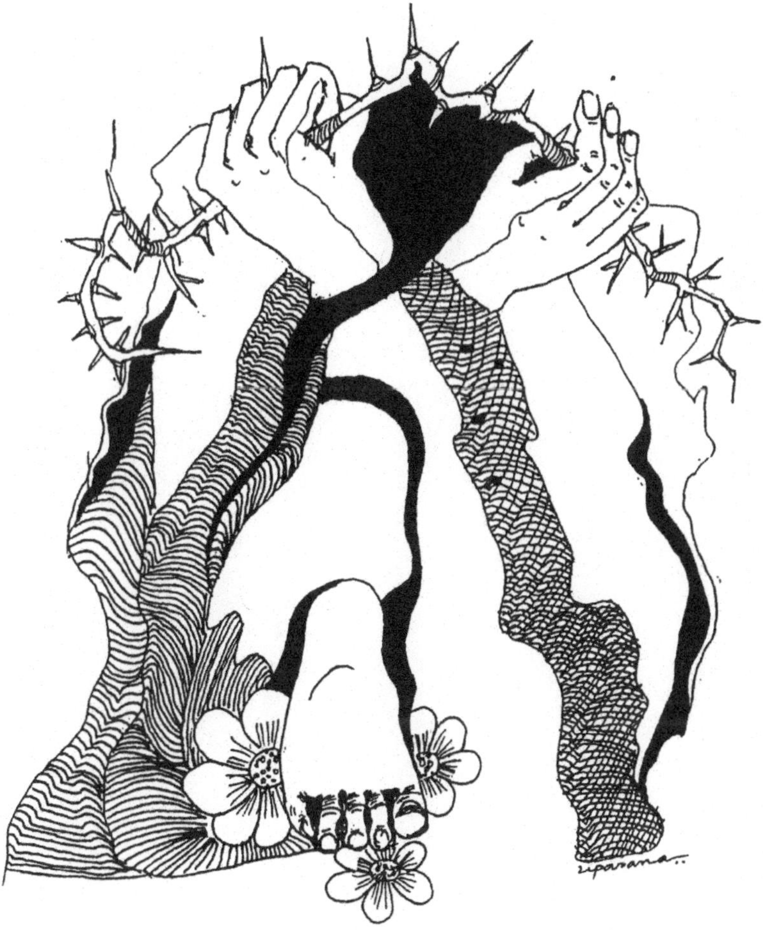
upasana..

21
Unwissenheit

Bewusstseinszustände …. Realität …. Vorstellungskraft …. Feld der Illusion …. Veränderung der Wahrnehmung …. Gedankenmuster …. Verstand und Körper …. Das Selbst …. Ein undefinierbares Gefühl …. Maya …. Spiel des Lebens …. Bildung und Erziehung …. Identifikation mit dem Wissen …. Das Wissen, das niemandem gehört

Jeden Bewusstseinszustand, in dem du dich gerade befindest, betrachtest du als real. Solange du träumst, ist das, was im Traum geschieht, vollkommen real für dich. Wenn du wach bist, ist das, was du in diesem Zustand erfährst, real für dich. Wenn du unter Hypnose bist, ist diese Erfahrung real für dich. Und wenn du mit übernatürlichen Kräften wie Visionen, Intuitionen und verschiedenen außergewöhnlichen Wahrnehmungen in Kontakt kommst, dann ist dies wiederum real für dich. Das Licht und die Quelle der Wachheit hinter all diesen verschiedenen Zuständen ist gleich. Es ist das Subjektive, das unverändert bleibt, das Objektive verändert sich ständig. Du bist es, der durch all diese verschiedenen Erfahrungen hindurchgeht. Du bist in all diesen Erfahrungen immer der gleiche Erfahrende. Aber wir denken, die Erfahrung sei real, und das ist es, was man als Maya bezeichnet. In dieser objektiven Realität hängen zu bleiben und sie als real anzusehen, ist die grundlegende Täuschung, der wir unterliegen. Diese Täuschung hat ihre Wurzel in der Unwissenheit über uns selbst. Wir kennen unsere subjektive Realität nicht, und das ist der Grund dafür, warum diese Unwissenheit geboren wird. So geben wir der Realität, was nur in der Vorstellung existiert.

Die Welt, die wir sehen, entspringt unserer Vorstellungskraft, die durch die Konditionierungen des Verstandes erschaffen wurde. Dieser Welt geben wir eine absolute Realität. Diese Realität hat keine eigene Existenz, sondern wird durch unsere Überzeugung erschaffen. Solange wir dieser nur vorgestellten Welt Realität beimessen, geben wir all dem Bedeutungen und verstricken uns damit immer tiefer in das Feld der Maya. Die Wahrnehmung eines jeden Menschen ist unterschiedlich, obwohl wir die gleichen Bezeichnungen für etwas benutzen. Die objektive Realität ist also die Schöpfung der subjektiven Konditionierung, und wir lassen uns sehr ernsthaft auf diese vermeintliche Realität ein, in der Überzeugung, diese sei die einzige Realität.

Wenn jemand eine blaue Wand unter Hypnose als rot sehen kann, dann sollte das auch im normalen Wachzustand möglich sein. Das Experiment unter Hypnose beweist uns, dass wir das Potenzial besitzen, unsere Wahrnehmung zu verändern. Es ist nur deshalb nicht möglich, weil die Konditionierungen in uns so eng und festgefahren sind. Für uns ist die Wand blau. Unser Intellekt engt es zu dieser einzigen Möglichkeit ein. Unsere Vorstellungen werden durch den Intellekt bewacht und eng zusammengehalten. Wenn diese erschüttert oder infrage gestellt werden, erweckt das sofort ein Gefühl der Unsicherheit und Angst in uns. Der Intellekt wehrt sich gegen Veränderungen. Das ist eine große Hürde für die Verinnerlichung des spirituellen Wissens. Der Intellekt will nur das verstehen, was in den Rahmen hineinpasst, den er sich selbst gesteckt hat. Nur was in diesen Rahmen passt, wird akzeptiert, alles andere wird abgelehnt. Der Rahmen vorgefasster Meinungen und all unsere alten Gedankenmuster verhindern, dass dieses Wissen uns durchdringen kann. Nur wenn sich alte Muster wirklich auflösen, kann dieses Wissen in uns aufleuchten.

Wenn du das Vergängliche als etwas Unvergängliches ansiehst, wenn du das Nicht-reale als Reales ansiehst, dann ist das Unwissen. Real ist nur das, was keinen Veränderungen unterliegt, unreal ist das, was sich verändert. Aber alles, was wir kennen, unterliegt der Veränderung.

Der Verstand steht nie still, er verändert sich ständig. Ohne Gedanken gibt es keinen Verstand. Was wir als Verstand bezeichnen, ist der Fluss der Gedanken. Auch ein Gedanke ist etwas, das kommt und geht. So ist es auch mit dem Körper. Jede Zelle des Körpers bildet sich nach einer gewissen Zeit wieder neu. Nach einigen Jahren sind alle Teile unseres Körpers ausgetauscht, und du hast ein komplett neues Modell. Von deinem alten Körper ist nichts mehr übrig. Welcher ist dann aber dein Körper? Ist es der, den du vor einigen Jahren hattest, oder der, den du jetzt hast? So ist es mit allem in der äußeren Welt. Der Körper unterliegt Veränderungen, der Verstand unterliegt Veränderungen, alles in der Welt unterliegt Veränderungen, vom kleinsten Atom bis zu den größten Galaxien. Das Ich, das heute im Körper ist, war auch schon vor einigen Jahren in diesem Körper, es ist das gleiche Ich. Es ist das Ich, das alle Veränderungen bezeugt hat. Um zu wissen, dass sich alles verändert, brauchst du ein sich nicht veränderndes Feld im Bewusstsein. Das ist das Selbst.

Nur das Selbst ist Realität, alles andere ist nicht real. Das Selbst hat an sich keinen Ausdruck und auch keine Bewegung, deswegen ist es nicht greifbar. Wenn du das Selbst nicht erkennst, gibst du dem Vergänglichen Realität, und das ist Unwissenheit. Der erste und feinste Ausdruck des Selbst, wenn es in Bewegung gerät,[36] ist ein undefinierbares Gefühl des Lebens. Dadurch manifestiert es sich, und nur dadurch kannst du auch wieder dahin zurückgehen. Bewusste Entspannung ist der Faden, der dich zu diesem Gefühl zurückführt. Wenn du dieses Gefühl in der Entspannung erkennst und darin verweilst, absorbiert es die ganze Welt. Die Welt existiert dann nicht. Wenn dieses Gefühl die Sinnesorgane wieder berührt und durch den konditionierten Verstand geht, projiziert es sich wieder nach außen, und die Schöpfung ist wieder da. Das ist die Kraft der Maya, die die Welt erschafft. Durch Entspannung löst sie sich wieder auf.

36 Es ist das, was als paradox und nicht erklärbar erscheint, es wird als *Maya* bezeichnet.

Durch dieses Gefühl, das keinen Namen und keine Form hat, kannst du das Selbst zurückverfolgen. Wir nennen es hier »Entspannung«, aber es hat eigentlich keinen Namen. Den ursprünglichen Ausdruck des Selbst erkennst du in dem Moment, in dem du es berührst. Dann bist du mit der wirklichen Realität verbunden.

Aber auch wenn du dich mit dem Gefühl verbindest, ist da immer noch Dualität. Da ist jemand, der das Gefühl betrachtet, und das ist das Ego. Du siehst deine eigene Quelle. Dieser Betrachter, also das Ego, hat keine Existenz, es existiert nur als Reflexion des Selbst. Das Ego ist die »Ichheit«, die aus dem wirklichen »Ich« herausgefallen ist und nun glaubt, eine eigene Existenz zu haben.

Ist Maya auch ein Produkt des Ego?

Ego ist ein Produkt von Maya, und Maya ist ein Produkt des Ego. Es ist die gleiche Frage, ob das Huhn oder das Ei zuerst war. Es ist so eng miteinander verwoben, dass du das nicht trennen kannst.

Dann ist alles, was ich sehe, nicht real?

Du kennst alles nur als Name und Form. Was ist zum Beispiel ein Buch? Als kleines Kind hast du gelernt, dass dies ein Buch ist. Bevor du das wusstest, existierte es bereits. Bevor dein Verstand konditioniert wurde, dass dies ein Buch ist, konnte es für dich alles Mögliche oder nichts sein. Es war einfach enthalten im Feld der unteilbaren Bewusstheit. In der Bewusstheit taucht das Phänomen Verstand auf, verengt die Bewusstheit und erschafft dadurch ein Buch, einen Teppich usw. So entsteht die Welt. Alles geschieht nur in deiner Vorstellung.

Es ist wie in deiner Traumwelt, in der du durch eine Stadt

gegangen bist, Menschen und viele fantastische Dinge gesehen hast, eine Katze mit Hörnern oder einen Menschen mit Pferdekopf. Im Traum ist das alles möglich, und auch hier zweifelst du die Realität nicht an. Während du träumst, ist alles real für dich. Der Geist ist ein Phänomen, das sich in unbeschränkt vielfältigen Formen äußern kann.

In der Spiritualität ist der Tiefschlaf der interessanteste Zustand. Es geht um die Frage: Wer bist du ohne Verstand? Damit beschäftigen sich die spirituellen Schriften.

Ist dann einfach alles nur ein Spiel?

Ja, genau. Wenn Kinder spielen, ist das für sie vollkommen real. Sie können in ihrer Unschuld und Unwissenheit ihre eigenen Realitäten erschaffen und verstricken sich manchmal sogar ernsthaft darin. Wenn in dem Spiel etwas schiefläuft, ist das Kind genauso verärgert oder frustriert wie wir in unserem Spiel des Lebens. Selbst der tröstende Hinweis der Mutter, dass dies doch nur ein Spiel sei, bringt dem Kind keine Erleichterung. Als Erwachsene geraten wir in ein noch größeres Feld der Unwissenheit. Wir haben der Welt eine noch kompliziertere Realität verliehen und versuchen, uns mit all unserer Intelligenz mit ihr auseinanderzusetzen. Wir werden ernsthaft mit der Welt und leiden dadurch noch mehr. Wenn uns nun ein Kind zu einem Spiel einlädt, das wir selbst in unserer Kindheit so ernsthaft gespielt haben, dann spielen wir zum Gefallen des Kindes freudig mit. Wenn dann im Spiel etwas schiefläuft, fühlst du dich weder verärgert noch beleidigt. Du wirst einfach nur lachen, weil du weißt, dass es nur ein Spiel ist. Aber du hast die Freiheit, dich auf die Realität des Kindes einzulassen.

Das Leid, das sich in uns als diese Ernsthaftigkeit manifestiert, kann sich nur durch die Realisierung des Selbst auflösen. Das passiert, wenn wir die Welt ohne Qualitäten und Eigenschaften sehen als ein Feld des Bewusstseins, in dem uns keine

Konzepte mehr aufgezwungen werden. Nur diese Erfahrung kann dich überzeugen. Wenn deine Überzeugung sich nur auf das Verstehen von Buchwissen, also nur auf objektives Wissen ohne die eigene Erfahrung aufbaut, dann wird dies dein Leid nicht vermindern. Wenn du Angst vor dem Wasser hast, kannst du diese Angst nur überwinden, indem du schwimmen lernst. Selbst wenn du alle Informationen der Welt über das Schwimmen ansammelst und vielleicht sehr überzeugende Vorträge über das Schwimmen hältst, so hast du doch noch Angst vor dem Wasser. In dem Moment, in dem du wirklich schwimmen kannst, verlieren alle vorher gewonnenen Informationen ihre Bedeutung. Nur dann weißt du wirklich, was Schwimmen ist, und deine Angst vor dem Wasser ist überwunden. Dennoch war das theoretische Wissen notwendig, um das Schwimmen zu lernen.

Dann sind also Bildung und Erziehung trotzdem wichtig?

Es ist notwendig, durch die Unwissenheit hindurchzugehen, um das Wissen zu finden. Bildung und Erziehung geben dir eine strukturierte Unwissenheit, die dir hilft, zum Wissen zu kommen. Vom absoluten Standpunkt aus ist auch das Wissen der spirituellen Schriften Unwissenheit. Durch die Unwissenheit unserer Bildung und Erziehung hindurchzugehen, sie zu überwinden und mithilfe des Wissens der Spiritualität, das auch wieder Unwissenheit ist, kommst du schließlich zum wirklichen Wissen, das nur erfahren werden kann.

Ein Mensch, der sich mit der Unwissenheit von Bildung und Erziehung identifiziert, geht durch Leid. Jemand, der sich mit dem spirituellen Wissen identifiziert, geht durch noch größeres Leid. Bevor das Wissen wirklich erlangt wird, geht man durch viele Phasen hindurch, in denen sich das Ego aufbläht. Wenn jemand überzeugt ist, dass er etwas weiß, dann ist dies eine gefährliche Phase. Du kannst dich in diesem Wissen verfangen und arrogant werden. Demut und Bescheidenheit sind daher die wichtigsten Qualitäten in der Spiritualität. Dann realisierst du, dass du sehr klein bist. Das ist kein Minderwertigkeitskomplex, es ist Demut. Wenn du bescheiden bist, bist du in einem Zustand der Hingabe. Du gehst in diesen Zustand, indem du dir deine eigene Unwissenheit eingestehst. Es ist ein großartiger Zustand, in dem du sagst: »Ich weiß nichts.« Wenn du spirituelles Wissen als dein Wissen betrachtest, ohne die Demut und den Wunsch, dich hinzugeben, wird dich dies in noch größere Verwirrung stürzen.

Erkenne deine Unwissenheit mithilfe dieses Wissens, um deinen Frieden und die Erfüllung im Leben zu finden. Wenn du deinen Körper reinigst, dann benutzt du Seife, und danach spülst du die Seife und den Schmutz weg. So ist es mit diesem Wissen. Bleibe nicht mit diesem Wissen auf der intellektuellen Ebene hängen. Dieses relative Feld des Wissens, das in Form von Informationen zu dir kommt, hat nur seine Wichtigkeit, solange du dich in Unwissenheit befindest.

Das wirkliche und direkte Wissen erfährst du nur, wenn du das wirst. Es ist ein riesiger Unterschied zwischen dem, was man durch Information weiß, und dem, was man realisiert hat. Jemand kann viel über Entspannung reden, er kann Informationen darüber sammeln und Bücher lesen; er kann auch Berichte von Menschen haben, die Entspannung aus eigener Erfahrung kennen, trotzdem kennt er sie nicht. Erst durch die eigene Erfahrung kennt man Entspannung wirklich.

Dann basiert dieses Wissen nur auf der Erfahrung und nicht auf intellektuellem Verstehen?

Der neutrale Zustand selbst ist Wissen. Wenn du nach außen schaust, weißt du, dass du wach bist durch das Schauen. Wenn du nach innen schaust, weißt du, dass du wach bist durch das Denken. Die Wachheit ist immer da. Du bist immer darin, das ist nicht in dir. Der Fisch ist im Meer, das Meer ist nicht im Fisch. Das ist so einfach. Es gibt nichts zu suchen. Solange du etwas suchst, wirst du nichts finden. Der Fisch sucht nicht den Ozean. Er kann ihn nicht finden. Du bist in »Dem«. Du bist immer darin. Das ist so einfach, dass der Verstand es nicht annehmen möchte. Nur dem einfachen Verstand ist es zugänglich. Wenn du entspannt bist, hast du einen einfachen Verstand. Von einem entspannten Zustand aus kannst du dieses Wissen besser verinnerlichen und dadurch auch wieder besser entspannen. Das Wissen und die Übung sind wie die zwei Flügel eines Vogels, sie gehören zusammen. All das, was hier gesagt wurde, ist eigentlich nicht wirklich neu für uns. Tief in unserem Inneren verborgen wissen wir dies alles. Wenn wir es nicht schon irgendwie wüssten, dann würde es auch keinen Sinn für uns geben.

Wenn du dieses Wissen erkennst, das schon immer in dir ist, dann werden auch deine letzten Abhängigkeiten irgendwann verschwinden. Es ist nicht mein Wissen, nicht euer Wissen sowie dies nicht mein Raum oder euer Raum ist. Wir alle teilen denselben Raum. Es ist ein Wissen, das in jedem in seiner absoluten Fülle existiert. Es muss nur erweckt werden. Das Zusammensein von Menschen, die das anstreben, ist der Weg, dieses Wissen zu erwecken. Dieses Wissen ist nicht Information oder Erinnerung. Du bist vollkommen in einem Zustand, in dem du nichts weißt. Das ist das wirkliche Wissen. Da ist keine Sprache notwendig. Es ist wichtig, die Sprache zu vergessen, denn sie engt dieses Wissen nur ein. In dem Moment, in dem du dieses Wissen in Sprache bringst, ist es schon begrenzt. Über was ich hier spreche, ist nicht das Wissen. Es ist Information über das Wissen, es ist nur indirektes Wissen. Das Wissen ist das, was dir wirklich geschieht. Es ist das, was in dir erweckt wird. Es ist das, zu dem du vollkommen »Ja« sagst. Dieses Wissen besiegt alle Gründe, warum du dir Sorgen machen könntest.

22
Der Fluss des Lebens

Jeder Fluss beginnt irgendwo an einer kleinen Quelle. Es sind anfangs nur kleine, individuelle Tropfen, die dann zu einem kleinen Bach zusammenfließen. Viele kleine Bäche verbinden sich miteinander und werden zu einem großen Fluss.

Manchmal geht der Fluss durch Stromschnellen und Turbulenzen, schlägt an Felsen an, bildet Wasserfälle, fließt weiter – manchmal sanft, manchmal wild, manchmal sich in Strudeln drehend. In diesem Verlauf verdunstet schon ein großer Teil des Wassers, versickert in der Erde oder wird konsumiert. Nicht jeder Tropfen, der aus der Quelle kommt, wird den Ozean erreichen. Ungeachtet all dieser Vorgänge fließt der Fluss dahin, als würde er seinen Weg kennen.

Stell dir vor, jeder einzelne Tropfen wollte seine Individualität aufrechterhalten. Er würde sich für den Lauf des Flusses verantwortlich fühlen mit der Vorstellung, diesen beeinflussen zu können. Er wäre überzeugt davon, dass der Fluss immer ruhig und sanft dahinfließen müsse.

Das Leben ist wie ein großer Fluss. Es gibt nicht viele verschiedene Leben. Es gibt einen Fluss des Lebens, der nicht von unserem Dasein getrennt werden kann. So wie der Raum nicht getrennt werden kann von dem, was in ihm geschieht, so kann das Leben nicht von der reinen Existenz getrennt werden. Nur das Individuum[37] lebt in der Annahme, für das Leben verantwortlich zu sein und es verbessern zu können. Damit versucht es, sich einen zu »großen Schuh« anzuziehen. Es bürdet sich dadurch die Last der Welt auf und leidet darunter. Das ist Un-

37 Individuum ist in diesem Zusammenhang gleichzusetzen mit Persönlichkeit oder Ego.

wissenheit. Irgendwann und irgendwie haben wir diese Individualität angenommen, und in dieser Unwissenheit glauben wir, wir seien intelligent. Arroganz, Stolz, Sturheit, Gegenwehr und Aggression sind die Eigenschaften des Ego und Ursache allen Leidens. Wir weigern uns einzugestehen, dass wir hilflos sind, und wollen nicht aufgeben. Spirituelles Wissen ist nur darauf ausgerichtet, das Ego zur Aufgabe zu bringen, indem es seine eigene Hilflosigkeit eingesteht.

Wenn das Individuum seine Unwichtigkeit erkennt, wird es demütig. Dann verbeugt sich der Mensch. Diese Hingabe bezeichnet man als »göttliche Hilflosigkeit«. Wenn alle Gegenwehr aufgegeben und die Last der Verantwortung abgegeben wurde, dann ist das Ego friedvoll und unbeschwert und kann in der Einheit dieses Flusses aufgehen. Das allein ist die Erfüllung in der Spiritualität.

Nirvanasatkam

(Gedicht von Shankara)

Ich bin weder der Verstand noch der Intellekt noch die Erinnerung noch der Ich-Sinn (Manas, Buddhi, Citta, Ahamkara, die vier Aspekte des inneren Organs, Anthakarana). Ich bin weder der Gesichtssinn noch der Geschmack noch der Geruchssinn noch das Gehör. Ich bin weder der Raum noch die Erde noch die Luft noch das Feuer.
Ich bin reine Intelligenz und absolute Glückseligkeit. Das bin ich.

Ich bin nicht Prana (Lebenskraft) und auch nicht der fünffache Lebenshauch. Ich bin weder die sieben Elemente des grobstofflichen Körpers noch die fünf Hüllen, welche die individuelle Seele bilden. Ich bin nicht die fünf Tätigkeitsorgane.
Ich bin reine Intelligenz und absolute Glückseligkeit. Das bin ich.

Ich fühle weder Anziehung noch Abstoßung, weder Habgier noch Betrug. Ich empfinde weder Neid noch Stolz. Ich habe weder Aufgaben zu erfüllen noch irgendein Ziel zu verfolgen.
Ich bin reine Intelligenz und absolute Glückseligkeit. Das bin ich.

Ich bin weder das Böse noch das Gute, weder die Freude noch das Leid. Ich bin nicht das heilige Wort (Mantra). Ich bin weder der Essende noch das Gegessene noch der Akt des Essens selbst.
Ich bin reine Intelligenz und absolute Glückseligkeit. Das bin ich.

Ich kenne weder den Tod noch die Angst noch die Kastenunterschiede. Ich habe weder Vater noch Mutter, weder Geburt noch Freunde, weder Verwandte noch Lehrer noch Jünger.
Ich bin reine Intelligenz und absolute Glückseligkeit. Das bin ich.

Ich bin ohne Wandel und ohne Form, bin unendlich, alles durchdringend. Nichts kann meinem Wesen etwas anhaben, weder die Sinnesverhaftung noch die Befreiung noch das Ziel der Erkenntnis.
Ich bin reine Intelligenz und absolute Glückseligkeit. Das bin ich.

Einige wichtige Begriffe aus dem Sanskrit

ॐ

Die drei Gunas:

Sattva: die Eigenschaft des Reinen, Klaren und Lichten
Rajas: die Eigenschaft des Bewegenden, Leidenschaftlichen und Hitzigen
Tamas: die Eigenschaft der Trägheit, Dunkelheit und Lethargie

Merkmale wahrer menschlicher Natur:

Nirbhaya: Angstlosigkeit
Anagha: Freiheit von Schuld und Sünde
Vismaya: Verwunderung
Promodha: natürliche Freude

Fünf verschiedene Arten der Losgelöstheit:

Abhava-Vairagya: Losgelöstheit durch Niedergeschlagenheit, weil man etwas nicht bekommt, das man unbedingt haben wollte.
Smashana-Vairagya: Losgelöstheit durch den Tod eines nahestehenden Menschen.
Bhoga-Vairagya: Losgelöstheit durch Überfluss und Reichtum, ein materieller Sättigungspunkt.
Jnana-Vairagya: Losgelöstheit durch die Verinnerlichung spiritueller Weisheit.
Sahaja-Vairagya: Eine natürliche Losgelöstheit, die aus einer natürlichen spirituellen Zufriedenheit kommt – die einzige, die von Dauer ist.

Vier Methoden zum Umgang mit unseren Mitmenschen:

Maitri: Freundlichkeit und Hingezogenheit zu weisen und positiven Menschen
Karuna: Mitgefühl mit leidenden und unwissenden Menschen
Mudita: den Erfolg anderer genießen wie seinen eigenen
Upeksha: eine neutrale Einstellung zu negativen Menschen

Die vier Instinkte:

Ahara: Hunger
Nidra: Schlaf
Bhaya: Angst
Maithuna: Sex

Die sechs Feinde des Menschen:

Kama: Sinneslust, Begierde
Krodha: Ärger, Zorn
Lobha: Gier, Habsucht
Moha: Vernarrtheit, Illusion
Mada: Stolz, Arroganz
Matsarya: Eifersucht, Neid

Wichtige Qualitäten der Spiritualität:

Viveka: die Klarheit des Geistes zu unterscheiden, was förderlich ist für die spirituelle Entwicklung und was nicht.
Vairagya: eine Bewusstheit der Losgelöstheit und Leidenschaftslosigkeit.
Shama: Mäßigung der Wünsche auf geistiger Ebene.
Dama: Kontrolle des Begehrens aller Sinnesorgane.
Titiksha: eine sich gut anfühlende Fähigkeit, dem Verlangen und den Trieben von Geist und Körper entgegenzustehen.

Uparati: Nichtverhaftung an die Erinnerung vergangener Freuden.
Shraddha: Vertrauen in die Worte der Schriften bis zu dem Zeitpunkt, an dem sie durch die eigene Erfahrung bestätigt werden.
Samadhana: süße Geduld.
Mumukshutva: ein starkes Bestreben nach Freiheit von jeglicher Gebundenheit.

Die vier Wege des Yoga:

Karma-Yoga: der Weg des selbstlosen Handelns
Bhakti-Yoga: der Weg der Liebe und Hingabe
Jnana-Yoga: der Weg des Wissens
Raja-Yoga: der Weg der Willenskraft

Die üblichen Ziele des Lebens:

Dharma: rechtschaffener Lebenswandel
Artha: materieller Reichtum, Sicherheit
Kama: Erfüllung der Sinnesgenüsse
Moksha: Befreiung

Dank

Mein Dank geht zunächst an Edeltraud, die mit großem Enthusiasmus und mit vielen Stunden, Tagen und Wochen an diesem Buch beteiligt war. Ich habe bis heute noch nicht gezählt, wie viele Vorträge sie wohl von Kassetten niedergeschrieben hat. Mit ihrem sehr praktischen Denken verhalf Marianne diesem Buch zu größerer Klarheit. Hilfreiche Vorschläge kamen von Agathe und Edwin sowie von Angela, die auch die Verbindungen zur Veröffentlichung herstellte. Es ist mir wichtig zu sagen, dass all diese Menschen die Mitwirkung an diesem Buch niemals als Arbeit empfunden haben, sondern einfach Freude daran hatten, sich mit dem zu beschäftigen, was ihnen wirklich wichtig ist.

Mein Dank geht auch an Abhinandan Ballal, den Cousin von Sukumar, der mit seinen Zeichnungen zur künstlerischen Vollendung dieses Buches beigetragen hat.

Aus der Tiefe meines Herzens geht mein Dank an meinen Lehrer Sukumar, dem ich es verdanke, dass ich diese Worte der Weisheit niederschreiben durfte. Ich verneige mich mit tiefstem Respekt.

Über den Herausgeber

Upasana beinhaltet eine Zusammenstellung von Vorträgen sowie von Fragen und Antworten aus verschiedenen Seminaren mit Sukumar in Europa und Indien. Eberhard Bärr hat die Vorträge simultan übersetzt und dieses Buch verfasst. Er lebte 15 Jahre in Indien und wurde dort zum Yoga-Lehrer im Vivekananda-Institut in Bangalore ausgebildet. Er lebte zehn Jahre mit seinem Lehrer Sukumar in Südindien und hielt dort und in Europa mit ihm zusammen Seminare. Während der langen gemeinsamen Zeit und auch durch die Unterweisung anderer indischer Lehrer vertiefte er sein Wissen in der indischen *Vedanta-Lehre.*

Eberhard Bärr leitete viele Jahre spirituelle Reisen in Indien und Nepal und gibt regelmäßig Seminare in Deutschland, Österreich und der Schweiz und ist als Referent in vielen Yoga-Lehrer-Ausbildungen tätig.

Mehr Informationen zu Inhalten und Terminen von Seminaren mit Eberhard Bärr finden Sie auf der Website: www.upasana.de